Veit Bronnenmeyer

Gesünder Sterben

Kriminalroman

ars vivendi

Für Ella & Pia

Originalausgabe

1. Auflage April 2012
© 2012 by ars vivendi verlag
GmbH & Co. KG, Cadolzburg
Alle Rechte vorbehalten
www.arsvivendi.com

Lektorat: Johanna Cattus-Reif
Umschlaggestaltung: ars vivendi unter
Verwendung einer Fotografie
von VikaValter/iStockphoto
Druck: fgb, Freiburg

Printed in Germany

ISBN 978-3-86913-112-2

Aperitif

Diese Liege war hart. Und schmal. Und unbequem. Und Jonas Lehmann war noch nicht lange Arzt. Er war noch nicht promoviert und stand am Anfang einer medizinischen Karriere, die auf den unteren Stufen aberwitzig lange Dienste zu meist unchristlichen Zeiten vorsah. Besonders schlimm wurde es an den Wochenenden, wenn die Herren Chef- und Oberärzte ihre Kurzurlaube antraten, zum Golfturnier fuhren oder ein neues Cabrio kauften. Dann waren junge Talente wie Jonas allein auf sich gestellt beziehungsweise gelegt. Der junge Mediziner wälzte sich auf der Schlafpritsche im Bereitschaftsraum herum. Nach zwölf Stunden Dienst wäre er ausreichend müde gewesen, um eine Mütze voll Schlaf zu nehmen. Wenn da nicht diese unbequeme Liege gewesen wäre – und das, was Psychiater gerne als »Sorgengedanken« bezeichneten. Gedanken, die die gefühlte Inkompetenz, welche er seit Beginn seiner Tätigkeit in der Klinik mal mehr, mal weniger erfolgreich zu verbergen suchte, gnadenlos ans grelle Neonlicht der Notaufnahme zerrten.

Vielleicht war er aber auch gar nicht inkompetent, sondern nur unerfahren, und zum Glück führte nicht jedes Martinshorn, das in der Nähe des Klinikums erklang, automatisch zu Jonas. Dennoch genügte es, um ihn nachhaltig vom Schlafen abzuhalten. Er überlegte, eine Valium einzuwerfen oder ein paar Amphetamine, die würden ihn wenigstens wieder richtig fit machen, nahm dann aber wieder Abstand davon. Zum einen wollte er nicht jetzt schon abhängig werden, zum anderen fürchtete er, keinen klaren Kopf mehr zu haben, wenn sie wirklich kamen. Er schaltete das kleine Radio auf dem Nachttisch an und versuchte, sich vom Nachtprogramm eines lokalen Privatsenders einlullen zu lassen. Gerade als er zu den Klängen von *Music was my first love* etwas weggedämmert war, meldeten seine Ohren das inzwischen zum pawlowschen

Auslösereiz gewordene Quarten-Intervall einer Ambulanz-Sirene. Kurz darauf ertönte sein Piepser.

»Vierköpfige Familie«, meldete Schwester Simone, die trotz etwa gleichen Alters schon deutlich mehr Dienstjahre auf dem Konto hatte als Jonas. »Durchfall, Übelkeit, Erbrechen. Bei den Kindern auch hohes Fieber.«
»Die ganze Familie?«, fragte Jonas nach.
»Exakt.« Simone zog ihr grünes Oberteil aus, das eines der Kinder verunreinigt hatte und entfernte sich schnellen Schrittes. »Bin sofort wieder da«, sagte sie noch.

Jonas betrat das Behandlungszimmer. Junge und Mädchen, etwa fünf und acht Jahre alt. Die Mutter saß neben der Liege des Sohnes, der Vater neben der Tochter. Alle zusammen sahen miserabel aus. Es roch nach Magensäure und Fäkalien, die Kinder weinten lautstark. Außer Simone hatte heute Nacht noch Martin Dienst, eine klassische Fachkraft vom Typus Bär. Mitte vierzig, Vollbart, Bauch. Er war gerade dabei, dem kleinen Jungen die besudelten Klamotten auszuziehen und sie in einen Plastiksack zu packen.

»So, jetzt machen wir dich erst einmal sauber«, brummte er freundlich, als es den Vater nicht mehr auf seinem Stuhl hielt.

»Entschuldigung, aber wo ist die nächste Toilette?«, fragte er und trat hektisch von einem Bein auf das andere.

»Neben der Anmeldung rechts«, erklärte Martin und reichte dem Mann zusätzlich noch eine Nierenschale. »Nur, falls es vorn auch noch kommt.«

»Wann hat das angefangen?«, fragte Jonas die Mutter, die den nunmehr gereinigten, aber immer noch klagenden Buben inzwischen auf die andere Liege zu seiner Schwester getragen hatte.

»Wir haben gegrillt«, sagte die Frau, die sichtlich Probleme hatte, ihren Kindern gleichzeitig die Bäuche zu streicheln und dabei die eigene Symptomatik zu kontrollieren. »Es gab Schweinesteaks und Salat ...«

»Mama, das zwickt so …«, jammerte der Junge.
»Ja, mein Schatz. Aber der Onkel Doktor ist doch schon da.«
»Wie heißt du denn?«, fragte Jonas den Kleinen.
»Tim, aauuhh.«
»Und du?«, fragte Jonas das Mädchen.
»Leonie.« Die Kleine schien etwas tapferer als ihr Bruder. Sie wimmerte und hielt sich den Bauch.
»Magst du mir vielleicht helfen, Leonie?« Jonas erinnerte sich gerade an ein Seminar zum Umgang mit Kindern in Akutsituationen.
»Hm«, schniefte sie.
»Kannst du die zwei Finger«, er hielt Zeige- und Mittelfinger der rechten Hand hoch, »hier an den Hals von deinem Bruder legen?«
»So?«
»Genau. Jetzt müsstest du spüren, wie sein Herz schlägt.« Jonas fühlte ebenfalls den Puls des Jungen und zeigte ihn mit dem linken Zeigefinger an. »Dudumm, Dudumm … Spürst du's?«
»Ja«, antwortete Leonie und schien sich darüber zu freuen.
»Prima.« Jonas lächelte. »Ich untersuche Tim jetzt, und du musst aufpassen, dass sein Herz nicht aufhört zu schlagen, okay?«
»Okay.«
»Und wenn doch, dann musst du sofort Bescheid sagen, machst du das?«
»Ja.« Das Mädchen machte ein konzentriertes Gesicht und die Mutter lächelte, bevor ihr ein weiterer Krampf im Magen oder Darm ein zischendes Geräusch entlockte.
»Haben Sie alle das Gleiche gegessen?«, fragte Jonas, während er Tim in die Ohren leuchtete.
»Ja, alle. Leonie hat nur wenig vom Salat gegessen … Den müssen wir ihr immer reinzwingen, aber …«
»War da auch Geflügel dabei?«, fragte Jonas.
»Nein, das waren nur Schweinesteaks.«

»Und im Salat, war da Mayonnaise oder Eier?« Jonas platzierte das Fieberthermometer in Tims Ohr. Das hatte zwar Simone schon gemacht, aber darum ging es ja nicht.

»Nein, da war nur Essig und Öl dran.«

»Haben Sie heute im Lauf des Tages oder gestern alle vier etwas mit Geflügel oder Eiern gegessen? Tim, sag mal Ah!« Jonas leuchtete dem Kleinen in den Rachen, aber darum ging es ja nicht.

»Nein.« Die Frau überlegte kurz. »Ich hatte gestern Mittag ein Spiegelei, aber Matthias und die Kinder sicher nicht. Glauben Sie, es ist eine Lebensmittelvergiftung?«

»Das scheint mir momentan die wahrscheinlichste Lösung.« Da ihm nichts mehr einfiel, hielt Jonas nun das Stethoskop Tim an den Kopf, aber auch darum ging es ja nicht.

»Wir müssen nur rauskriegen, was für eine.« Erleichtert bemerkte Jonas, dass der Vater wieder durch die schwere Schiebetür trat.

»Das hast du ganz toll gemacht, Leonie. Vielen Dank!«, sagte er lächelnd.

»Untersuchen Sie mich jetzt auch?«, fragte das Mädchen.

»Dich muss ich nicht so genau untersuchen«, erwiderte Jonas, während er ihr kurz ins Ohr leuchtete, »du bist doch schon mindestens sieben.«

»Ich bin neun!« Leonie schien etwas beleidigt.

»Na, dann war selbst das schon zu viel«. Jonas steckte die Lampe weg und wandte sich nun an den Vater.

»Hatte einer von Ihnen vielleicht Kontakt zu einer erkrankten Person mit ähnlichen Symptomen?«

»Nein, bei mir in der Firma hat keiner Durchfall oder so«, erwiderte er zögernd.

»Und bei den Kindern?«, fragte Jonas. »Schule, Kindergarten?«

»Leonie, hat ein Kind in deiner Klasse so was gehabt?«, fragte die Mutter.

»Die Karla war die letzten Tage krank, aber keiner weiß, was sie hat«, antwortete das Mädchen.

»Gut.« Jonas schnappte sich die Krankenkurve und machte die nötigen Eintragungen. »Dann würde ich die Kinder gerne über Nacht hierbehalten, einer von Ihnen sollte besser dabei bleiben. Tim kriegt zur Sicherheit noch einen Tropfer. Dann nehmen wir noch Blutproben und … andere, und mit etwas Glück sind morgen Abend wieder alle daheim.«

»Vielen Dank, Herr Doktor«, die Mutter rang sich wieder ein Lächeln ab. »Dann bleibe ich bei den Kindern.«

»Gut«, sagte Jonas. »Und Herr …« Er blickte auf die Kurve. »… Endres, wenn Sie zu Hause noch Reste vom Abendessen haben, bringen Sie bitte morgen Proben davon mit.«

»Salmonellen?«, fragte Martin, als Jonas mit ihm auf dem Gang wieder zusammentraf.

»Wahrscheinlich.« Jonas rieb sich das unrasierte Kinn. »Auch wenn es nicht die ganz typischen Träger waren. Du sorgst dafür, dass Proben von dem Erbrochenen ins Labor kommen?«

Martin nickte und gab Jonas mit einer Geste zu verstehen, dass er jetzt gerne eine rauchen würde.

»Ich bin mir nur nicht ganz sicher, ob es nicht auch eine Noro-Geschichte sein könnte …« Er machte Anstalten, dem Pfleger in Richtung der Notausgangstür zu folgen.

»Oder gar ein neuer Ehec-Ausbruch?« Martin lachte schnaubend.

»Oh Gott, vielleicht hätte ich sie gleich alle isolieren sollen?« Jonas' Insuffizienzgefühle kamen wieder hoch.

»Ah wa«, sagte Martin. »Komm, gehen wir.«

»Keine Chance, Jungs«, rief Schwester Simone von der anderen Seite des Ganges. »Wir haben gerade fünf neue Fälle reinbekommen. Erbrechen und schwerer Durchfall!«

»Ab sofort immer Mundschutz tragen«, befahl Jonas, der jetzt keine Amphetamine mehr brauchte.

1. Killergemüse

Nachdem er mehrfach geklingelt, geklopft, ihren und seinen Namen gerufen hatte, stieg Alfred eine Treppe höher und betrat den Dachboden. Wie in solchen alten Häusern üblich, war der Speicher durch raue Dachlatten in kleine Kammern unterteilt. Alfred ging zielsicher nach links. Über der letzten Verschlagtür tastete er den Querbalken ab und fand, wonach er gesucht hatte. Er stieg die Treppe wieder hinunter und öffnete die Wohnungstür mit dem Zweitschlüssel.

»Renan«, rief er nochmals, »ich bin's nur.« Vorsichtig betrat er den dunklen Flur. Er wusste, wo der Lichtschalter war, traute sich aber irgendwie nicht, ihn zu betätigen.

»Bitte nicht von der Schusswaffe Gebrauch machen«, versuchte er zu witzeln.

In der Küche hielt sich ein Rest Tageslicht. Die Unordnung war für Alfred nichts Ungewöhnliches. Immer, wenn er hier gewesen war, hatten sich ungespülte Tassen, Teller und Schüsseln in der Spüle und drum herum gestapelt. Auch auf dem kleinen Tisch hatte es nicht wirklich besser ausgesehen. Aber früher hatte das Chaos nie so negativ, endgültig gewirkt wie heute. Wenn es stimmte, was ihm verschiedene Leute erzählt hatten, hatte seine Kollegin ihre Wohnung seit vier Wochen nicht mehr verlassen. Das war schwer zu glauben, aber natürlich machbar. Wasser gab es in unbegrenzten Mengen aus der Leitung, und Essen musste ein erwachsener Mensch weit weniger als gemeinhin angenommen. Alfred wusste, dass Renans Eltern ihr regelmäßig etwas vor die Tür stellten, weil sie niemanden reinließ. Er sah die Tupperdosen in der Küche. Einige waren geöffnet, gegessen hatte sie aber anscheinend nichts. Andere waren noch verschlossen und wahrscheinlich mitverantwortlich für den gewöhnungsbedürftigen Geruch der Wohnung. Fast alle Schranktüren und Schubladen standen offen. Über den

Boden verteilt lagen Plastikfolien, Trockentücher und rohe Reiskörner.

»Renan«, rief Alfred nochmals. Im Bad machte er Licht, es sah kaum besser aus als in der Küche. Irgendwann musste sie gewaschen haben. Ein paar T-Shirts, Sweatshirts und zwei Hosen waren notdürftig über den Rand der Badewanne und die Duschvorhangstange gehängt. Unterwäsche, Strümpfe und anderes Kleinzeug lag noch zusammengeknüllt im Wäschekorb, der vor der Waschmaschine stand. Das Schlafzimmer ließ Alfred aus und fand sie schließlich auf dem Sofa im Wohnzimmer vor.

»Was willst du«, fragte Renan mit tonloser Stimme.

»Ich will wissen, wie es dir geht.« Alfred legte den Poststapel, der aus dem Briefkasten gequollen war, auf den Tisch und setzte sich seiner Kollegin gegenüber auf einen Sessel. Auch hier war es fast dunkel. Renan hatte primitive Decken, wie sie Möbelpacker benutzten, vor die Fenster genagelt. Nur an der Balkontür waren unten zwanzig Zentimeter frei geblieben, die nun einen Rest des Abendlichtes in den Raum ließen. Außerdem blinkte noch der Anrufbeantworter und die Digitalanzeige der Stereoanlage leuchtete blassblau.

»Ich glaube, diese Frage erübrigt sich, Alfred«, erwiderte sie und zog die Beine an.

»Du musst entschuldigen, dass ich deinen Zweitschlüssel entwendet habe.« Alfred legte das Corpus Delicti auf den Tisch. »Aber ich war ernsthaft in Sorge. Wie du dir vielleicht vorstellen kannst!«

Renan antwortete nicht. Alfred überlegte kurz, ob er die Fenster öffnen und ihr mit sanfter Autorität klarmachen sollte, dass es jetzt langsam genug war. Sie musste wieder zurück ins Leben. Aber in all den Jahren hatte er die Erfahrung gemacht, dass seine Kollegin so nicht zu beeinflussen war und er befürchtete, dass sich das auch jetzt nicht geändert hatte. Daher versuchte er, sich möglichst nicht so zu verhalten, wie es »normal« gewesen wäre. Er würde also nicht lüften, kein Licht machen, nicht die Wohnung aufräumen oder die Post vorlesen. Aber was dann? Er ging zur Stereoanlage und legte eine CD ein, deren Cover er nicht erkennen konnte. Gregorianische Choräle – auch das noch, hätte ja auch türkischer Pop sein können. Schließlich hielt er es nicht mehr aus und zündete sich eine Zigarette an, aber auch das brachte keine Reaktion. Sonst hätte sie ihm deswegen Hausverbot erteilt. Da ihm nun nichts Besseres mehr einfiel, setzte er sich wieder und beschloss, nichts zu sagen, bevor die Kippe nicht ausgeraucht war. Die Asche schnippte er provokant auf den Boden.

»Haben meine Eltern dich geschickt?«, fragte sie schließlich, als die Glut noch zwei Zentimeter vom Filter entfernt war.

»Nein«, antwortete er. »Sie haben mich angerufen, aber sie haben mich nicht gebeten herzukommen.«

»Wer dann, die Neumann?«

»Die Frau Kriminalrätin ist ebenfalls sehr besorgt.« Alfreds Ton wurde dienstlich. »Und sie hätte gerne, dass du endlich eine Therapie beginnst oder dich langfristig dienstunfähig schreiben lässt. Dann könnte sie Ersatz für dich anfordern.«

»Pff.« Renan blies verächtlich durch die Zähne.

»Aber auch sie hat mich nicht geschickt!« Alfreds Augen hatten sich nun an die Lichtverhältnisse gewöhnt. Er erschrak tüchtig, als er erkannte, wie stark Renan abgemagert war.

»Wer dann?«

»Nun ja.« Alfred kratzte sich am Kopf. »Es mag unglaubwürdig klingen, aber ich bin aus eigenem Antrieb hier …«

»… Weil du dir Sorgen um mich machst, ich weiß!«

»Also …«

»Aber nun hast du dich ja davon überzeugt, dass ich noch lebe.« Sie setzte die Beine wieder auf den Boden.

»Leben?«, fragte Alfred.

»Ich betreibe Stoffwechsel, das genügt.«

»Hier.« Alfred erhob sich und hielt ihr eine Zigarette hin.

»Was soll ich damit?«

»Rauchen!«

»Warum?«

»Das fördert den Stoffwechsel.« Er hielt ihr das entflammte Feuerzeug entgegen und staunte, als sie tatsächlich Anstalten machte, sich die Kippe anzuzünden. Renan war seit jeher strenge Nichtraucherin gewesen. Unweigerlich begann sie zu husten.

»Tut gut, oder?« Alfred drehte sich um und suchte den Raum mit zusammengekniffenen Augen ab.

»Was?« Sie hustete wieder.

»Sich selbst wieder zu spüren.« Alfred ging auf ein großes, gerahmtes Poster an der gegenüberliegenden Wand zu und nahm es ab. Es war im Stil der Zwanzigerjahre gemalt und warb für Zugreisen nach Istanbul.

»Was soll das?« Aus dem Augenwinkel glaubte Alfred zu sehen, dass sie ihre Asche in eine leere Wasserflasche schnippte. Er hielt das für ein gutes Zeichen.

»Diese Decke ist zu kurz«, erklärte er auf die Balkontür deutend. »Wenn du unten noch dieses Bild dagegenlehnst, wird es dunkler, siehst du?«

»Spinner«, flüsterte sie und Alfred glaubte, den Hauch eines Lächelns erkannt zu haben.

»Es ist der pure Egoismus, der mich hierhergetrieben hat.« Alfred setzte sich wieder, während der Choral zu einem lang gezogenen Kyrieeleison anschwoll.

Sie sagte nichts, sondern zog weiter an der Zigarette.

»Ich halte es schlicht nicht mehr aus, Renan«, fuhr Alfred fort. »Zwei Wochen lang habe ich mich im Innendienst herumgedrückt, aber jetzt geht das nicht mehr. Letzte Woche war ich mit Ondracek und Baier draußen, und jetzt glaubt unser Herr Kriminaldirektor, dass wir es mit einem Giftanschlag auf Gemüse zu tun haben und wird eine riesige Soko zusammenstellen ... Ich will gar nicht dran denken!«

Sie sagte immer noch nichts.

»Ich weiß nicht, ob es dir gut tut, monatelang in diesem dunklen Raum zu sitzen.« Alfred zündete sich gleich die Nächste an. »Für mich ist es jedenfalls der Horror. Du musst wieder zum Dienst kommen, Renan, mir zuliebe!«

»Und du solltest langsam anfangen, dich deinem Alter entsprechend zu benehmen«, entgegnete sie.

»Na also.« Alfred lächelte.

»Was?«

»Das klang doch schon fast wieder nach dir!«

»Danke jedenfalls«, brachte sie nach mehreren Schweigeminuten hervor.

»Wofür?«

»Dass du nicht gesagt hast, was alle sagen, und dass du nicht vorgibst, nur um mich besorgt zu sein, auch wenn das bei dir im Gegensatz zu allen anderen der Fall ist.«

»Ich weiß nicht, was du jetzt brauchst, Renan.« Alfred wurde ernst. »Und ich bin nicht so verwegen zu glauben, dass ich es bin. Aber ich brauche dich, so sieht's aus!«

»Ja, ja, schon gut. Netter Versuch!«

»Da glimmt noch ein Funken in dir.« Alfred hob demonstrativ die Zigarette. »Das spüre ich. Du bist sicher hervorragend darin, im Dunkeln zu sitzen, aber als Polizistin warst du noch besser. Und auch auf die Gefahr hin, mich zu wiederholen: es mag sein, dass du ohne die Kriminaldirektion Nürnberg auskommst, aber die KD kommt nicht ohne dich aus.«

»Unsinn!«

»Giftanschlag auf Gemüse.« Alfred breitete flehend die Arme aus. »Renan!!«

»Ich esse nichts mehr«, erwiderte sie.

»Versprichst du mir, wenigstens drüber nachzudenken?« Alfred stand auf, er spürte, dass er heute nicht zum Ziel kommen würde.

»Also gut«, sagte sie schließlich. »Ich verspreche es dir!«

Alfred wusste, dass sie das nicht nur so dahinsagte. Der Choral endete in einem erhabenen Amen.

Die Einsatzbesprechung der neu gebildeten Soko »Kopfsalat« fand im größten Saal des Präsidiums im Erdgeschoss statt. Dabei wäre ein Raum dieser Größe gar nicht notwendig gewesen. Zu viele Kollegen litten an Durchfall und schwerer Übelkeit, sodass nur ein überschaubares Grüppchen von zehn Beamten in den ersten beiden Stuhlreihen saß. Für die Soko war herausgequetscht worden, was die einzelnen Kommissariate und Dezernate noch hergaben. Zwei junge Kolleginnen ganz links kannte Alfred gar nicht, mussten Anwärterinnen sein, wahrscheinlich aus dem Bereich der Kriminaltechnik. Stefan Hasselt, auch Woodstock genannt, saß vor ihm. Der war eigentlich Jugendkontaktbeamter und arbeitete seit Jahren am Umbau eines Hauses in der Gartenstadt. Es war schon vorgekommen, dass er mit völlig verstaubten Klamotten zum Dienst erschienen war, weil er über Nacht noch eine Wand herausgerissen hatte. Sein Spitzname kam daher, dass er mit dem stets senkrecht abstehenden blonden Haarschopf und der hageren Figur eine gewisse Ähnlichkeit mit Snoopys gefiedertem Freund aufwies. Aus dem K11 waren außer Alfred noch Popp und Ullmann dabei. Letzterer hatte als Kommissariatsleiter nicht mehr viel zu lachen, seitdem die neue Dezernatsleiterin, Karla Neumann, da war. Irgendwie schien sie zu der Ansicht gelangt zu sein, Ullmann hätte in den Jahren zuvor eine etwas zu ruhige Kugel geschoben. Neben Alfred saß schließlich Ondracek, der Papa Schlumpf der Direktion, die Hände über seinem mächtigen Bauch gefaltet. Er machte Anstalten einzunicken. Vorne, am Lehrerpult gewissermaßen, saßen Herbert Göttler, seines Zeichens immer noch Chef der Nürnberger Kripo, Karla Neumann, Leiterin des ersten Kriminalfachdezernats, und ein Alfred unbekannter Herr mit einer Halbglatze, grauem Anzug und wichtigem Gesichtsausdruck. Herberts Elan hatte in der letzten Zeit deutlich nachgelassen. Nachdem in den vergangenen Jahren in der staatstragenden Partei Bayerns alles drunter und drüber gegangen war, verlief Herberts Karriere nicht mehr ganz so, wie einst geplant.

Eigentlich hätte er spätestens nach der jüngsten Landtagswahl Staatssekretär im Innenministerium werden müssen. Dann hatte besagte staatstragende Partei aber die absolute Mehrheit verloren und mit einer anderen koalieren müssen. Dies wirkte sich auf die Zahl der zu verteilenden Posten aus und die wiederum auf den Regionalproporz. Von den neun Ministerien blieben sieben für Herberts Partei übrig, und da bereits zwei Minister aus Mittelfranken kamen, musste der Staatssekretärsposten im Innenministerium mit einem Unterfranken besetzt werden. Dies betrübte nicht nur Herbert, sondern auch die Mehrheit der Nürnberger Kriminaldirektion.

»Ja, liebe Kolleginnen und Kollegen«, eröffnete Herbert schließlich die Besprechung. »Ich freue mich, dass wir trotz der aktuell äußerst dünnen Personaldecke noch eine Soko auf die Beine gestellt haben. Und genau hier scheint auch der Handlungsbedarf zu liegen. Die meisten wegen Krankheit ausgefallenen Beamten leiden offenbar unter einer Lebensmittelvergiftung, die in den letzten Tagen nahezu die Ausmaße einer Epidemie angenommen hat. Nun gibt es auch noch Hinweise auf eine Straftat, die uns zwingen, polizeiliche Ermittlungen aufzunehmen. Näheres wird uns nun Herr Dr. Thaler vom Städtischen Gesundheitsamt erläutern.«

»Ja, vielen Dank, Herr Göttler!« Dr. Thaler, der Dritte hinter dem Lehrerpult, räusperte sich und startete eine Powerpoint-Präsentation, die zu Anfang nichts als das Logo des Gesundheitsamtes zeigte.

»Meine Damen und Herren, wie Sie sicher mitbekommen haben, grassiert im Großraum seit einigen Tagen eine Welle von schweren Salmonelleninfektionen. Allein gestern und vorgestern wurden uns in Nürnberg 535 Fälle gemeldet.« Der Mann tippte auf sein Notebook und es erschien eine Tabelle. »Die Kollegen in Erlangen registrierten 192 Fälle, Schwabach 81, das Nürnberger Land 97 und Fürth 69.«

»Da schau her«, brummte Ondracek. »Die Fürther sind doch immer Schlusslicht!«

»Wie bitte?« Dr. Thaler zog die Stirn in Falten und sah Ondracek fragend an.

»Nur ein unsachlicher Kommentar«, beeilte der sich zu versichern. »Bitte um Nachsicht!«

»Alle Infektionsfälle müssen binnen 24 Stunden den zuständigen Gesundheitsämtern gemeldet werden«, fuhr Dr. Thaler fort. »Und diese Zahlen gehen weit über die übliche Größenordnung hinaus. Es ist außerdem damit zu rechnen, dass die Kurve weiter steigen wird, da Salmonelleninfektionen hochgradig ansteckend sind ...«

»Und warum muss uns das jetzt interessieren?«, meldete sich Woodstock zu Wort, der sich überwiegend durch Pizzadienste ernährte und sichtbar widerwillig in seinem Stuhl lümmelte.

»Das will ich Ihnen erklären.« Dr. Thaler rang sich zu einem schmalen Lächeln durch. »Normalerweise entstehen Salmonelleninfektionen durch den Verzehr von verunreinigten Eiern oder Fleisch, hauptsächlich Geflügel. Auch Speiseeis und Milchprodukte sind gute Nährböden für die Bakterien. Die Symptome sind weitgehend bekannt: wässrige Diarrhö, krampfartige Bauchschmerzen, oft gepaart mit Fieber, Kopfschmerzen und Erbrechen. Meist halten diese Beschwerden nur wenige Tage an. Bei schweren Verläufen zeigen sich aber auch typhoide Krankheitsbilder. Besonders gefährdet sind – wie immer – Senioren, Kinder und immunschwache Patienten. Wird die Infektion bei diesen Zielgruppen nicht behandelt, kann sie im schlimmsten Fall tödlich verlaufen.« Er tippte wieder auf seinen Computer und die Auflistung der Symptome erschien auf der Projektionsfläche.

»Wie gesagt, wir haben es vor allem im Sommer immer mit einer gewissen Grundanzahl von Infektionen zu tun. Hier aber häufen sich die Fälle so deutlich, dass wir die behandelnden Kollegen in den Kliniken befragt haben, um Gemeinsamkeiten bei den Patienten festzustellen. Meist gibt es einen bestimmten Herd, wie eine Großküche, ein Altersheim oder ein einzelnes Tiefkühlprodukt. Doch dies trifft hier nicht zu. Es ist auch nicht so, dass wir es mit den üblichen Folgen von Grillpartys, Eisdielenbesuchen oder abgelaufenen Joghurts zu tun haben. Vielmehr gibt es eine große Gruppe von Vegetariern unter den Erkrankten, die auch verneint haben, in der fraglichen Zeit Eis oder Eier gegessen zu haben. Auch bei den anderen zeigen sich auf den ersten Blick keine Übereinstimmungen. Mal gab es Rindersteak, mal Schweinebauch und mal waren es Putenschnitzel oder Hühnerbrust. Die einzige in unseren Stichproben festzustellende Gemeinsamkeit ist der Verzehr von Salat und Tomaten …«

»Gut, dass ich so was nicht esse«, flüsterte Alfred Ondracek ins Ohr.

»Hasenfutter«, bestätigte dieser nickend.

»Wollen Sie damit sagen, dass diese Salmonellenvergiftungen durch Salat und Tomaten ausgelöst wurden?«, fragte nun Karla Neumann nach.

»So sieht es aus«, seufzte Dr. Thaler. »In einigen Fällen konnten die Patienten noch Reste der Mahlzeiten zur Verfügung stellen und unser Labor hat eindeutig festgestellt, dass die Bakterien in den Salaten vorzufinden waren.«

»Aber dann muss der Salat nicht ordentlich gewaschen worden sein, oder?«, hakte die Dezernatsleiterin nach.

»Das ist bei Salat so eine Sache. Salat ist so verwunden und verwinkelt, da kriegen Sie das Wasser nach dem Waschen nicht völlig raus. Daher bleibt immer ein Rest an Keimen drauf. Auch diese tollen Schleudern helfen da nicht. Um im Bild zu bleiben, müssten Sie die Blätter auch noch trocknen, am besten bei 70 Grad.« Dr. Thaler tippte wieder auf sein Notebook. An der Wand erschienen türkisfarbene, längliche Gebilde vor einem roten Hintergrund.

»Super Fahndungsfoto«, raunte Ondracek Alfred zu.

»Die Krankheitserreger, gramnegative bewegliche Stäbchenbakterien, bilden sich aber nur dann in der notwendigen Zahl auf den Lebensmitteln, wenn es zu grober Fahrlässigkeit beim Anbau des Gemüses gekommen ist. Stark verschmutztes Wasser bei der Bewässerung wäre zum Beispiel eine Erklärung. Da wir aber in unserem Land so strenge Auflagen haben, ist dies nur schwer vorstellbar. Daher muss entweder sehr grobe, um nicht zu sagen kriminelle Fahrlässigkeit vorliegen, oder aber Vorsatz ...« Dr. Thaler beendete die Präsentation und blickte ernst in die Runde. »Und genau hier kommen Sie ins Spiel, meine Damen und Herren!«

»Und Sie können sich vorstellen, was hier los ist, wenn die Presse davon Wind bekommt«, ergänzte Herbert mit erhobenem Zeigefinger. »Daher dürfen wir jetzt keine Stunde mehr verstreichen lassen, sondern müssen sofort handeln, auch wenn es sich am Ende als blinder Alarm herausstellen sollte.«

»Ja, aber.« Nun konnte Alfred nicht mehr an sich halten. »Weiß man denn überhaupt, wo das Gemüse herkommt? Das wird doch heutzutage von überallher importiert!«

»Wenn es aus dem Ausland käme, wäre ich nicht hier«, antwortete Dr. Thaler mit besorgter Miene.

Die Itz ist ein Nebenfluss des Mains, der etwa fünf Kilometer nördlich von Bamberg in den Hauptfluss mündet. Alfred stand an einem Wehr nahe einer kleinen Ortschaft. Er kniff die Augen zusammen und ließ den Blick über die Ränder des Gewässers schweifen. Die tief stehende Sonne spiegelte sich im Fluss und tauchte die Gegend in ein warmes Licht. Das obere Maintal lag hier genau zwischen der Fränkischen Schweiz und den Haßbergen. Beides sehr liebliche Landschaften, die weder mit Sehenswürdigkeiten noch mit malerischen Blicken oder mit Bierkellern geizten. Alfred erinnerte sich düster, hier schon mal vor vielen Jahren gewandert zu sein. Und schon damals war ihm aufgefallen, dass dieser Teil des Maintales für hiesige Verhältnisse wenig malerisch war. Das hatte sich bis heute nicht geändert, lediglich die Dichte der Bierkeller stimmte noch. Aber es gab genug Gelegenheiten für intensiven Wassersport. Der Main war von zahlreichen Seen gesäumt, auf denen man Segeln und Surfen lernen konnte. Der Main und vor allem die Itz boten gute Bedingungen für Kanufahrer, und das schließlich war der Grund, warum Alfred sich einen Tag nach Gründung der Soko Kopfsalat zu einem dienstlichen Ausflug nach Oberfranken aufmachen musste. Angesichts der Bierkeller keine allzu große Zumutung.

»Und wo genau ist es passiert?«, fragte Alfred, als er neben dem hiesigen Kollegen auf einer Brücke stand und auf den Fluss blickte.

»Genau an diesem Wehr.« Kommissar Dotterweich von der Kripo Bamberg nahm die Pfeife aus dem Mund und deutete mit dem Mundstück geradeaus. Er war von rustikaler Statur, trug einen grauen Seehundschnauzer und sprach den gemütlichen Bamberger Akzent. Über einem großkarierten Hemd trug er eine Art Anglerweste.

»Er muss direkt das Wehr hinuntergefahren sein. Eigentlich müsste er sein Boot da aber herumtragen, und dann ist er gekentert und nicht mehr hochgekommen ...«

»Also ertrunken«, schloss Alfred, der sich nun eine Zigarette anzündete.

»So sieht's aus«, Dotterweich stopfte seine Pfeife nach. Der süßliche Geruch mischte sich mit dem Rauch von Alfreds Zigarette.

»Kommt so was hier öfter vor?« Alfred fingerte die kleine Digitalkamera aus der Innentasche seines Sakkos und machte sich daran, das Wehr zu fotografieren.

»Fast nie.« Dotterweich ging gemächlich zurück in Richtung Straße, Alfred folgte ihm. »An der Itz kann ich mich nur an einen tödlichen Unfall erinnern, muss vor sieben, acht Jahren gewesen sein. Und dann war noch zweimal was an der Wiesent, unten in der Fränkischen. Das waren aber jedes Mal Anfänger, die die Sicherheitsregeln nicht beachtet haben. Keinen Helm aufgesetzt, keine Schwimmweste und so.«

»Und unser Mann hier war Profi?« Sie waren nun bei Dotterweichs Dienstwagen angelangt.

»Muss seit zwanzig Jahren Kajak gefahren sein.« Der Bamberger lehnte sich gegen den Kotflügel des silbernen Audi und zog ausgiebig an seiner Pfeife. »Der hätte erst gar nicht in die Nähe kommen dürfen. Und wenn ... Aber für solche Fragen kommt gleich noch ein Fachmann, äh, eine Fachfrau.«

»Oh, das ist ja ein Service«, lächelte Alfred und lehnte sich ebenfalls gegen das Fahrzeug.

»Keine Ursache, wenn ihr uns den Fall dafür abnehmt.« Dotterweich grinste und rammte Alfred verschwörerisch den Ellbogen in die Seite.

»Das hört sich nicht so an, als ob es für euch überhaupt ein Fall wäre.« Alfred setzte seine Sonnenbrille auf und verstaute die Kamera wieder in der Sakkotasche. Er bereute mal wieder, dass er sich nicht zu gegebener Zeit in eine ländliche Direktion hatte versetzen lassen. Irgendwie lief das hier doch alles viel entspannter als in der großen Metropole – und dann noch die Bierkeller.

»Da haben die vom Kriminaldauerdienst halt leider ein bissel zu genau hingeschaut«, seufzte Dotterweich. »Waren wahrscheinlich wieder nur Jungspunde da ... Jedenfalls war der nicht nur besoffen, sondern hat auch noch einen Haufen Beruhigungsmittel geschluckt. In seinem Auto haben sie eine Wodkaflasche und eine leere Pillenschachtel gefunden.«

»Gut, dann war es entweder grob fahrlässig oder ein erfolgreicher Selbstmordversuch«, folgerte Alfred. »Jedenfalls nichts für die Kripo, würde ich sagen.«

»Bleibt bloß noch die Sache mit der Versicherung«, ergänzte Dotterweich. Er öffnete die Tür des Dienstwagens und holte eine Akte heraus. »Die sind halt auch nicht begeistert, wenn sie der Witwe jetzt eine halbe Million zahlen müssen.«

»Verstehe!« Alfred pfiff durch die Zähne und trat seine Zigarette aus.

»Martin Unger«, las Dotterweich vor, nachdem ein Traktor im Schneckentempo hinter ihnen vorbeigerattert war. »41 Jahre, verheiratet, zwei Kinder. Hat den Arsch voll Schulden, weil er vor drei Jahren ein Haus gebaut hat, und zwar in Nürnberg. – Glückwunsch!« Er klappte die Akte zu, hielt sie Alfred wie ein teures Geschenk hin.

»Danke!« Alfred legte das Dossier auf die Kühlerhaube und suchte sein Zigarettenetui.

»Und was hat euch jetzt auf den Fall gebracht?« Dotterweich konnte schließlich eine gewisse Neugier nicht mehr verbergen.

»Er könnte im Zusammenhang mit der Salmonellenepidemie stehen«, antwortete Alfred betont vorsichtig.

»Davon habe ich gehört«, nickte Dotterweich. »Da geht's ja ganz schön zu bei euch ...«

»Kann man sagen«, stöhnte Alfred. »Die halbe Kriminaldirektion hat's auch erwischt. Es sind nur noch die übrig, die keinen Salat essen.«

»Recht so«, freute sich Dotterweich und klopfte Alfred auf die Schulter. »Und dieser Unger hat das Ganze wohl verursacht?«

»Das sicher nicht!« Alfred nahm die Brille ab und putzte sie mit einem Taschentuch. »Er hat aber dafür gesorgt, dass die Lebensmittel unters Volk gekommen sind. Unabsichtlich wahrscheinlich, aber das wissen wir noch nicht so ganz genau. Er war Einkäufer bei einer großen Lebensmittelkette. Und zu allem Überfluss war das auch noch besonders gepriesener Bio-Salat. Noch zehn Mal gesünder, als Salat eh schon ist.«

»Sauber!« Dotterweich bückte sich und klopfte seine Pfeife an einer Felge des Dienstwagens aus.

»Apropos Lebensmittel«, sagte Alfred. »Kannst du mir hier in der Nähe einen Bierkeller oder eine Brauereiwirtschaft empfehlen?«

»Da gehst du am besten gleich nach Freudeneck.« Dotterweich strich sich über den Schnauzer. »Oder nach Zapfendorf oder nach Unterleiterbach, aber der könnte heute zuhaben. Dann gibt's noch Kemmern, Merkendorf, Ebensfeld ...«

Die Aufzählung wurde erst von einem Traktor unterbrochen und dann von einer jungen Frau, die auf einem Mountainbike auf die beiden zugeradelt kam. Sie war etwa Mitte zwanzig und trug eine Radlerhose mit dazu passendem Oberteil. Außerdem eine Baseballkäppi und eine sehr sportliche Sonnenbrille.

»Entschuldigung«, sagte sie atemlos. »Bin aufgehalten worden.«

»Macht nichts«, lächelte Dotterweich. »Darf ich vorstellen: Das ist Kommissar Albach aus dem großen Nürnberg. Und das ist Sabine Maisel, Jugendtrainerin beim Sportbootclub.«

»Also können wir einen Unfall hundertprozentig ausschließen«, fasste Alfred zusammen, nachdem sie den Ausführungen der jungen Frau eine Viertelstunde gelauscht hatten.

»Das ist praktisch unvorstellbar, dass jemand, der dreimal Bezirksmeister war, da reinfährt und wenn doch, dass er dann nicht rauskommt«, erklärte Sabine.

Sie standen wieder auf der Brücke unweit des Wehrs und studierten den Wasserlauf von oben.

»Und dass er irgendwie gekentert ist, dann unter Wasser mit dem Kopf auf einen Felsen oder so was gestoßen ist und dadurch bewusstlos wurde?«, hakte Alfred nach.

»Das Wasser ist an der Stelle über zwei Meter tief!« Sabine schüttelte den Kopf. »Außerdem gibt's da keine Felsen im Flussbett, ist ja kein Wildbach. Und das hier ist eine klassische Gefahrenstelle, ein Stufenwehr. Das Wasser bildet dahinter sozusagen eine Walze. Es strudelt wieder zum Wehr zurück, nachdem es heruntergekommen ist. Wenn du da reingerätst, bleibst du in diesem Strudel gefangen. Du kommst nur raus, wenn du unter Wasser wegtauchst ...«

»Und das müsste er gewusst haben«, murmelte Alfred.

»Wie gesagt, ein erfahrener Paddler weiß das. Ich kann mir nicht vorstellen, dass so einer da in die Nähe fährt, nicht freiwillig.«

»Gut.« Alfred klappte die Akte zu. »Dann übernehmen wir den Fall jetzt im Zusammenhang mit unserem Durchfallsalat!«

»Optimal«, freute sich Dotterweich. »Dafür lade ich euch jetzt auf ein Seidla ein!«
»Freudeneck hat heute offen«, schlug Sabine vor.
»Ja, aber da hat's jetzt keine Sonne mehr«, wandte Dotterweich ein. »Zapfendorf?«
»Macht erst um 18 Uhr auf«, erwiderte Sabine. »Wie wär's mit Kemmern?«
»Da ist das Brot immer so lätschert«, gab Dotterweich zu bedenken. »Lieber Unterleiterbach.«
»Betriebsurlaub«, konterte Sabine.
»Dann Merkendorf!«, beschied Dotterweich.
»Super«, sagte Sabine und sprang auf ihr Fahrrad. »Bis gleich!«
»Glückliches Bamberg«, seufzte Alfred, als er zurück zum Auto ging.

»Was willst du?« Alfred glaubte, seinen Ohren nicht zu trauen.
»Zigaretten«, klang Renans Stimme verzerrt aus dem Handy.
»Ja, aber …« Vielleicht handelt es sich ja um eine Störung, der Mobilfunkempfang ließ auf der A 73 manchmal zu wünschen übrig.
»Zigaretten«, schrie sie nun. »Ich will, dass du mir Zigaretten bringst, und zwar heute noch!«
Alfred befand sich auf der Rückfahrt von Merkendorf. Er hatte sich ein Bier und einen Schnitt gegönnt, dazu mit Dotterweich eine Brotzeitplatte geteilt. Er war noch nicht fahruntüchtig, hatte sich aber innerlich darauf eingestellt, den Abend zu Hause bei einem weiteren Bier, einem Hochprozentigen und der Lektüre der Süddeutschen ausklingen zu lassen. Seine Frau war mit einer Schulklasse in London, und der Abend würde mild bleiben, was dafür sprach, das Ganze auf den Balkon zu verlegen. Dazu ein wenig Count Basie oder Charlie Parker und die Welt hätte ihn mal gern haben können. Und nun rief der einzige Mensch an, der diesen Plan ernsthaft gefährden konnte!

Es war ein gutes Zeichen, dass Renan etwas haben wollte. Dass es ausgerechnet Zigaretten waren … Nun ja, sie war aus Gründen, die kaum jemand kannte, in einer Depression oder vielleicht war sie endlich dabei, sich daraus freizukämpfen. Wenn es Zigaretten waren, die ihr einen Antrieb zurückgaben, dann sollte es eben so sein, sie würde schon wieder damit aufhören. Er fragte, welche Marke sie denn bevorzugte, bekam ein »Egal« zur Antwort und hörte, wie die Verbindung beendet wurde.

Es war so eine Sache gewesen, mit ihm und Renan Müller in den ersten Jahren. Das waren keine Scharmützel mehr, das war schon ein handfester Bürgerkrieg, der sich zwischen zwei ungleichen Charakteren abgespielt hatte. Er, ein etwas träge gewordener Ermittlungsprofi mit latentem Hang zum Zynismus. Sie, eine Cholerikerin, die jeden guten Rat als Belehrung verstand und sich den Humor scheinbar hatte operativ entfernen lassen. Immer musste sie alles auf sich beziehen, jedes Wort auf die Goldwaage legen. Damals hätte er in der Jakobskirche eine Kerze angezündet, wenn sie wegen psychischer Leiden mehrere Monate dem Dienst ferngeblieben und am besten nie wieder zurückgekommen wäre. Doch heute fehlte sie ihm, und zwar so sehr, dass er ernsthaft darüber nachdachte, sich in den Vorruhestand versetzen zu lassen, wenn sie wirklich nicht mehr dienstfähig werden würde. Zwar verlief die Zusammenarbeit noch immer nicht völlig konfliktfrei, aber das war das Salz in der Suppe, wie in jeder guten Beziehung. Was in den dazwischen liegenden Jahren passiert war, vermochte er gar nicht so genau zu sagen. Es lag vielleicht daran, dass ihn und Renan trotz der Altersdifferenz und ihrem offenbar völlig unterschiedlichen Temperament unter der Oberfläche mehr verband, als sie zunächst wahrhaben wollten. So hatten sie sich in den ersten Jahren zwar bis aufs Blut bekämpft, aber keiner hatte den anderen gemobbt. Da wurde nie versucht, Kollegen oder Vorgesetzte gegen den anderen in Stellung zu bringen. Fehler oder Fehlurteile warf man sich gegenseitig an den Kopf, sorgte aber nicht dafür, dass sie aktenkundig wurden. Keiner führte Tagebuch über Privaterledigungen des anderen während der Dienstzeit, Telefongespräche persönlichen Inhalts oder großzügigen Umgang mit der Mittagspause. Es gab keine Intrigen und keine Denunziation, da kämpften zwei mit offenem Visier und das so lange, bis sie müde waren. Prinzipienreiter und Gerechtigkeitsfanatiker waren sie beide – jeder auf seine Weise. Und mittlerweile hatten sie sich so eingerichtet, dass Alfred meist den souveränen, aber kindsköpfigen Lebemann gab, der mit Routine und Verschlagenheit dafür sorgte, dass sie weitgehend ungehindert ihrer wahren Arbeit nachgehen konnten. Während Renan für eine gewisse Strenge, aber auch Emotionalität zuständig war. Dinge, die Alfred in fünfundzwanzig Dienstjahren bisweilen abhanden gekommen waren.

Renan hustete gottserbärmlich.
»Du musst nicht gleich voll auf Lunge rauchen«, wandte Alfred ein.
»Belehr mich nicht!«, brachte sie zwischen zwei Ausbrüchen hervor.
»Ich habe ja extra auch noch leichtere mitgebracht.« Er hob die Packung hoch, die Renan verächtlich zur Seite gelegt hatte.
»Ich will aber, dass es sticht«, erklärte sie schließlich. »Und schuld daran bist du!«
»Ich?« Alfred tat verwundert und lehnte sich in seinem Sessel zurück. Das Zimmer war immer noch verdunkelt. »Weil ich dir beim letzten Mal eine angeboten habe?«
»Nein, sondern weil du etwas Wahres dazu gesagt hast.«
»Ach ja?«
»Du hast gesagt, dass es gut täte, sich wieder zu spüren. Ich weiß nicht, wie du darauf gekommen bist, aber es stimmt.«
»Dann ist in über fünfzig Jahren doch ein Hauch von Lebensweisheit an mir kleben geblieben«, lächelte er.

»Wer hätte das gedacht«, entgegnete sie so trocken, dass es ihn fast an früher erinnerte.

»Es freut mich wirklich, dass es dir ein bisschen besser geht, Renan!« Alfred benutzte ihren Vornamen, um deutlich zu machen, wie ernst er das meinte.

»Ich weiß nicht, ob es mir besser geht, Alfred.« Sie hustete wieder. »Aber ich weiß, dass ich wieder etwas spüre.«

»Und, ist das ein gutes Zeichen?« Irgendwie verspürte Alfred selbst gerade gar keine Lust auf Nikotin.

»Könnte sein«, sagte sie nach einer kurzen Pause. Alfred bemerkte, dass ihm ein paar Tränen in die Augen stiegen und er war froh, dass man bei den herrschenden Lichtverhältnissen nicht viel sehen konnte. Jedenfalls wusste er nicht mehr, was er noch sagen sollte und sah seiner Kollegin schweigend bei ihren ersten Gehversuchen als Raucherin zu. Sie mühte sich redlich mit der Zigarette ab und rauchte sie bis zum Filter auf, immer wieder von Hustenkrämpfen geschüttelt. Dann blickten sie sich eine Schweigeminute lang an oder besser in die Richtung der gegenüberliegenden Augen, bis sie sagte:

»Jetzt erzähl schon!«

»Was?«

»Was es mit diesem Killergemüse auf sich hat. Wo das herkommt und warum ihr da ermitteln müsst, und warum du schon wieder nach Bier stinkst, obwohl es noch nicht dunkel ist!«

Also erzählte Alfred von dem Einkäufer des Lebensmitteldiscounters, der bei einem Paddelunglück nahe Bamberg ums Leben gekommen war. An sich hätte das die Nürnberger Kripo einen feuchten Kehricht interessiert, selbst wenn der Mann in Nürnberg wohnhaft war. Aber da es sich just um jenen Discounter handelte, der das verseuchte Gemüse im großen Stil in Umlauf gebracht hatte, gab es eine enge Verbindung zu den Ermittlungen der Soko Kopfsalat. Der Discounter hatte einen massiven Kundenrückgang zu verzeichnen, und der Mann war vor zwei Tagen fristlos entlassen worden. Nun war es gut möglich, dass er einen Ausgleich zur aktuellen psychischen Belastung gesucht hatte und deswegen seinem nassen Hobby nachgegangen war. Selbst den vorherigen Genuss von Alkohol hätte man noch irgendwie erklären können. Was dagegen an einem Unfall zweifeln ließ, waren die Beruhigungsmittel und die Tatsache, dass Martin Unger mit einem neu gebauten freistehenden Einfamilienhaus schwer in der Kreide stand. Jedenfalls würde die Versicherung erst einmal einen Selbstmord vermuten und Anzeige wegen Betrugs erstatten. Somit war die Kripo gezwungen, sich mit dem Fall zu beschäftigen. Alfred war natürlich noch nicht dazu gekommen, die Witwe und die Kinder des Toten zu befragen und hoffte inständig, dass sich ein anderes Mitglied der Soko damit beschäftigen musste. Seit gestern hatten die Beamten vor allem damit zu tun gehabt, die Opfer der Salmonellenepidemie zu vernehmen. So war herausgekommen, dass sie alle ihren Salat und ihre Tomaten bei Filialen desselben Discounters als Bio-Ware gekauft hatten. Und weil Salat und Tomaten nur kalt abgespült wurden, hatte dieser merkwürdige Bakterienstamm das Waschen unbeschadet überstanden und in den Verdauungsorganen der Konsumenten seinen Job erledigt. Zu allem Überfluss hatte auch die Polizeikantine letzte Woche Salat bei dem Discounter zugekauft, was den hohen Krankenstand im Präsidium Mittelfranken erklärte. Die nächste Frage konnte kurz darauf auch geklärt werden. Der Discounter DISCO hatte das Gemüse bei einem Bauern aus dem Knoblauchsland in großen Mengen bezogen. Es war wohl nicht unüblich, dass die großen Ketten auch bei mittelständischen Betrieben im Inland einkauften, wenn sie entsprechend günstige Preise boten. Der Betrieb war bereits von Gesundheits- und Ordnungsamt inspiziert worden. Alfred kannte die Ergebnisse der Besuche noch nicht. Bislang war der Gemüsebauer noch nicht eingehend verhört worden. Er hatte lediglich die Auflage erhalten, die Stadt bis auf Weiteres nicht zu verlassen. Bevor man dem Mann Fragen stellte, musste man ja erst mal wissen welche. Die dafür notwendigen Informationen sollten in den nächsten ein bis zwei Tagen eintreffen. Jedenfalls hätte der Mann nun auch ausreichend Grund gehabt, sich umzubringen. Die Boulevardpresse hatte bereits durch eine Indiskretion in der Verwaltung des Discounters erfahren, woher der Salat und die Tomaten bezogen worden waren und belagerten nun zusammen mit dem Privatfernsehen die Gewächshäuser. »Killer-Gemüse in Franken« hatte die *Bildzeitung* getitelt, und die *Abendzeitung* sprach vom »Gärtner des Grauens«. Selbst eine der seriösen Zeitungen hatte sich die Zeile »Dann doch lieber ungesund« nicht verkneifen können. Dabei war noch lange nicht gesagt, dass der Landwirt etwas dafür konnte. Dr. Thaler hatte Fremdverschulden vermutet, denn es war höchst unwahrscheinlich, dass ein Bauer sein eigenes Gemüse verseucht. Da kämen eher Konkurrenten infrage oder irgendwelche Aktivisten.

»Und das ist alles«, fragte Renan, während sie sich die nächste Zigarette anzündete.

»Reicht dir das nicht?«

»Immerhin ist noch keiner an diesen Salmonellen gestorben, oder?« – Hustenanfall.

»Gestorben ist nur dieser Unger.« Alfred verspürte immer noch keine Lust auf eine Kippe. »Aber gefährliche Körperverletzung ist auch ein Verbrechen, für das wir zuständig sind.«

»Was du nicht sagst«, hustete sie.

»Ja, es klingt irgendwie komisch, aber wir stehen kurz davor, einen Notstand auszurufen. Mit Katastrophenschutzgesetz und allem Drum und Dran!« Alfred sehnte sich nun nach seinem Hochprozentigen.

2. Scharfe Schüsse

»Das war nur ein Klaps«, sagte Ondracek, als Alfred ihn am nächsten Tag nach der Morgenbesprechung endlich in der Kantine gefunden hatte.

»Na ja, bei deiner Statur kann ein Klaps auch schon mal kräftiger ausfallen.« Alfred zog die Stirn in Falten.

»Zur Suspendierung hat's auf jeden Fall nicht gereicht«, seufzte Ondracek.

Er war tags zuvor mit einer der jungen Anwärterinnen, die Alfred bei der Gründungsversammlung der Soko Kopfsalat in der ersten Reihe ausgemacht hatte, bei der Witwe des Kanufahrers in Laufamholz gewesen. Dort trafen sie auf einen Privatdetektiv, der im Auftrag der Versicherungsgesellschaft ebenfalls in diesem Todesfall ermittelte. Laut Ondracek hatte der Bursche der Witwe schon ziemlich zugesetzt, als sie eintrafen. Die Frau stand kurz vor einem Nervenzusammenbruch. Das größere Kind hatte sich schon unter das Sofa verkrochen und das Kleine hatte in seinem Bettchen gelegen und erbärmlich geweint, ohne dass die Mutter in der Lage gewesen wäre, darauf einzugehen. Der Detektiv hatte noch einige Formulare aus der Tasche gezogen und erklärt, wenn Frau Unger die unterschreibe, wäre die Sache erledigt und er bräuchte nicht mehr wiederzukommen. Daraufhin hatte Ondracek dem Mann geraten, das Haus umgehend zu verlassen und seinem Rat mit einer »leichten Berührung am Hinterkopf« Nachdruck verliehen, wie er sich ausdrückte. Dann hatten Sie einen Notarzt gerufen, weil die Frau kurz vorm Umkippen war.

Es stand nun zu befürchten, dass der Ermittler oder die Versicherung sich umgehend beim Präsidium beschweren würden. Karla Neumann, die manchmal überkorrekte Dezernatsleiterin, wollte Ondracek daraufhin gleich vom Dienst freistellen. Doch Herbert Göttler hatte das als Kripochef wieder rückgängig gemacht und verfügt, dass Ondracek vorerst im Innendienst bleiben sollte. Normalerweise brauchte Alfred nicht lange überlegen, wen er als Vorgesetzten lieber hatte. Kriminalrätin Neumann war eine integre und kluge Frau mit feinem Humor, Stil und hohen Ansprüchen, auch an sich selbst. Herbert dagegen ein Profilneurotiker und Karrierist, der sein Fähnchen gerne in den für ihn günstigsten Wind hängte. Hohe Ansprüche hatte er auch, aber die galten mehr seinem Status als seinem eigenen Handeln. Aber er konnte auch mal fünfe gerade sein lassen, zumindest wenn es seinen Zielen zuträglich schien. Ob das hier der Fall war, vermochte Alfred nicht zu beurteilen, aber es wäre der schiere Wahnsinn gewesen, bei der aktuellen Lage und Personaldecke auf einen erfahrenen Beamten zu verzichten, nur weil er einen Versicherungsdetektiv am Hinterkopf berührt hatte, sei es nun mit mehr oder weniger Schwung.

Just als sie die Kantine wieder verlassen wollten, kam Karina herein, die Anwärterin. Offenbar hatte sie früher einmal einer jener Jugendkulturen angehört, die bevorzugt schwarze Mäntel, Stiefel und Haare trug, sich blass schminkte und kiloweise Blech am Körper befestigte. Natürlich war das heute nicht mehr so, aber ihr Teint war schon noch ziemlich weiß und das Make-up vor allem um die Augen noch ziemlich schwarz. Die dunkle Haarfarbe schien auch nicht ganz natürlich zu sein, und die Ringe in der Nase und an der Augenbraue waren im Polizeidienst zumindest unüblich. Alfred nötigte es einen gewissen Respekt ab, dass sich die junge Frau nicht völlig verbogen hatte.

»Gut, dass ich Sie treffe«, wandte sie sich an Ondracek. »Ich wollte nur sagen, dass ich Sie Frau Neumann gegenüber nicht reingeritten habe. Ich habe ihr gesagt, dass ich in dem fraglichen Moment nicht hingeschaut habe, weil ich durch das Kind unter dem Sofa abgelenkt war.«

»Ist schon recht, Madla«, lächelte Ondracek. »Und du kannst immer noch Karl zu mir sagen.«

»Eine Dienstaufsichtsbeschwerde haut den nicht mehr um, zehn Monate vor der Pensionierung«, erklärte Alfred.

»Neun«, korrigierte Ondracek.

»Es war jedenfalls sehr klug, dass Sie sich da rausgeredet haben«, wandte Alfred sich an die junge Kollegin. »Gerade als Anfängerin ist man da natürlich in einem Dilemma …«

»Das war aber auch ein Arschloch hoch zwei«, erklärte sie. »Der ist doch tatsächlich in das Arbeitszimmer des Toten rein und hat rumgeschnüffelt. Die Frau ist total kollabiert. Der Notarzt wollte sie gleich ins Klinikum mitnehmen. Aber das ging ja nicht, wegen der Kinder.«

»Der hat ihr eine Spritze verpasst und nach fünf Minuten war die im Tiefschlaf«, ergänzte Ondracek. »Gerade dass wir sie noch ins Bett gekriegt haben.«

»Und was dann?«, fragte Alfred. »Die Kinder waren doch immer noch da.«

»Wir haben die Großeltern verständigt«, erklärte Karina. »Karl ist zurück ins Präsidium zum Bericht schreiben und ich habe so lange auf die Kleinen aufgepasst.«

»Da sieht man mal wieder, wie viel Abwechslung unser Beruf mit sich bringt.« Alfred nickte anerkennend.

»Sie war wirklich gut«, lobte Ondracek. »In null Komma nix war da Ruhe.«

»Und wie haben Sie das angestellt? Zwei völlig aufgelöste Knirpse.« Alfred suchte präventiv nach seinem Zigarettenetui.

»Das Kleine hat ja nichts mitgekriegt und hätte auch nichts verstanden, außer dass die Mama so arg weint«, erklärte Karina. »Das habe ich halt ein bisschen rumgetragen und dem Buben habe ich erst mal die Dienstwaffe zum Spielen gegeben …«

»Äähhh …«

»… ohne Magazin, natürlich.«

»Und der Ermittler hat ihr wahrscheinlich erklärt, dass die Versicherung nicht an einen Unfall glaubt und deswegen nicht zahlen will«, erkundigte sich Alfred, als sie die Kantine verließen.

»So ungefähr.« Karina zuckte mit den Schultern. »Ich habe mal kurz die Papiere überfolgen, die sie hätte unterschreiben sollen. Sie sollte auf jede Forderung verzichten, dann hätten sie ihr 25.000 Euro auf Kulanz gezahlt.«

»Und was würde sie kriegen, wenn es wirklich ein Unfall war?«

»Davon war da leider nichts gestanden.«

»Habt ihr die Unterlagen mitgenommen?«, fragte Alfred.

»Nein, das haben wir leider vergessen«, gab Karina zögernd zu.

»Da muss eh noch einmal jemand hin.« Ondracek winkte ab.

Marian war nun schon das vierte Jahr zur Saisonarbeit auf dem Stauderhof, aber so was hatte er noch nie erlebt. Zuerst war alles so gelaufen wie immer. Sie hatten im Frühjahr mit dem Pflanzen begonnen, erst in den Gewächshäusern, dann auf den Feldern. Immer schnell, schnell. Und ja nicht hinknien, weil das zu lange dauert. Immer nur bücken, bis der Rücken kracht. Dann hatten sie mit der Ernte begonnen: Spargel, Rettich, Tomaten. Von früh um sechs bis abends um sechs, dazwischen eine Stunde Pause. Mehr gab es nicht, da war der Bauer hinterher. Und immer schnell! Dann war der Chef an einem Tag überhaupt nicht aufgetaucht und am nächsten war er aufs Feld gekommen und hatte getobt. Marians Deutsch war nicht gut, er hatte nur irgendwas von »alle heimgehen« verstanden und »Ende« und »ruiniert«. Aber Hans, der Meister, hatte gesagt, sie sollten weitermachen. Dann waren immer mehr Fremde gekommen, mit Kitteln und Computern und Papieren. Und dann wurde die ganze bisherige Ernte abgeholt. Seitdem pflanzten sie wieder. Der Chef ließ sich kaum noch blicken.

Adam, der Pole, sprach gut deutsch, auch wenn er es sich nicht anmerken ließ. Der hatte ihnen abends im Wohncontainer erzählt, dass sie im Gemüse vom Stauderhof Gift entdeckt hätten oder irgendwas anderes, was die Leute krank machte. Das wiederum erklärte auch die vielen Autos mit den Parabolantennen auf den Dächern und die Leute mit den Kameras und Mikrofonen. Die waren seit zwei Tagen fast dauernd auf der Straße vor dem Hof. Man kam kaum noch hinaus oder hinein, auf die Salatfelder fuhren sie von der Rückseite des Hofes aus, da hatte Hans ein großes Loch in den Zaun geschnitten. In den Gewächshäusern bekamen sie nicht viel davon mit. Aber allen war aufgefallen, dass sie plötzlich langsamer arbeiten konnten, ohne dass jemand deswegen zu toben begann.

Dass nun gar keiner mehr arbeitete, lag an den Gewehrschüssen, die sie vor zehn Minuten gehört hatten, erst zwei, dann noch mal zwei, dann einer. Dazu hatten sie den Chef brüllen hören, natürlich auf Deutsch. Marian hatte nur »Verschwindet!« verstanden und »Sofort weg!«. Daraufhin waren sie aus dem Gewächshaus gelaufen und hatten den Chef mit dem Jagdgewehr am Dachfenster gesehen. Hans war gekommen und hatte sie weggescheucht, sie sollten auf der Rückseite des Hauses warten.

»Das war's«, brummte Adam, während er sich eine Zigarette anzündete. »Morgen ist hier nix mehr mit Arbeit!«

»Ob er schon einen getroffen hat?«, fragte Viktor auf Bulgarisch. »Glaube nicht«, antwortete Adam.

Alle zehn drückten sie sich am Hauseck herum und versuchten, doch noch etwas von dem Schauspiel mitzukriegen. Nur der Deutsche lag im Gras, die Mütze über die Augen gezogen.

Am Anfang hatte Johann Stauder noch an einen Albtraum geglaubt, aus dem er sicherlich bald erwachen würde. Nach dem ersten Besuch des Gesundheitsamtes hatte er noch auf einen bösen Scherz gehofft. Auch als sie wiederkamen und schließlich das Ordnungsamt mitbrachten, als die ganze Ernte beschlagnahmt und vernichtet wurde, hatte er noch seine Frau beruhigt und gemeint, dass alles wieder in Ordnung käme. Die Versicherung würde zahlen, der Verdacht würde aufgeklärt und im Herbst wären sie wieder im Geschäft. Sie würden mit einem blauen Auge davonkommen. Das alles hatte er noch zu verarbeiten versucht, fernzuhalten von der Familie. Er war immer ein Fels gewesen. Das musste man auch sein, im Gemüseanbau. Nur die Härtesten konnten hier überleben, in einer Zeit, in der es meist billiger war, einen Salat durch halb Europa zu karren, als ihn vor der eigenen Tür zu produzieren. Er hatte schon genug Krisen gemeistert, da würde ihn dieser Irrsinn auch nicht kleinkriegen.

Erst als all diese Schmierfinken aufgetaucht waren und er seinen Hof in der Zeitung abgebildet fand, unter der Überschrift »Bakterien-Bauer verseucht Nürnberg«, in zehn Zentimeter großen Buchstaben. Als Tag und Nacht das Telefon klingelte und seine Tochter von der Schule nicht mehr durchs Hoftor kam, weil ihr ein Dutzend Fotografen und Mikrofonträger im Weg standen, war es anders geworden. Es war wie ein langsamer Szenenwechsel im Kopf, bei dem eine neue Farbfolie vor den Scheinwerfer geschoben wird. Er ging ganz langsam ins Arbeitszimmer, schloss den Metallschrank auf und nahm den Drilling heraus. Die Munition verwahrte er in der absperrbaren untersten Schublade seines Schreibtisches. Er vergewisserte sich, dass die Waffe sauber und gut geölt war – seine letzte Pirsch mochte gut drei Jahre her sein. Dann stieg er mit bedächtigen Schritten zum Dachboden hinauf.

»Der ist vollkommen irre!«, schrie ein Kameramann.

»Das war ein Mordversuch«, sekundierte ein Journalist mit einem Mikrofon in der Hand.

»Verhaften Sie den Kerl, wenn Sie wirklich von der Polizei sind«, keifte eine Frau mittleren Alters mit zotteligen Haaren, die sich hinter einem silbernen Kombi verschanzt hatte.

»Ist irgendjemand getroffen?«, rief Alfred in die aufgescheuchte Runde von Medienleuten. Die ungefähr zwanzigköpfige Meute hatte sich größtenteils hinter die alte Sandsteinmauer zurückgezogen, die den Stauderhof auf der Vorderseite von der Straße abgrenzte.

»Brauchen wir einen Notarzt?«, fragte Alfred noch einmal.

»Der hat nur in die Luft geschossen«, flüsterte Renan. »Irgendwie kann man das ja auch verstehen.«

»Wir müssen das SEK anfordern«, sagte Alfred, während er sein Handy zückte.

»Unsinn«, erwiderte Renan. »Der hat doch gebrüllt, dass sie verschwinden sollen. Darum geht's ihm. Der will keinen treffen!«

»Sagst du.« Alfred tippte die Nummer ein.

»Bitte fahren Sie jetzt alle Ihre Fahrzeuge außer Sichtweite«, rief Renan. »Wir werden den Mann dann entwaffnen.«

»Ich bin doch nicht lebensmüde«, erklärte ein Kahlköpfiger mit Hornbrille. »Unser Auto steht genau in der Einfahrt. Bevor ich am Steuer bin, hat der mich abgeknallt!«

»Auf dem Privatgrund haben Sie auch nichts verloren«, zischte Renan. »Und jetzt geben Sie mir den Schlüssel, Sie Feigling!«

»Renan, das wirst du nicht tun«, befahl Alfred.

»Oh doch!«

»Nein! Du wartest auf das SEK!«

»Die haben doch wahrscheinlich auch alle Durchfall!«, parierte Renan, steckte sich eine Zigarette zwischen die Lippen und griff nach dem Autoschlüssel, den ihr der Glatzkopf hinhielt. Mit erhobenen Händen ging sie auf den silbernen Kombi zu. Der Bauer stand gut sichtbar am Fenster, das Gewehr hatte er schon länger abgesetzt. Renan setzte sich ans Steuer, ließ den Motor an und fuhr den Wagen im Rückwärtsgang aus der Einfahrt. Etwa hundertfünfzig Meter weiter stellte sie ihn auf der Straße wieder ab.

Alfred war heute Morgen richtig erleichtert gewesen, als sie ihn nach dem Gespräch mit Ondracek in der Kantine angerufen und erklärt hatte, dass sie heute zum Dienst kommen würde. Allerdings wollte sie noch nicht ins Präsidium, Alfred sollte sie von zu Hause abholen. Das war ein toller Erfolg, doch jetzt wünschte er sich, sie hätte noch einen Tag länger mit ihrer Reaktivierung gewartet.

Er atmete tief durch. Das war noch mal gut gegangen. Sie waren rein zufällig genau nach den ersten zwei Schüssen hier angekommen, als die Menge gerade panisch in Deckung ging. Eigentlich hatten sie mit Bauer Stauder über das verseuchte Gemüse reden wollen, und wie es zu der Verunreinigung gekommen sein könnte. Doch nun wollte ihnen der Landwirt offensichtlich einen handfesteren Ermittlungsgrund liefern.

»Der Nächste«, rief Renan, als sie wieder in die Nähe der Einfahrt kam. »Wem gehört der VW-Bus?«

»Das ist unserer«, meldete sich eine Journalistin des regionalen TV-Senders.

»Schlüssel!«, befahl Renan.

»Oh Mann, Sie sind völlig lebensmüde!« Ein Praktikant schüttelte heftig den Kopf und warf Renan den Schlüssel zu.

»Im wahrsten Sinne des Wortes«, erwiderte sie.

»Geht doch«, rief der Bauer, bevor er seinen Posten verließ und das Fenster schloss. Alfred bestellte das SEK wieder ab. Offenbar war der Mann doch nicht gemeingefährlich.

Zwei Stunden später belagerten die Medien nicht mehr den Gemüsebaubetrieb im Knoblauchsland, sondern die Pforte des Polizeipräsidiums. Die Pressestelle hatte eine Konferenz für den frühen Abend angesetzt, doch das dauerte den Herrschaften zu lange. Sie wurden so aufsässig, dass der Polizeipräsident ein halbes Dutzend Streifenbeamte zum Schutz der Pforte abkommandiert hatte.

Nachdem die Pressemeute abgezogen war, hatte Johann Stauder sich vernünftig gezeigt, die Waffe ohne Anstalten ausgehändigt und war den Beamten zu einer Befragung aufs Präsidium gefolgt. Er hatte erklärt, Anzeige wegen Hausfriedensbruchs zu erstatten, falls einer der Journalisten ihn anzeigen würde. Nach zwei Stunden Vernehmung saßen Renan, Alfred und Ondracek mit Karla Neumann und Herbert Göttler im Besprechungsraum.

»Ich wüsste nicht, warum wir ihn vorläufig verhaften sollten«, begann Karla Neumann das Gespräch.

»Wie wär's mit Mordversuch?«, fragte Herbert.

»Der hat doch weit über die Köpfe geschossen«, erwiderte Alfred. »Nicht einmal eines der Fahrzeuge hat er getroffen.«

»Schusswaffenbesitz?«, fragte Ondracek.

»Die Waffe ist legal registriert. Herr Stauder hat sowohl einen Waffen- als auch einen Jagdschein.« Alfred griff zum Tabak, verspürte aber komischerweise immer noch keine Lust auf Nikotin.

»... und er hat das Gewehr freiwillig abgegeben, als wir dann ins Haus sind«, ergänzte Renan.

»Über Ihre Vorgehensweise in dieser Sache werden wir uns auch noch unterhalten müssen, Frau Müller«, tadelte Karla Neumann. »Ebenso über ihre Wiederaufnahme des Dienstes, von der ich nichts wusste!«

»Wie Sie wünschen«, entgegnete Renan ausdruckslos.

»Darum geht es jetzt auch gar nicht«, meldete sich Herbert wieder. »Dass wir die Waffe sichergestellt haben, heißt nicht, dass er nicht noch weitere im Haus hat. Davon ist bei einem Jäger sogar auszugehen. Morgen titelt die *BILD* dann mit »Jagd auf Journalisten« und die *AZ* fragt, warum die Polizei einem wild gewordenen Bauern-Rambo nicht Einhalt gebietet. Der kann noch so unschuldig sein, wenn wir den heute wieder gehen lassen, ist der Teufel los!«

»Ich kann mir nicht vorstellen, dass Sie dafür einen Haftbefehl bekommen, Herr Göttler«, gab die Neumann zu bedenken.

»Besteht vielleicht Fluchtgefahr?«, hakte Ondracek nach.

»Der hat hier Familie und einen Bauernhof!« Alfred schüttelte den Kopf. »Da wird der Richter auch mit der Lupe keine Fluchtgefahr entdecken.«

»Haben Sie ihn schon ausreichend zu dem kontaminierten Gemüse vernommen?«, wandte Herbert sich an Alfred.

»Iwo.« Alfred musste lachen. »Wir hatten es ja nun mit anderen Sachlagen zu tun!«

»Sehr gut, dann fangt ihr heute noch damit an und werdet nicht fertig. Die Nacht darf er dann in einer Zelle verbringen.«

»In Untersuchungshaft?«, erkundigte sich Karla Neumann.

»In Schutzhaft«, antwortete Herbert.

Während im Erdgeschoss die Pressekonferenz ablief, saßen Renan und Alfred mit dem Schützen im Vernehmungsraum. Johann Stauder war ein kräftiger Mann Ende vierzig, mittelgroß, mit Händen wie Klodeckel. Er trug noch immer den grünen Arbeitskittel, die Mütze hatte er abgelegt. Die Kaffeetasse wirkte in seiner rechten Pranke wie ein Eierbecher. Keine Sekunde hatte er sich beschwert, dass er hier sein musste. Er forderte mit keinem Wort, wieder gehen zu wollen und verlangte auch keinen Rechtsbeistand. Fast kam es Alfred so vor, als wüsste er selber gerne, was es mit der ganzen Sache auf sich hatte, war aber mittlerweile zu müde, um Antworten auf die verschiedenen offensichtlichen Fragen zu suchen. Teilweise wirkte er wie weggetreten, ein Schlafender mit offenen Augen.

»Nun, Herr Stauder.« Alfred hatte die Gesprächsführung übernommen, weil er das immer tat. Außerdem glaubte er, Renan noch etwas schonen zu müssen. »Wie gesagt, es geht jetzt nicht um Ihren Schusswaffeneinsatz heute. Wir sind als Kripo in die Salmonellengeschichte eingeschaltet worden, weil das Gesundheitsamt davon ausgeht, dass eine Verseuchung in dieser Größenordnung nur vorsätzlich passieren kann. Damit gehen wir von einer Straftat aus, die es aufzuklären gilt. Wobei wir nicht automatisch davon ausgehen, dass Sie selbst das Gemüse verseucht haben.«

»Warum sollte ich mir auch die Existenz kaputtmachen«, erwiderte Stauder.

»Genau, das fragen wir uns auch.« Alfred hatte Mühe, die Aufmerksamkeit des Bauern auf sich zu lenken, meist blickte er auf Renans Seite des Tisches.

»Zunächst wäre es interessant zu wissen, wie es überhaupt zu der Verseuchung kommen konnte«, fuhr Alfred fort. »Das scheint ja bei Gemüse ein absoluter Sonderfall zu sein. Und dann stellt sich die Frage, wer womöglich ein Motiv haben könnte, Sie beziehungsweise Ihren Betrieb, zu ruinieren. Diese Absicht erscheint uns momentan plausibler, als dass jemand die halbe Stadt in den Krankenstand treiben wollte.«

»Allerdings!« Stauder knirschte mit den Zähnen.

»Gut.« Alfred bemühte sich um ein Lächeln. »Dann legen Sie mal los. Jeder Hinweis kann wichtig sein.«

»Ich glaube, ich spreche lieber mit ihr.« Stauder deutete auf Renan.

»Die Kollegin ist erst seit heute wieder dienstfähig«, beeilte sich Alfred abzuwehren. »Es wäre wirklich besser, wenn Sie nicht auf einer alleinigen Gesprächspartnerin bestehen!«

»Alfred«, meldete sich Renan. »Ich bin im Raum!«

»Sie haben Schneid«, sagte Stauder, als Alfred halb beleidigt, halb besorgt den Raum verlassen hatte.

»Geht so«, erwiderte Renan, während sie die auf dem Tisch liegenden Stifte auf Funktionsfähigkeit prüfte.

»Von den ganzen Fernsehpfeifen hat sich jedenfalls keiner getraut, ein Auto wegzufahren.«

»Mit Schneid hat das nicht so viel zu tun.« Sie setzte den rechten Fuß auf die Sitzfläche des Stuhls und zog das Knie an. »Ich habe nur nichts mehr zu verlieren!«

»Wie ich«, sagte Stauder, nachdem er die Kaffeetasse in einem finalen Zug geleert hatte.

»Es gibt mehrere Möglichkeiten«, begann er schließlich, nachdem sie sich ein paar Minuten lang schweigend taxiert hatten. »Zumindest theoretisch.«

»Ja?«

»Die Hummeln.« Stauder lehnte sich zurück und atmete einmal tief ein und aus. »Die Früchte müssen bestäubt werden. Dafür nehmen wir Hummelvölker. Dreihundert Hummeln schaffen bis zu zweitausend Quadratmeter. Die sind an jeder Pflanze, und wenn die irgendwie mit den Bakterien in Kontakt gekommen sind, könnten sie sie auf das Gemüse übertragen haben.«

»Woher kriegen Sie diese Hummeln?« Renan machte sich nun Notizen.

»Von einem Gartenbauingenieur. Hußnätter. Schon seit vielen Jahren.«

»Könnte der etwas gegen Sie haben?«

»Nein, ich wüsste nicht was.« Stauder stützte das Kinn in die rechte Hand.

»Kommt sonst jemand an diese Hummeln ran?«

»Ja, natürlich. Mein Meister und im Prinzip auch die Arbeiter, eigentlich jeder auf dem Hof.«

»Gut. Was noch?« Renan fingerte die Zigarettenschachtel aus der Jackentasche und zündete sich eine an.

»Im Dünger könnte das Zeug auch gewesen sein.« Stauder sah Renan etwas ungläubig beim Rauchen zu.

»Aber den kriegen Sie wahrscheinlich von einem Großhändler.« Sie schüttelte leicht den Kopf.

»Klar. BayWa. Den kaufen noch zig andere … Rauchen Sie schon lange?«

»Seit zwei Tagen«, hustete sie. »… Das heißt also, es müsste auch jemand bei Ihnen die Bakterien in den Dünger gemischt haben.«

»So sieht's aus.«

»Haben Sie jemanden in Verdacht? Vielleicht einen der Arbeiter?«

»Nein.« Er lachte verzweifelt. »Die Leute kommen seit Jahren jede Saison zu uns, warum sollten die sich selbst um ihre Arbeit bringen. Gut, manchmal sind sie unzufrieden, weil das Geld zu wenig ist und die Unterkunft schlecht, aber woanders ist es auch nicht besser. Und für meinen Meister lege ich die Hand ins Feuer, der hat schon bei mir gelernt.«

»Was ist mit Konkurrenten?«

»Wir sind alle Kollegen«, erwiderte Stauder lakonisch. »... Nein, man beobachtet sich natürlich gegenseitig, aber ... Also wenn es jemand auf meine Kunden abgesehen hätte oder meinen Betrieb, dann muss er schon Masochist sein. Das ist ein Knochengeschäft, damit wird man nicht reich, und vor allem wird man nicht reicher, weil man mehr produziert oder plötzlich doppelt so viele Kunden hat. Das verdoppelt doch unterm Strich nur den Ärger.«

»Irgendwie muss es aber passiert sein«, grübelte Renan. »Und irgendwo liegt auch ein Motiv.«

»Mit der Bewässerung ist es dasselbe«, fuhr Stauder fort. »Die haben Proben genommen. Keine Ahnung, ob sie was gefunden haben. Aber Salmonellen kommen nicht aus dem Brunnen, dann wären nicht nur die Tomaten und der Salat betroffen. Die muss auch jemand zugegeben haben ... Das Ganze ist absolut ... unglaublich.«

»Aber den erwische ich schon noch, der uns das angetan hat«, er ballte grimmig die Faust. »So was passiert mir nur einmal!«

»Hm.« Renan kritzelte abstrakte Muster auf ihren Block. »Kannten Sie eigentlich einen Martin Unger?«, fragte sie schließlich.

»Das ist doch der vom DISCO. Der Einkäufer, dem's immer nicht billig genug sein kann.«

»Richtig. Wussten Sie, dass er tot ist?«

»Tot?« In Stauders Züge kam nun Bewegung. »Aber ... ach so ...«

»Unfall oder Selbstmord«, erläuterte Renan. »Beim Kanufahren, in der Nähe von Bamberg.«

»Stimmt.« Stauder biss sich auf die Lippen. »Der hat jetzt sicher auch ein Problem gehabt.«

»Kann man so sagen.«

»Glauben Sie, dass es hier gar nicht um mich geht, sondern um den?«

»Ich weiß es nicht.« Renan drückte die Zigarette aus.

3. Saisonarbeit

Obwohl der Infektionsherd nun unter Kontrolle war, wurde die Personaldecke der Polizei nicht merklich dicker. Der Engpass, welchen die Polizeikantine mit DISCO-Salat überbrückt hatte, hatte wohl mehrere Tage bestanden. Somit war das Präsidium Mittelfranken besonders betroffen und bei der Lagebesprechung am nächsten Morgen war die Soko Kopfsalat gerade einmal um einen Ermittler angewachsen. Rödlein hatte sich mehr schlecht als recht aus dem Krankenstand zurückgemeldet. Er hatte deutlich abgenommen und sah fast so elend aus wie Renan. Vom Gesundheitsamt war Dr. Thaler wieder dazugekommen und auch vom Ordnungsamt hatte man jemanden hinzugezogen. Zu dieser frühen Stunde leitete Karla Neumann die Besprechung. Herbert Göttler hatte an der Sache entweder das Interesse verloren oder war noch nicht im Haus. Die gestrige Eskalation auf dem Stauderhof war das Topthema in der Presse. *BILD, Morgenblatt* und *AZ* brachten den Vorfall auf Seite eins, *NN* und *NZ* hatten eine Kurznotiz auf der Titelseite und einen ausführlichen Bericht auf der ersten Seite des Lokalteils.

»Salmonellen-Bauer läuft Amok«, zitierte Karla Neumann. »Schüsse auf Journalisten – Polizei kommt zu spät.‹ Das war die Klatschpresse. In der *NZ* sinniert der Kommentar darüber, ob man sich als Redakteur nicht lieber zur Kriegsberichterstattung nach Afghanistan melden sollte, da gäbe es wenigstens Gefahrenzulagen. Damit könnte man noch leben, meine Damen und Herren. Das Problem ist aber, dass wir offenbar noch keinerlei Hinweise haben, wie das alles zugegangen und wer letztendlich dafür verantwortlich ist. Mit anderen Worten, wir ermitteln seit drei Tagen und wissen nichts über den oder die Täter, nichts über den Tathergang und nichts über mögliche Motive, und das ist, unter uns gesagt, mehr als dürftig. Und auch wenn ich nicht immer mit Kriminaldirektor Göttler übereinstimme, so muss ich ihm doch beipflichten, dass wir bei der nächsten Pressekonferenz etwas mehr bieten müssen, sonst wird es ungemütlich. Der Gesundheitsminister hat schon angedroht, sich persönlich in die Sache einzuschalten.«

Der Mann vom Gesundheitsamt meldete sich.

»Herr Dr. Thaler.« Karla Neumann nahm wieder Platz. »Bitte!«

»Ja, meine Damen und Herren.« Thaler räusperte sich. »Leider kann ich auch seitens des Gesundheitsamtes noch keine bahnbrechenden Erkenntnisse vermelden. Mittlerweile ist die Zahl der Infektionen auf über 2.000 gestiegen, was eine beachtliche Größenordnung ist. Wir wissen mittlerweile, dass die Kontamination nicht durch die Bewässerung erfolgt ist, was die einfachste Erklärung gewesen wäre und auch den Verdacht auf Vorsatz wieder etwas entkräftet hätte. Wir haben mittlerweile die verschiedenen Proben näher untersuchen können. Bei den Bakterien handelte es sich um einen Stamm der Salmonella Enterica. Es ist eine etwas aggressivere Variante als üblich. Die Tomaten scheiden mittlerweile als Überträger aus, das Problem war der Salat. Tomaten sind glatt, das heißt, Sie haben gute Chancen, die Keime beim Waschen ganz wegzukriegen, was bei Salat ungleich schwerer ist. Nur ein Erhitzen über 70 Grad für mehrere Minuten würde die Bakterien erledigen, was man aber mit Salat im Allgemeinen nicht macht …«

»Entschuldigung«, meldete sich Woodstock. »Aber inwiefern ist das wichtig für unsere Ermittlungen?« Er hatte mit Rödlein getuschelt, der etwas unruhig in seinem Stuhl herumrutschte.

»Es erhärtet einerseits den Verdacht, dass hier Vorsatz im Spiel war«, erklärte Dr. Thaler. »Andererseits gibt es einen gewissen Hinweis, dass der oder die Täter in Sachen Biologie, Chemie oder Pharmakologie nicht ganz unkundig sein können.«

»Sie meinen wegen der besonders aggressiven Bakterien?«, hakte die Neumann nach.

»Der Stamm kann bewusst gewählt worden sein«, antwortete Thaler. »Vielleicht war es aber auch nur Zufall, dass der Täter genau diese Bakterien erwischt hat. Vielleicht sind sie auch unter der Zeit mutiert, das ist alles möglich. Interessanter ist vielmehr, dass genau die Gemüsesorten betroffen sind, die man meist für Salat verwendet. Der Betrieb baut auch Zucchini an, Auberginen, Lauch und so weiter. Daraus macht man aber keinen Salat. Das wird gekocht, gegrillt, überbacken oder auf die Pizza gelegt. Damit wären die Erreger abgetötet worden.«

»Das ist natürlich schon ein wichtiger Hinweis«, nickte Karla Neumann und machte sich Notizen.

»Vielleicht steckt ja die Metzgerinnung dahinter«, flüsterte Ondracek Alfred zu, der sich etwas Sorgen um die noch nicht erschienene Renan machte.

»War das ein Beitrag zur Sache?«, fragte die Kriminalrätin streng.

»Ich habe mich nur nach dem Motiv gefragt«, erwiderte Ondracek mit besorgtem Gesicht.

»Das würde mich allerdings auch interessieren«, sekundierte Rödlein in einer merkwürdig verklemmten Sitzhaltung.

»Dabei kann ich Ihnen kaum helfen, fürchte ich«, antwortete Dr. Thaler. »Die Tatsache, dass es sich um eine aggressivere Form des Bakteriums handelt, könnte darauf deuten, dass der oder die Täter schon richtig Schaden anrichten wollten …«

»Was wäre denn passiert, wenn es … nun ja, normale Salmonellen gewesen wären?«, fragte nun Alfred.

»Wir hätten es auch mit einem Ausbruch der Salmonellose zu tun, allerdings mit geringeren Fallzahlen«, erläuterte Thaler.

»Weil die Tierchen dann beim Salatwaschen draufgegangen wären?« Rödleins Interesse für die Materie war offensichtlich persönlicher Natur.

»Nicht draufgegangen, aber abgewaschen – bei ausreichender Wäsche«, relativierte Thaler. »Wenn Sie ein wenig Ahnung von Lebensmittelhygiene haben, können Sie davon ausgehen, dass ein gewisser Teil der Verbraucher den Salat nur oberflächlich wäscht oder gar nicht. Oder dass sich noch ausreichend Wasser auf den Blättern befindet – gerade Salat ist ja sehr faltig, da müssen Sie schon ordentlich schleudern, wenn Sie das Wasser mit den gelösten Bakterien ganz wegkriegen wollen. Dann gibt es halt Menschen, deren Immunsystem mit der verbliebenen Bakterienkonzentration fertig wird und andere nicht ... Unterm Strich denke ich, dass man mit weniger aggressiven Salmonellenerregern auf so vielen Salaten auch genug Aufsehen erregt hätte.«

»Können Sie das in Zahlen ausdrücken«, fragte Karla Neumann, »wie viele Fälle wären es gewesen, die Hälfte, ein Zehntel ...?«

»Nageln Sie mich nicht fest!« Thaler zog die Augenbrauen zusammen. »Aus dem Handgelenk geschätzt würde ich sagen, vielleicht ein Viertel der Fälle.«

»Was aber zu den gleichen Konsequenzen geführt hätte?«, meldete sich nun erstmals Karina zu Wort.

»Natürlich.« Thaler schüttelte leicht den Kopf. »Jeder Fall muss binnen 24 Stunden dem Gesundheitsamt gemeldet werden und über kurz oder lang wären wir auch bei weniger Fällen auf den Stauderhof gekommen.«

»Und wir hätten dann genauso die Ernte beschlagnahmt und den Betrieb vorläufig geschlossen«, ergänzte die Dame vom Ordnungsamt in breitem Fränkisch.

»Gut.« Karla Neumann nahm ihre Brille ab. »Was bleibt bezüglich möglicher Motive festzuhalten?«

»Es ist irgendwie unwahrscheinlich, dass es jemand auf die Bevölkerung im Großraum Nürnberg abgesehen hat, oder?« Karina war nun mutig geworden.

»Richtig«, brummte Ondracek.

»Stimme zu«, sagte Woodstock.

»Da hätte es, unter uns gesagt, auch effektivere Methoden gegeben«, meldete sich Dr. Thaler. »Wenn ich der Bevölkerung einer Großstadt durch Lebensmittel an den Kragen will und mich einigermaßen mit Biochemie auskenne, hätte ich Sporenbildner genommen. Clostridium Botulinum zum Beispiel oder EHEC, das ist ja mittlerweile auch bekannt. Da hätten wir schon einige Dutzend Todesfälle.«

»Es ist wesentlich wahrscheinlicher, dass jemand dem Bauern schaden wollte«, sagte Woodstock.

»Oder über den Bauern dem Einkäufer vom DISCO«, warf Alfred ein. »Der war genauso betroffen und ist mittlerweile tot!«

»Gut.« Die Kriminalrätin setzte ihre Brille wieder auf. »Was wissen wir über das Umfeld dieser beiden Personen?«

Betretenes Schweigen machte sich breit, während die Gesichtsfarbe der Neumann dunkler wurde und ihre Halsschlagader deutliche Signale sendete.

»Ich frage noch einmal: Was haben wir bisher über mögliche Motive im Zusammenhang mit diesen beiden Personen in Erfahrung gebracht?«

»Herrschaften!« Die Stimme der Chefin erhob sich nun deutlich, während die Brille die Nase wieder verließ. »Ich hoffe sehr, dass ich jetzt gerade im Bett liege und träume!«

»Hhm«, meldete sich Alfred verlegen. »Wir haben den Herrn Stauder ja gestern kurz befragen können …«

»Ja, und …« Ein gutes Dutzend Augenpaare richtete sich auf Alfred.

»Also …« Alfred räusperte sich nervös. »Er wollte unbedingt mit der Kollegin Müller allein sprechen und die ist …«

»Noch nicht zum Dienst erschienen, das habe ich schon bemerkt, Herr Albach!«

»Äh … ja.« Er atmete einmal tief ein und aus.

»Diesbezüglich bleiben Sie bitte nach der Besprechung noch kurz hier«, drohte die Kriminalrätin, während die versammelten Kollegen peinlich berührt zur Decke oder zu Boden blickten.

»Wir sind aber auch chronisch unterbesetzt«, eilte Woodstock schließlich zu Hilfe. »Der ganze Papierkram zwischen den verschiedenen Ämtern ...« Er deutete vage auf Thaler und die Frau vom Ordnungsamt. »... Und die unklaren Zuständigkeiten ... Es kann doch hier keiner was dafür, dass die halbe Direktion Durchfall hat!«

»Entschuldigung, ich muss ...« Rödlein war panisch aufgesprungen, und verließ den Besprechungsraum in Richtung Toilette.

»Ich weiß, dass die personelle Situation äußerst angespannt ist!« Die Ader am Hals der Kriminalrätin pulsierte immer noch. »Und ich habe bereits andere Präsidien um Unterstützung gebeten. Es kann aber noch zwei Tage dauern, bis man dort Leute entbehren kann. So lange müssen Sie hier eben so effizient wie möglich und mit so vielen Überstunden wie nötig arbeiten. Habe ich mich klar ausgedrückt?«

»Herr Albach«, begann Karla Neumann schließlich das Vieraugengespräch. »So geht das nicht. Das wissen Sie doch!«

»Ich bin leider nicht allmächtig, Frau Neumann«, gab Alfred sich unschuldig. Er stand mit der Chefin am Ende des Besprechungstisches und sah aus der Nähe, dass sich auch um ihre Augen verdächtige Ringe gebildet hatten.

»Frau Müller kann nicht einfach zum Dienst erscheinen und dann wieder fernbleiben, wie sie will!« Sie nahm die Brille ab und rieb sich die Stirn. »Und das alles ohne ärztliches Attest!«

»Sie hatte doch eine Krankschreibung, als ... Also, ich meine, als das alles losging.« Alfred beugte sich nach vorne und bemerkte, dass die Neumann heute offensichtlich etwas mehr von dem teuren dezenten Parfum aufgetragen hatte, an dem man ihre nahende Anwesenheit immer schon registrierte, bevor sie zu sehen war.

»Am Anfang«, präzisierte die Kriminalrätin, »14 Tage. Aber seitdem fehlt sie unentschuldigt ...«

»Autsch!«

»Ja, autsch!« Sie kniff die Augen zusammen. »Ich hätte sie schon längst zum Amtsarzt schicken müssen, um wenigstens herauszufinden, was sie überhaupt hat. Und wenn wir das dann wüssten, könnten wir auch darüber entscheiden, ob und wann sie wieder dienstfähig ist. ... Mein Gott, in diesem Dezernat macht einfach jeder, was er will!«

»Nun ja.« Alfred konnte sich ein sachtes Lächeln nicht verkneifen. Zum einen hatte die Neumann nicht unrecht, sowohl was Renan als auch was das Dezernat betraf. Zum anderen hatte sie ja niemand gezwungen, sich auf diesen Posten zu bewerben. Alfred konnte sich gut vorstellen, dass sich Karla Neumann gerade auf ihren beschaulichen früheren Stuhl im schönen Würzburg zurücksehnte. Da gab's wenigstens Frankenwein, wenn sonst nichts mehr half. Nürnberg hatte nur mittelmäßiges Bier zu bieten.

»Sie haben ja vollkommen Recht, Frau Neumann«, fuhr er schließlich fort. »Aber die Kollegin Müller ist eine zu talentierte Polizistin, als dass wir uns den ganzen Bürokratie-Zirkus jetzt leisten könnten. Wir haben einen akuten Personalnotstand und Renan ist von der Epidemie zum Glück nicht betroffen, weil sie die letzten Wochen überhaupt nichts gegessen hat. Und jeder Tag, den sie hier mitarbeitet, bringt uns weiter, wie man gestern gesehen hat.«

»Das bringt nur nichts, wenn sie Ihre Erkenntnisse heute nicht mit uns teilt«, bemerkte die Neumann, und Alfred glaubte, eine gut getarnte Erschöpfung aus ihrer Stimme zu hören.

»Sie wird zum Dienst erscheinen«, beschwichtigte er. »Wahrscheinlich hat sie nur keine Lust, das hier im Präsidium zu tun ... Sie wissen doch, wie manche Kollegen sind!«

»Ja«, seufzte sie, ließ sich in einen Stuhl fallen, rieb sich nochmals die Stirn und atmete ein paar Mal tief ein und aus. »Herr Albach«, sagte sie plötzlich, »wenn Sie wissen, was mit Frau Müller los ist, dann sagen Sie es ... bitte! Ich bin keine

Paragrafenreiterin, aber ich möchte schon gerne verstehen, was eine meiner Mitarbeiterinnen zu derartigem Verhalten veranlasst, wenn sie selbst es mir schon nicht mitteilt …«

»Frau Neumann …« Nun war es an Alfred zu seufzen.

»Wenn jemand plötzlich mehrere Wochen krank ist, gibt es in der Regel drei Möglichkeiten.« Sie schien es Alfred leichter machen zu wollen. »Entweder derjenige verbüßt eine Haftstrafe, wovon ich bei Frau Müller jetzt nicht ausgehe. Oder er muss zum Alkoholentzug …« Sie sah Alfred prüfend an.

»Ja, auch das trifft hier nicht zu«, druckste Alfred.

»Kann ich mir auch nicht vorstellen«, fuhr sie fort. »Bliebe also eine handfeste psychische Symptomatik, eine Depression zum Beispiel.«

»Wenn Sie das sagen.« Alfred bemerkte, dass die Neumann doch nicht ganz unbegründet in der Polizeihierarchie aufgestiegen war, und fühlte sich nun äußerst unwohl. Er wusste wirklich nicht explizit, was Renan hatte, und ob ein Psychiater das nun als Depression bezeichnen würde oder als etwas anderes. Und sie hatte ihm auch nie gesagt, was vorgefallen war, dennoch war er im Bilde. Das blieb nicht aus, wenn man täglich acht Stunden zusammen verbrachte und die meisten Telefonate des anderen mitbekam. Erst war diese Sache mit Markus gewesen, ein netter Kerl, soweit Alfred das beurteilen konnte. Dann hatte sich ihre Laune rapide verschlechtert. Später hatte sie mal eines dieser Ultraschallbilder auf dem Schreibtisch liegen lassen. Dann hatte Markus ständig angerufen und flehentlich gebeten, dass sie sich doch wieder bei ihm melden möge. Ob Renan das getan hatte, wusste Alfred nicht, sie wirkte aber zwischenzeitlich wieder aufgeräumter und war auch meist ausgeglichen. Dann war sie eines Nachmittags angeblich wegen Unwohlsein nach Hause gegangen und dann … Tja, was passiert war, konnte man sich denken, wenn man sie nun bei Licht zu Gesicht bekam. Aber berechtigte ihn das, diese Ermittlungsergebnisse mit der Kriminalrätin zu teilen? Alfred entschied: Nein!

»Herr Albach!« Karla Neumann musterte ihn mit einem durchdringenden Blick. »Die Depression sieht selbst ein Blinder bei Nacht. Es ist nur die Frage, warum. Wenn ich das wüsste, dann wüsste ich wenigstens, warum ich sie decke, verstehen Sie?«

»Ich verstehe«, stammelte Alfred. »Aber … ich, also, sie hat es mir auch nicht gesagt«, antwortete er ohne zu lügen.

»Sie machen es mir ganz schön schwer«, seufzte sie.

»Frau Neumann!« Alfred bemühte sich um einen versöhnlichen Ton. »Wenn ich die Wahl zwischen einer Renan Müller und zehn Hauptkommissaren hätte, würde ich sie nehmen. Ich habe sie jetzt so weit, dass sie wieder arbeiten will. Und wenn sie angefangen hat, dann macht sie auch weiter.«

»Da sie gerade von Hauptkommissaren sprechen.« Zu Alfreds Verblüffung zog seine Chefin nun die Schuhe aus. »Frau Müllers Beförderung ist überfällig – eigentlich!«

»Wohl war«, bestätigte Alfred.

»Das wäre ein weiterer Grund, warum sie sich bitte mal bei mir melden sollte. Würden Sie ihr das ausrichten?« Sie klang nun sehr müde.

»Selbstverständlich«, beeilte er sich zu versichern. »Sie wird auch kommen, in ein paar Tagen … Ihr Stolz ist leider etwas zu groß geraten, wissen Sie?«

»Darauf wäre ich jetzt nicht gekommen, Herr Albach!« Die Kriminalrätin schob sich einen zweiten Stuhl zurecht und legte die Beine hoch.

»Ja, ähm … ich gehe dann mal wieder«, stotterte Alfred, während er sein Handy prüfte. Das Display zeigte eine SMS von Renan »Bitte abholen!«

»Tun Sie das«, erwiderte Karla Neumann, während sie den Kopf auf einen weiteren Stuhl hinter sich sinken ließ. »Und schließen sie die Tür, bitte.«

»Nix verstehen!«, brummte der Arbeiter und sah die Polizisten unschuldig an.

»Das ist doch immer das Gleiche mit diesen Russen«, schimpfte Renan und blickte zornig zwischen Alfred und Hans, dem Gartenbaumeister, hin und her.

»Entschuldigung«, meldete sich Adam. »Ist nicht Russe. Ist Bulgare, die meiste sind Bulgaren.«

»Sie auch?«

»Bin ich aus Polen!«

Sie saßen in einem der Wohncontainer, der den Saisonarbeitern als Unterkunft diente. In diesem wurde auch gekocht, gegessen und Wäsche getrocknet. An dem Tisch hatten zehn Personen Platz. Er stand noch voll mit Frühstücksutensilien. Ein Gurkenglas, Buttertoast ohne Toaster, Senf, Mayonnaise und mehrere Zigarettenschachteln mit fremdländischer Beschriftung, nur auf einer war »Power« zu entziffern. Außerdem gab es zwei große Gläser mit löslichem Kaffee, zahlreiche verschmutzte Tassen und eine mehrere Tage alte Bildzeitung. Es roch stockig, in der Ecke neben der kleinen Küchenzeile hatte sich bereits Schimmel gebildet. Durch die geöffnete Tür und das ungeputzte Fenster fiel fahles Sonnenlicht. Die Männer bekamen pro Stunde 6 Euro, nach Abzug von Steuer und Krankenversicherung blieben noch 4 Euro 60 übrig. Gearbeitet wurde 12 Stunden am Tag, von 6 Uhr morgens bis 7 Uhr abends, mit einer Stunde Mittagspause. Die war nun gerade vorbei. Normalerweise hätte sie der Chef nun wieder zur Arbeit getrieben, aber es hatte sich einiges verändert, weil es nicht mehr darum ging, das Gemüse möglichst frisch in den Handel zu bringen. Es musste nur abgeerntet und der Vernichtung zugeführt werden. Die neuen Setzlinge waren bereits vor der Epidemie gepflanzt worden und wuchsen von alleine. Außerdem war Stauder noch nicht aus der Schutzhaft zurück, das würde wahrscheinlich heute im Laufe des Tages und möglichst unauffällig geschehen. Hans hatte jedenfalls nichts dagegen, dass die Kripo den Arbeitern noch ein paar Fragen stellte, oder besser gesagt, sich an einer Befragung versuchte. Das Sprachproblem war jedenfalls nicht ganz so leicht zu überwinden.

Renan griff zur nächstgelegenen Zigarettenschachtel. Es war ein Softpack aus weißem Papier, der filterlose Kippen mit pechschwarzem Tabak enthielt.

»Darf ich?«, fragte sie in die Runde und bediente sich, als keiner reagierte.

»Ich glaube, das ist nicht das Richtige für eine Anfängerin«, wand Alfred ein, während sich das runde Gesicht des Arbeiters neben Renan zu einem kaum merklichen Lächeln mit etlichen Zahnlücken verzog.

»Danke für den Hinweis«, konterte sie kühl. »Gib mir Feuer!«

»Bitte«, seufzte Alfred und hielt ihr das brennende Feuerzeug vor die Nase.

Renan nahm einen tiefen Zug und hustete im nächsten Moment so gottserbärmlich, dass man innere Blutungen hätte vermuten können.

»Aah.« Das runde Gesicht des Arbeiters zu ihrer Rechten hatte sich nun weiter aufgehellt. Er sagte einige offenbar wohlmeinende Worte in einer slawischen Sprache und hieb Renan mit seiner linken Pranke mehrmals auf den Rücken.

»Danke«, erwiderte sie ironisch, während sie einen zweiten, nicht ganz so tiefen Zug nahm. Alfred verzog halb besorgt, halb angewidert das Gesicht.

»Er sagt, das sind Soldatenzigaretten«, erklärte der Pole. »Wenn du schaffst, ganze Schachtel rauchen, kannst du niederer Offizier in das bulgarische Armee werden.«

»Ich werd's mir überlegen«, entgegnete Renan, während der Husten langsam nachließ.

»Können Sie sich mit allen hier verständigen?«, fragte Alfred den Polen.

»Bulgaren und Polen verstehen sich«, erklärte Adam. »Die Rumänen können Russisch, also verstehen sie auch meiste …« Er deutete auf zwei Männer am Kopfende des Tisches, die ihn neugierig anschauten.

»Und …«, sprach Adam weiter, den Blick auf den Mann neben den Rumänen gerichtet, der einen Sonnenbrand im

Gesicht hatte, eine Baseballkappe und eine Sonnenbrille trug.

»… ja, ich kann sprechen mit allen.«

»Sehr gut«, freute sich Alfred. »Wir haben da nämlich noch ein paar Fragen, wegen der Salmonellenverseuchung …«

»Salmohnälä?«

»Ja, das sind die Bakterien, die diese Krankheit verursachen, die …«

Renan deutete zeitgleich mit Gesten Brechdurchfall an, was zu ihrer Rechten wieder mit einem launigen bulgarischen Wortschwall kommentiert wurde.

»Es ist jedenfalls so«, fuhr Alfred fort, »dass diese Bakterien auf Salat und Tomaten von diesem Betrieb vorgekommen sind. Das wissen Sie doch schon, oder?«

»Wir haben gehört«, erklärte Adam.

»Gut!« Alfred atmete auf. »Wir wissen noch nicht genau, wie diese Bakterien auf das Gemüse gekommen sind. Daher wäre es wichtig zu wissen, ob hier jemand etwas Ungewöhnliches auf den Salatfeldern beobachtet hat.«

»Zum Beispiel irgendwelche Fremden, die sich für die Felder interessiert haben«, erläuterte Renan zwischen zwei Zügen.

Adam übersetzte und untermalte das Gesagte mit Gesten. Es folgte ein verlegenes Schweigen. Zwei Männer griffen ebenfalls zu Zigaretten und zündeten sie an. Schließlich sagte Renans rechter Nachbar, der Piotr hieß, einen kurzen Satz und erntete heiseres Lachen. Nur einer der Rumänen wurde rot und gab ein paar wütende Worte zur Antwort.

»Was hat er gesagt?«, hakte Alfred mit gezücktem Notizblock nach.

»Er sagt, Marian hat auf Salat gepisst«, übersetzte Adam trocken.

»Wir brauchen auf jeden Fall die Personalien der Männer«, sagte Alfred, als Hans die Arbeiter wieder auf die Felder geschickt hatte.

»Und eine Aufstellung, wer schon wie lange hierher zur Arbeit kommt«, ergänzte Renan.

»Kriegen Sie«, nickte Hans. »Ich sage der Chefin gleich Bescheid.«

»Die sind ja wirklich nicht zu beneiden«, bemerkte Alfred, der froh war, dem Mief des Containers wieder entkommen zu sein.

»Das kommt auf die Sichtweise an.« Hans ging ihnen voraus über den Hof.

»Für ihre Verhältnisse sind sie wahrscheinlich Großverdiener«, vermutete Renan an der Zigarettenschachtel schnuppernd, die Piotr ihr großzügig geschenkt hatte.

»Wenn die hier das halbe Jahr arbeiten, können die Familien zu Hause davon ein Jahr leben«, bestätigte Hans.

»Aber 4 Euro 60 für so eine Plackerei.« Alfred konnte sich ein wenig Sozialkritik nicht verkneifen.

»Der Lohn hängt direkt vom Preis ab«, erklärte Hans sachlich. Sie waren in der Mitte des Hofes stehen geblieben. Er lüftete seine Mütze und kratzte sich am Kopf. »Und den Preis machen die Abnehmer. Und da spielt es keine große Rolle ob wir von ALDI reden, von Rewe, Edeka oder eben von DISCO. Die pressen ihre Zulieferer aus, bis nichts mehr geht. Aber die machen das ja auch nicht nur aus Spaß an der Freude, sondern weil ihre Kunden in der Saison nicht mehr als 60 Cent für einen Salat zahlen wollen, also kriegen wir höchstens 35 Cent, und das ist dann schon gut, weil es Bio-Ware ist. Ich weiß ja nicht, wo Sie Ihren Salat kaufen, aber letztlich bestimmen die Endkunden, wie viel unsere Arbeiter verdienen.« Der Gärtnermeister rammte die Fäuste in die Taschen seiner grünen Latzhose und schaute nun finster in Richtung der Hofausfahrt.

»Also, ich esse so gut wie keinen Salat«, beeilte sich Alfred zu versichern.

»Ich esse gar nichts mehr«, erklärte Renan, was ihr einen fragenden Blick des Gartenbaumeisters einbrachte.

»Hat es in den letzten Jahren vielleicht einen Arbeiter gegeben, der unzufrieden war?«, kam Alfred auf den Fall zurück. »Wurde einer rausgeschmissen, oder ist nicht im guten Einvernehmen ausgeschieden?«

»Wir können es drehen und wenden, wie wir wollen. Tatverdächtig sind alle, die mit dem Gemüse in Kontakt kommen«, ergänzte Renan.

»Also, naja«, Hans zögerte und kratzte sich am unrasierten Kinn.

»Nur keine Scheu«, ermutigte Alfred. »Alles kann wichtig sein.«

»Der Marian ist erst letzte Woche mal wieder mit dem Chef zusammengerückt. Irgendwie hat er einen Stein im Brett bei der Chefin und traut sich manchmal, mehr zu sagen …«

»Okay, und worum ging es?« Alfred machte sich Notizen.

»Ich glaube wieder mal um den Lohn, und darum, dass der Chef keine Knieschoner anschafft. Das könnte er schon machen, er macht's aber aus Prinzip nicht und sagt, das sollen die Männer selber zahlen.«

»Das war der junge Mann hinten links«, fragte Alfred.

»Ja.« Hans kratzte sich wieder am Kinn. »Aber, ich will den jetzt wirklich nicht ranhängen. Der ist nicht verkehrt, setzt sich immer am meisten für die Leute ein, und da wird er seine Kollegen nicht um ihr Geld bringen. Denn darauf läuft's jetzt ja hinaus.«

»Wir werden sehen. Wenn Sie uns eine Liste aller Arbeiter der letzten zehn Jahre geben und bei allen, die nicht mehr dabei sind, kurz den Grund angeben, warum, dann müsste das fürs Erste reichen«, sagte Alfred.

»Wir werden's probieren«, seufzte Hans. »Ich bin seit acht Jahren da, den Rest muss halt der Chef oder die Chefin ergänzen. Wo wir aber nichts haben, ist über die deutschen Arbeiter, die uns das Arbeitsamt immer wieder versucht zu schicken.«

»Ach, Deutsche gibt's auch?« Alfred war bass erstaunt.

»Na ja.« Hans grinste schief. »Das ist so eine Sache mit Quantität und Qualität ...«

»Sag mal, war das eigentlich der DISCO?«, fragte Renan, als sie auf der Rückfahrt vom Knoblauchsland in die Innenstadt am dritten Discounter mit Großparkplatz vorbeigefahren waren. Nun waren sie fast auf der Höhe des Stadtparks und standen auf der Bayreuther Straße im Stau.

»Was?« Alfred reckte den Hals aus dem Fenster und versuchte, den Grund für die Verstopfung zu erkunden.

»Na das mit den Kündigungen wegen irgendeinem Scheißdreck.« Renan musterte das bulgarische Zigarettenpäckchen. »Pfandmarken, oder weil jemand abgelaufenes Joghurt mitgenommen hat oder so.«

»Nein, das mit den Pfandmarken, das war Kaisers in Berlin, den gibt's bei uns gar nicht«. Alfred stöhnte, stellte den Motor ab und zog die Handbremse an. »Das kann jetzt dauern!«

»Aber da war doch noch mehr«, beharrte Renan. »Warum weißt du das nicht, du liest doch dauernd diese riesigen Zeitungen!«

»Da war aber nichts mit dem DISCO!« Er legte die Stirn in Falten. »Schlecker und Lidl scheinen es nicht so mit Betriebsräten zu haben. Da sind wohl schon mal Mitarbeiter drangsaliert oder gekündigt worden, wenn sie zu arg aufgemuckt haben. Aber vom DISCO war in der ganzen Zeit nie etwas zu lesen ...«

»Was aber nicht heißt, dass die nicht auch so was machen«, wand Renan ein.

»Wahrscheinlich«, gab er zu. »Ich denke, unterm Strich betreiben die alle eine ähnliche Politik, ob das jetzt der Einkauf ist oder das Personal. Der DISCO hat halt entweder Glück gehabt, oder sie haben es irgendwie anders geschafft, dass nie was Negatives nach außen gedrungen ist ... Ah, ich glaube, jetzt geht's weiter!« Er ließ den Motor wieder an.

»Ich finde das schon fast verdächtig, dass man da nie was gehört hat«, grübelte Renan.

»Jetzt fahr schon zu!«, rief Alfred leicht entnervt. Etwa hundert Meter weiter stand ein Autotransporter auf der rechten Spur, der versuchte, seine Fracht abzuladen und das Reißverschlussprinzip funktionierte mal wieder nicht.

»Es ist ja noch lange nicht klar, ob dieser Salmonellenanschlag nun in erster Linie dem Stauder schaden sollte oder vielleicht dem DISCO, verstehst du mich?«

»Ja, natürlich.« Alfred war noch immer mit der Verkehrslage beschäftigt. »Warum fährt der denn jetzt nicht weiter?« Kurz vor dem Autotransporter schien nun auf der linken Spur ein rostroter Opel Corsa nicht mehr anzuspringen.

»Das sollte man sich aber mal näher ansehen, sonst kommt die Ermittlung nämlich nie voran.« Sie lehnte sich zurück und verschränkte die Arme über der Brust.

»Renan, das hat die Soko in den Lagebesprechungen schon erörtert.« Alfred rang um Beherrschung. »Es könnte auch nur diesem Einkäufer, dem Unger, gegolten haben. Ondracek ist drüber, aber wir sind einfach zu wenige momentan!«

»Dann ist ja gut.« Sie fummelte an dem Zigarettenpäckchen herum.

»Ich glaube, das können wir erst mal vergessen.« Alfred stellte den Motor wieder ab, nachdem am Corsa die Warnblinkanlage angegangen und eine Frau in den Fünfzigern ausgestiegen war, die nun hilflos mit den Armen herumfuchtelte.

»Dann heißt das jetzt abwarten, ob beim DISCO wieder Gemüse verseucht wird oder nicht?«, hakte Renan nach.

»Das ist eine gute Frage«, gab Alfred zu. »Ja, manchmal gibt es Situationen, wo man halt nur abwarten kann …« Er deutete mit beiden Händen in Richtung Opel Corsa.

»Dann rauchen wir eben eine.« Renan hielt ihm die bulgarischen Zigaretten hin.

4. Mit Todesfolge

Eigentlich war es nicht üblich, dass Sonderkommissionen eigene Räumlichkeiten bezogen. Zum einen gab es gar nicht genug Büros im Polizeipräsidium, zum anderen genügte es, wenn man sich regelmäßig zu Einsatzbesprechungen traf, und dann jeder wieder an seinen Arbeitsplatz oder in den Außendienst ging. Doch als Alfred am nächsten Morgen zum Dienst erschien, fand er sein Büro merkwürdig verändert vor. Eigentlich hatte er sich erst mal in Ruhe einen Kaffee machen und die Zeitung lesen wollen, was ihm zu Hause aufgrund einer defekten Kaffeemaschine leider nicht möglich gewesen war. An der Tür hing ein handgeschriebener Zettel mit der Aufschrift »Soko Kopfsalat ab sofort im Konferenzsaal EG«.

Die Schreibtische hatten sie drin gelassen, aber es fehlten die Computer und die Schreibtischstühle. Nur der staubige Besucherstuhl am dritten, ungenutzten Schreibtisch war noch da. Alfred versorgte nun doch zunächst die Kaffeemaschine, die bereits einmal durchgelaufen, aber schon wieder leer war, und begab sich dann auf die Suche nach einem anderen Soko-Mitglied. Er fand Karina in Ondraceks Büro. Sie war gerade dabei, verschiedene Ordner und Akten zu einem Turm zu stapeln.

»Guten Morgen, Kollegin«, grüßte er.

»Oh, guten Morgen«, entgegnete sie beinahe erschrocken. »Sind Sie auch auf dem Weg in den Konferenzsaal?«

»Na ja, wie man's nimmt …« Er machte zwei schnelle Schritte, und rettete den Turm vor einem Teileinsturz. »Was hat denn der ganze Zirkus zu bedeuten?«

»Das weiß ich auch nicht … Danke!« Karina machte sich daran, den Turm hochzuheben, Alfred nahm ihr die Hälfte ab. »Herr Göttler und Frau Neumann möchten uns alle um halb zehn unten sehen. Und wir sollen sämtliche Akten und Aufzeichnungen mitbringen.«

»Das fällt mir gerade noch ein«, blaffte Alfred und ging forschen Schrittes voraus.

»Liebe Kolleginnen und Kollegen«, begann Herbert Göttler betont freundlich das Gespräch. »Zunächst einmal herzlichen Dank, dass Sie alle so kurzfristig meiner Einladung nachgekommen sind. Ich weiß, dass dies hier für Sie etwas ungewöhnlich ist, aber außerordentliche Situationen zwingen uns zu außerordentlichen Maßnahmen.«

Der Saal war nicht gerade klein, gute neunzig, wenn nicht hundert Quadratmeter. Normalerweise war er für große Pressekonferenzen oder Vorträge eingerichtet, mit zehn Stuhlreihen und ein paar Tischen davor. Die Stühle hatte Herbert vollständig entfernen lassen, dafür waren nun insgesamt elf Schreibtische zu sehen, die in Gruppen zu dreimal drei und einmal zwei zusammenstanden. Alle Arbeitsplätze waren mit PCs und Telefonen ausgestattet. Auf jedem Tisch war ein großes Namensschild angebracht. Alfred fand seinen Namen auf einem Schreibtisch in der hintersten Dreiergruppe: »KHK Albach«. Ihm gegenüber »KK Müller«, während der dritte Arbeitsplatz mit »Operative Fallanalyse« bezeichnet war, offenbar, um den Personalmangel zu kaschieren. So wurden die Mitglieder der Soko auf die drei Dreiergruppen verteilt. Die verbliebenen zwei Arbeitsplätze waren mit »Gesundheitsamt« und »Staatsanwaltschaft« beschriftet. Außerdem befanden sich mehrere Flipcharts, Pinnwände und eine Schiefertafel auf Rollen im Raum. Einer der Hausmeister mühte sich gerade mit einem übergroßen Stadtplan an einer der Pinnwände ab, während ein Medienwart versuchte, einen Beamer zum Funktionieren zu bringen. Unterm Strich war das jetzt ein Großraumbüro, und es sah verdächtig so aus, wie die Arbeitsplätze der Ermittler in einigen TV-Krimis. Allerdings gab es hier zu Alfreds Bedauern keine Kaffeemaschine. Außer den Leuten vom Gesundheitsamt und der Staatsanwaltschaft waren alle Kollegen da und machten einen verwirrten, wenn nicht gar ungehaltenen Eindruck.

»Da ja immer noch zweifelhaft ist, ob es bei dem Vorfall neulich – und ich bitte Sie alle dringend, hier nicht von einem Anschlag zu sprechen – um den produzierenden Gemüsebauern ging, müssen wir weiterhin davon ausgehen, dass womöglich der Lebensmitteldiscounter oder gar die Bevölkerung unseres Großraums im Fokus standen und ein weiterer Anschlag folgen wird. Daher dürfen wir nicht den Eindruck erwecken, als würden wir die Sache nachlässig behandeln, auch wenn es noch zu keinen schweren Personenschäden gekommen ist. Dass der Bauer vorgestern noch wild um sich geschossen hat, war auch nicht gerade hilfreich. Daher haben ich und Frau Neumann uns ...«

»Andersherum, Herr Göttler«, meldete sich Karla Neumann, die bislang schweigend neben ihm gestanden hatte.

»Wie?«

»Höflicher wäre es, wenn Sie Frau Neumann und ich sagen würden.«

»Selbstverständlich!« Herbert verzog das Gesicht zu einem gequälten Lächeln. »Verzeihen Sie den Fauxpas, Frau Kriminalrätin. Also jedenfalls haben wir uns entschieden, in dieser Sache PR-mäßig in die Offensive zu gehen. Schon heute Nachmittag werden wir der Presse die neue Einsatzzentrale präsentieren, in der in einzigartiger Weise, so eng wie noch nie, zwischen den verschiedenen Zuständigkeiten kooperiert wird ...«

»Da hätte man uns aber auch mal fragen können«, warf Ondracek ein.

»Oder zumindest informieren«, sekundierte Woodstock.

»Und ich will hier eine Kaffeemaschine«, meldete sich Alfred.

»Meine Herren« Die Neumann versuchte zu beschwichtigen. »Ich weiß, dass das hier in Sachen Mitarbeiterbeteiligung nicht optimal gelaufen ist. Aber die Medien treiben uns vor sich her und das wollen wir nicht mehr länger mit uns machen lassen. Letztlich wird dadurch auch Ihre Arbeit unnötig erschwert.«

»Sehr richtig«, übernahm nun wieder Herbert das Wort. »Und weil hier jeder verstrichene Tag schon einer zu viel sein kann, haben Frau Neumann und ich gestern Abend eine Entscheidung getroffen. Wir werden der Öffentlichkeit bereits heute zeigen, dass wir auf die nach wie vor bestehende Gefahr angemessen reagieren. Zudem haben die Herren Innen- und Gesundheitsminister ihren Besuch für morgen angekündigt. Wie Sie wissen, stammen beide aus der Region, und im Vorfeld eines Treffens des Parteibezirks Mittelfranken wollen sich die Herren ein Bild von der Lage machen.« In Herberts Ton mischte sich nun eine leise Ironie, was wohl daran lag, dass genau diese beiden den Regionalproporz im Kabinett so beeinflusst hatten, dass Herbert den ersehnten Staatssekretärsposten nicht bekommen hatte.

»Und da kann der Polizeipräsident sie nicht durch ein paar vermüllte Büros führen, in denen bestenfalls Kaffee getrunken wird«, fuhr er mit einem Seitenblick auf Alfred fort.

»Oder gar auf eine Dartscheibe mit dem Porträt des Ministerpräsidenten gespickert«, tadelte die Neumann in Woodstocks Richtung.

»Das ist doch gar nicht der amtierende«, entschuldigte sich Woodstock. »Und außerdem stammt das noch aus der Zeit, als der bewusste Herr Innenminister war und diese Polizeireform verbrochen hat!«

»Das interessiert mich nicht, Herr Hasselt«, bellte Herbert. »Diese Dartscheibe verschwindet, und zwar sofort und für immer, verstanden?«

»Zu Befehl«, erwiderte Woodstock trotzig und Alfred glaubte, sich zu erinnern, dass unter dem Porträt von Beckstein eines des Herrn Kriminaldirektors verborgen war.

»Als ob wir hier nicht genug andere Probleme hätten«, seufzte Herbert, um dann fortzufahren: »Jedenfalls werden Sie bis auf Weiteres hier in der operativen Einsatzzentrale arbeiten. Ich weise Sie hiermit dienstlich an, sowohl heute um

16 Uhr zum Pressetermin, als auch morgen um 13 Uhr zum Besuch der Minister vollständig anwesend zu sein. Das wird jeweils höchstens eine Stunde dauern, dann können Sie wieder abschwirren. Den Presseleuten gegenüber werden Sie keine Auskünfte geben, das machen wir beziehungsweise die Pressestelle. Bei den Kabinettsmitgliedern sieht die Sache dann natürlich anders aus.«

»Wir werden bis heute Nachmittag auch eine Hotline eingerichtet haben, über die Bürgerinnen und Bürger sachdienliche Hinweise zum Fall geben können«, ergänzte die Neumann und schrieb eine 0800er Nummer auf die Tafel. »Nur damit Sie das schon mal gehört haben.«

»Und wer von uns sitzt dann am anderen Ende der Hotline und nimmt die sachdienlichen Hinweise entgegen?«, erlaubte sich nun Ondracek eine Nachfrage.

»Niemand«, erwiderte Karla Neumann. »Die kommt ganz normal in der Telefonzentrale raus.«

»Warum nehmen wir dann nicht die Nummer von der Zentrale?«, hakte Ondracek nach.

»Das hat was mit Psychologie zu tun, Herr Ondracek«, erläuterte die Kriminalrätin. »Zerbrechen Sie sich darüber nicht den Kopf, Sie haben genug andere Dinge zu tun.«

»Wohl wahr«, brummte Ondracek. »Dazu wollte ich noch sagen, dass uns vielleicht mit zwei bis drei zusätzlichen Leuten mehr geholfen wäre, als mit dem ganzen Klimbim!«

»Sie haben recht.« Die Dezernatsleiterin rang sich ein schnaubendes Lächeln ab. »Und ich bin zuversichtlich, dass wir in den nächsten Tagen sowohl die ersten unserer Kollegen wieder gesund hier haben werden als auch ein paar Leute Verstärkung aus anderen Präsidien!«

»Wobei uns der Besuch des Innenministers nur dienlich sein kann, am Rande bemerkt«, meldete sich nun wieder Herbert. »Und noch ein Letztes: Ich wäre manchen Kollegen hier dankbar, wenn sie morgen eine etwas weniger legere Garderobe wählen könnten!«

Die Witwe Unger hatte nicht schlecht gestaunt, als neben der ihr schon bekannten jungen Polizistin im schwarzen Gothic T-Shirt und mit schwarz gefärbten Haaren eine ebenfalls schwarz gekleidete Kollegin mit aschfahler Gesichtsfarbe, schwarzen Augenringen und gleichfalls schwarzen Haaren vor der Tür stand. Zwar war das Renans natürliche Haarfarbe aber das fiel der armen Frau nicht auf. Sie überlegte kurz, ob das ein missglückter Versuch der Polizei war, Anteilnahme zu zeigen, was ihr aber dann doch reichlich unwahrscheinlich vorkam. Der zweiten Beamtin schien es offenbar mindestens so schlecht zu gehen wie ihr. Doch verlor sie darüber kein Wort. Sie drückte nur kurz ihr Beileid aus und setzte sich dann neben Maximilian, der am Esstisch saß und sich an einem Puzzle versuchte. Erstaunlicherweise hatte Max keinerlei Probleme mit ihrem Äußeren und ließ sie mitspielen. Offenbar war diese Frau eine Vorgesetzte der Jüngeren, die sich nun mit ihr auf dem Sofa niederließ und angab, noch einige Fragen zum Tod ihres Mannes zu haben.

»Zuerst mal wollte ich mich noch bedanken, dass Sie sich um meine Kinder gekümmert haben. Das war einfach zu viel für mich das letzte Mal«, begann die Witwe das Gespräch.

»War doch selbstverständlich«, erwiderte Karina lächelnd.

»Hast du auch eine Pistole?«, fragte Max.

»Ja schon, aber die vergesse ich immer«, antwortete Renan.

»Hat Ihr Kollege jetzt wirklich Probleme wegen diesem … Kerl bekommen?«, fragte Frau Unger.

»Das wird sich wahrscheinlich in nichts auflösen.« Karina winkte ab. »Aber er wurde vorläufig in den Innendienst versetzt, deswegen ist ja auch Kommissarin Müller jetzt dabei.«

»Ich verstehe.« Die Witwe warf einen Seitenblick auf den Esstisch.

»Was diesen Ärger mit der Versicherung betrifft, sollten Sie sich am besten einen Anwalt nehmen«, fuhr Karina fort.

»Ja, da kümmert sich mein Schwager drum«, nickte die Frau. »Ich musste ja zwei Tage im Krankenhaus bleiben und bin erst seit gestern wieder da … Kann ich Ihnen etwas zu trinken anbieten? Wasser, Saft? Oder Kaffee habe ich auch gerade gemacht.«

»Schwarz bitte«, sagte Renan vom Esstisch aus.

»Für mich auch schwarz, danke«, schloss sich Karina an.

»Ja, klar«, sagte Frau Unger und ging in die Küche, die eine große Einheit mit dem Wohnzimmer bildete.

»Mein Schwager hat übrigens auch schon bei der Versicherung angerufen.« Sie klapperte mit ein paar Tassen. »Aber die haben behauptet, dass sie gar keinen Detektiv zu uns geschickt hätten.«

»Merkwürdig«, murmelte Renan. »Wir haken da auch noch einmal nach.«

»Was wollen Sie dann noch wissen?« Die Witwe kam mit drei dampfenden Tassen zurück.

»Wir müssen die Befragung fortsetzen«, erklärte Karina. »Beim letzten Mal konnten wir Ihre Aussage ja nicht ordnungsgemäß aufnehmen, und mittlerweile haben sich auch ein paar neue Fragen ergeben.«

»Ja?«

»Sie hatten angegeben, dass Sie nichts von der Kündigung Ihres Mannes gewusst haben, stimmt das?« Karina hatte ein schwarzes Notizbuch aufgeschlagen.

»Ja, er ist am Freitag ganz normal aus dem Haus gegangen, und dann war ja Wochenende, und am Samstag ist er dann zum …«

»Der Ablauf des Samstages ist so weit klar.« Karina nahm einen Schluck Kaffee. Sie wollte der Frau ersparen, noch einmal über den Tod ihres Mannes reden zu müssen.

»Aber die Frage ist doch, warum er Ihnen nichts gesagt hat.«

»Ich weiß es nicht.« Sie starrte nachdenklich auf den Couchtisch, der mit Illustrierten, Bauklötzen und Playmobilmännchen übersät war. »Wir haben uns doch immer vertraut. Wahrscheinlich wollte er mich nicht beunruhigen. Vielleicht hat er auch gedacht, dass die die Kündigung wieder zurücknehmen oder dass er schnell einen neuen Job findet ... Ich weiß es nicht.«

»Das mit dem neuen Job ist wohl eher unwahrscheinlich«, meldete sich nun Renan.

»Wie?« Frau Unger hatte sie anscheinend nicht gehört.

»Ihr Mann war als Einkäufer für das verseuchte Gemüse verantwortlich. Ich glaube nicht, dass er schnell wieder eine Arbeit gefunden hätte. Sicher nicht in seiner Branche!«

»Ja ... da haben sie wahrscheinlich recht.« Sie zog ein Taschentuch aus einem halb leeren Päckchen auf dem Couchtisch.

»Sie haben ja auch gesagt, dass Sie einen Selbstmord Ihres Mannes nicht ganz ausschließen würden ... wenn ich das richtig notiert habe«, sagte Karina.

»Wie soll ich das wissen?« Eine Spur Zorn mischte sich in die Stimme der Witwe. »Ich hätte auch nicht gedacht, dass er mir eine Kündigung verschweigen würde ... Aber Martin hatte schon seine melancholischen Seiten ... und er hat sich wegen Geld immer große Sorgen gemacht.«

»Sie nicht?«, hakte Karina nach.

»Nicht so.« Sie schnäuzte sich und steckte das Taschentuch in die Hosentasche. »Ich wusste, dass wir uns jederzeit an meine Eltern wenden können, wenn wir in finanzielle Schwierigkeiten geraten ...«

»Und was hat ihr Mann davon gehalten?« Renan glaubte, die Antwort zu kennen.

»Nichts«, antwortete Frau Unger mit einer Mischung aus Vorwurf und Verständnis. »Der wäre eher unter eine Brücke gezogen, als Geld von meinen Eltern zu nehmen ... Eine schwierige Geschichte!«

»Verstehe«, lächelte Karina.

»Selbst wenn wir unter Hartz IV gefallen wären ...«, fuhr Frau Unger fort. »Die Grundsicherung hätte die Kreditzinsen für das Haus doch übernommen. Ist alles nicht so schlimm, wenn man das mal zu Ende denkt, aber das war nicht immer Martins Stärke ... Max, komm her«, sagte sie noch und begann zu weinen, während ihr Söhnchen zu ihr aufs Sofa krabbelte und seine Mutter schweigend umarmte.

Karina sah mit gerunzelter Stirn herüber. Renan legte noch zwei Puzzleteile an die richtigen Stellen. Mit einem Kopfschütteln gab sie der Anwärterin zu verstehen, dass sie jetzt nichts sagen oder fragen sollte. Schließlich stand Renan auf und ging langsam in Richtung Couchtisch. Sie nahm einen der Playmobilpiraten und musterte ihn eingehend.

»Wir machen uns die meiste Zeit Sorgen um unwichtige Dinge«, sagte sie schließlich. »Auf was es wirklich ankommt, wird einem nur selten klar ... Und dann kann's zu spät sein.«

»Was wollen Sie damit sagen?« Frau Unger griff wieder zu den Taschentüchern, Max schaute sie besorgt an.

»Dass wir alles tun werden, um herauszufinden, ob es ein Unfall oder Selbstmord war.« Renan setzte sich in den Sessel gegenüber. »Weil das wichtig ist, wenn auch nicht wegen einer Versicherung.«

»Ja«, die Witwe nickte stockend. »Ja, das stimmt.«

»Wir müssen aber auch herausfinden, was Ihr Mann mit dem verseuchten Gemüse zu tun hatte«, fuhr Renan fort. »Deswegen können wir Sie leider noch nicht in Ruhe lassen.«

»Was soll er damit zu tun gehabt haben?« Sie hatte sichtlich Mühe, ihrem Kind weiter über den Kopf zu streicheln. »Er hat es ja wohl nicht verseucht!«

»Nein, davon gehen wir nicht aus«, erwiderte nun wieder Karina. »Aber was er wann davon wusste, könnte für uns von Bedeutung sein.«

»Ich weiß davon nichts. Da müssen Sie schon beim DISCO fragen«, sagte die Witwe zynisch.

»Stimmt es, dass dieser Versicherungsdetektiv sich im Arbeitszimmer Ihres Mannes umgesehen hat?«, warf Renan ein.

»Ja, ich ... ich glaube, nachdem ich zusammengebrochen war, ist er rauf in den ersten Stock.« Die Frau war sichtlich bemüht, sich zu erinnern. »Aber ich weiß es wirklich nicht mehr.«

»Unser Kollege hat ihn jedenfalls erwischt, als er gerade die Treppe herunterkam«, sagte Karina. »Was hat er da oben gesucht?«

»Ich weiß es nicht«, wiederholte Frau Unger.

»Dürfen wir uns einmal umsehen?«, fragte Renan.

»Wir haben den ersten Todesfall«, sagte Alfred und klappte das Handy zu.

»Wer?«, fragte Woodstock.

»Eine Seniorin, 89 Jahre.« Alfred machte sich schnell Notizen. »Hat die Salmonelleninfektion leider nicht überlebt. Ist anscheinend wegen der Sache nicht zum Arzt gegangen, wollte sich selbst auskurieren und hat dann wohl zu wenig getrunken ...«

»Dann wird's jetzt richtig ungemütlich«, seufzte Woodstock und kratzte sich am Hinterkopf.

»Das ändert die Sachlage erheblich.« Dr. Lauschner, der Hausjurist, klang ernsthaft besorgt.

»Wir sollten kurz unterbrechen«, schlug die Pressesprecherin vor.

Alfred und Woodstock saßen in einem klimatisierten Besprechungsraum in der Regionalzentrale des Lebensmitteldiscounters DISCO, die sich glücklicherweise nur eine halbe Autostunde entfernt zwischen Nürnberg und Bamberg befand. Schon bei der Fahrt über die A 73 war ihnen der hässliche zweistöckige Flachbau ziemlich neuen Datums aufgefallen. Das Erdgeschoss war von einem mehrere Hektar großen Hof umgeben und bestand fast nur aus Rampen mit Rolltoren, an denen die Lkws be- und entladen wurden, die die Ware zu den einzelnen Märkten lieferten. In dem Stockwerk darüber befanden sich Büros und Besprechungsräume. Nach einer ersten Befragung durch Mitarbeiter des Gesundheitsamtes hatte nur Ondracek am Tag nach Gründung der

Soko Kopfsalat einmal mit der Zentrale des Discounters telefoniert. Er hatte versucht, mit dem Chef zu sprechen und war tatsächlich zu ihm durchgedrungen. Allerdings hatte der erklärt, die Sachlage selbst erst einmal im Haus klären zu müssen und bot an, sich spätestens in achtundvierzig Stunden wieder zu melden. Dann war die Sache mit dem toten Einkäufer dazwischengekommen und so hatte es etwas länger gedauert, bis Herr Herold, der Chef, ihnen Herrn Lauschner als direkten Ansprechpartner genannt hatte, der rund um die Uhr für die Polizei erreichbar sei. Herr Lauschner war Jurist und leitete beziehungsweise war die Rechtsabteilung, oder so ähnlich. Am Anfang des Gespräches hatte er sofort klargestellt, dass sein Unternehmen und auch er persönlich das Vorgefallene außerordentlich bedauerten und allen Erkrankten eine schnelle Genesung wünschten. Allerdings gebe es keine strafrechtliche Relevanz dieses Vorgangs. Die Verantwortung läge einzig und allein beim Zulieferer, die Verträge seien da eindeutig.

»Das glaube ich sofort«, hatte Woodstock trocken erwidert. »Aber da werden schon noch einige Schmerzensgeldforderungen auf Sie zukommen!«

»Die zivilrechtliche Seite sieht genauso aus«, erwiderte Lauschner mit einem aalglatten Lächeln. »Da müssen wir unsere Kunden genauso an den Zulieferer verweisen, und ob der wiederum Schuld hat … Nun ja, dafür ermitteln Sie ja, meine Herren, nicht wahr?«

»Sehr richtig«, sagte Alfred. »Und daher wäre es jetzt wichtig zu wissen, ob es jemanden aus Ihrer sicher nicht kleinen Mitarbeiterschaft geben könnte, der für die Verseuchung infrage kommen könnte.«

»Ich verstehe, dass Sie das fragen, Herr …«
»Albach.«
»… Albach«, ergriff Frau Riegel, die Pressesprecherin, das Wort. »Aber unsere Mitarbeiter stehen alle loyal zum Unternehmen, da gibt es kein böses Blut.«

Nachdem Alfred und Woodstock ihre Gegenüber etwa eine halbe Minute lang ungläubig angesehen hatten, meldete sich schließlich Lauschner etwas gequält zu Wort:

»Ja, ich glaube, wir müssen hier schon einmal von der üblichen Kommunikationsstrategie abweichen.«

»Natürlich gibt es bei der großen Anzahl von Filialen und Mitarbeitern einzelne Fälle, wo man sich voneinander trennt … und das auch nicht immer im Guten. Ich lege aber Wert darauf, dass das wirklich nur selten passiert und, wie Sie sicher mitbekommen haben, gab es bei uns keine Fälle von Bagatellkündigungen, wie sie seit einiger Zeit durch die Medien geistern.«

»Herr Lauschner, Frau Riegel.« Alfred bemühte sich um einen möglichst besorgten Tonfall. »… Sollten Sie beziehungsweise Ihr Unternehmen irgendwelche Hinweise auf dieses verseuchte Gemüse erhalten haben, dann teilen Sie diese Informationen bitte mit uns.«

»Ich weiß jetzt nicht genau, was Sie meinen.« Frau Riegel blickte fragend durch die Gläser ihrer Kastenbrille.

»Nun, Sie wären nicht der erste Einzelhändler, der erpresst wird«, gab Alfred zu bedenken. »Das hatten wir ja alles schon. Drohungen, dass Gift in Lebensmittel gespritzt würde. Es gab auch schon Fälle, wo die Drohungen wahr gemacht wurden.«

»Und es gab schon Fälle, in denen die Firmen versucht haben, den Erpresser zu bezahlen, ohne die Polizei einzuschalten«, ergänzte Woodstock. »Was dann übrigens sehr wohl strafrechtlich relevant wäre!«

»Meine Herren«, beschwichtigte Dr. Lauschner. »Sie haben doch gesehen, dass ich mich um größte Transparenz bemühe, und ich versichere Ihnen, wir hatten keinerlei Hinweise darauf, nicht den kleinsten, dass jemand im großen Stil unseren Salat verseucht. Selbstredend hätten wir dann sofort die Polizei eingeschaltet.«

Da klingelte Alfreds Handy.

»Dem glaube ich kein Wort«, sagte Woodstock, als die beiden DISCO-Mitarbeiter den Raum kurz verlassen hatten. »Und ihr schon gleich dreimal nicht!«

»Sie gibt nur die üblichen Phrasen von sich«, sagte Alfred. »Aber er versucht eine andere Masche. Wie großzügig er gleich zugegeben hat, dass es Probleme mit einzelnen Mitarbeitern gegeben hat!«

»Darauf falle ich nicht rein.« Woodstock machte sich daran, eine Zigarette zu drehen.

»Wobei seine Trickkiste sicher noch nicht leer ist«, gab Alfred zu bedenken.

»Das werden wir ja sehen«, Woodstock leckte das Papier ab. »Auch eine?« Er hielt Alfred den Tabak hin.

»Danke, ich habe selbst.« Er klopfte auf die Innentasche seines Sakkos.

»Komisch, ich hab dich heute noch gar nicht rauchen sehen«, meinte Woodstock. »Wirst doch nicht auch noch krank werden?«

»Nein, nein.« Alfred winkte ab. »Aber irgendwie schmeckt's mir zurzeit nicht so.«

»Ja, meine Herren. Ich muss Sie vielmals um Entschuldigung bitten«, sagte Lauschner, als er fünf Minuten später wieder das Büro betrat. Er wedelte mit den Armen herum. Offenbar missbilligte er, dass Woodstock sich seine Kippe angezündet hatte und nun am geöffneten Fenster stand.

»Wenn Sie mir den Namen und die Anschrift der toten Seniorin geben, würden wir ihren Hinterbliebenen gerne unser aufrichtiges Beileid bekunden.« Lauschner schloss die Tür hinter sich, offenbar hatte er Frau Riegel diesmal nicht dabei.

»Wir werden die Hinterbliebenen fragen, ob sie damit einverstanden sind«, sagte Alfred.

»Sehr freundlich.« Lauschner versuchte ein Lächeln und setzte sich wieder an den Besprechungstisch. »Sie dürfen sich übrigens gerne bedienen«, ergänzte er und deutete auf die

Halbliterplastikflaschen mit Mineralwasser und Apfelschorle aus dem DISCO-Sortiment, die in der Mitte des Tisches mit einigen Gläsern standen.

»Danke!« Alfred griff zu und öffnete eine Wasserflasche.

»Mir ist das Wasser vom DISCO zu salzig«, lehnte Woodstock ab, während er sich auch wieder setzte. »Da kriegt man ja mehr Durst als vorher.«

»Findest du?« Alfred tat erstaunt. »Ich würde es eher als etwas zu schal bezeichnen.« Er schnullte das Wasser wie Wein bei einer Verkostung.

»Es muss Ihnen ja nicht schmecken«, erwiderte Lauschner trocken. »Und der Tatsache, dass Sie keinen Durchfall haben, entnehme ich, dass Sie wahrscheinlich auch nicht zu unseren Stammkunden gehören ... oder keinen Salat essen.«

»Ersteres«, sagte Woodstock.

»Beides«, grinste Alfred. »Bei uns kauft meistens meine Frau ein, und die ist ganz verrückt auf diesen Bio-Markt ... Viel zu teuer, wenn Sie mich fragen!«

»Das ist der Punkt.« Lauschner lehnte sich zurück und lockerte den Knoten seiner hellgrünen Krawatte. »Wenn es uns nicht gäbe, kämen viele Geringverdiener nicht über die Runden. Bei uns bekommen Sie auch Bio-Lebensmittel, nur zu bezahlbaren Preisen. Und es kommen auch immer mehr Teile der Mittelschicht dazu. Höhere Beamte zum Beispiel: Lehrer, Juristen, Polizisten.« Er breitete die Hände in Richtung seiner Gesprächspartner aus.

»Gehoben vielleicht, höher noch nicht«, brummte Woodstock.

»Das mit dem Bio scheint ja so richtig auch nicht zu stimmen«, wandte Alfred ein.

»Nach allem, was wir bisher wissen, hat der Bauer Stauder keinen Öko-Betrieb. Eigentlich dürften Sie diesen Salat doch gar nicht als Bio-Salat verkaufen.«

»Es sei denn, das ›Bio‹ hat sich auf die Salmonellen bezogen.« Woodstock lächelte schräg. »Ist auch eine Form von Leben.«

»Meine Herren!« Lauschner wurde förmlich. »Wir haben auch nicht das Bio-Siegel nach der EG-Öko-Verordnung verwendet, sondern unser eigenes. Es stimmt, dass unsere Kriterien etwas weniger streng sind, dennoch sind wir der Meinung, dass eine regionale Produktion und Vermarktung in Kooperation mit kleinen und mittleren Betrieben ein Bio-Prädikat verdient.«

»Was ist denn dann weniger streng, bei Ihnen?«, fragte Woodstock.

»Die Dokumentation und Nachweispflichten sind die gleichen wie bei der EG-Öko-Verordnung. Wir weichen vor allem beim Einsatz von Dünger und der Fruchtfolge auf den Feldern von der Verordnung ab, weil wir keinem Bauern vorschreiben wollen, was er auf seinen Feldern zu pflanzen hat.«

»Gut, Herr Lauschner. Darum geht es bei unseren Ermittlungen auch nicht.« Alfred gab sich einen Ruck und kam wieder zur Sache. »Wäre es denkbar, dass Sie uns eine Liste von Mitarbeitern zusammenstellen, die hier im Großraum den DISCO unplanmäßig verlassen haben …«

»… sprich: gekündigt worden sind«, ergänzte Woodstock.

»Es kann ja auch ein Aufhebungsvertrag gewesen sein, nicht«, antwortete Alfred in Lauschners Richtung.

»Das müsste ich erst mit unserer obersten Leitung klären.« Lauschner blies vernehmlich Luft durch die Nasenlöcher. »Ich sehe hier ein gewisses Datenschutzproblem.«

»Immerhin geht es um zweitausendfache gefährliche Körperverletzung«, bekräftigte Alfred.

»In einem Fall mit Todesfolge«, setzte Woodstock nach.

»Wie gesagt, ich halte Rücksprache und melde mich dann schnellstmöglich wieder bei Ihnen.« Nun nahm auch Lauschner eine Wasserflasche.

»Und dann dürfen wir eine weitere Sache nicht aus den Augen verlieren«, fuhr Alfred fort.

»Die wäre?«

»Wir wissen ja noch nicht, auf wen der Anschlag gezielt hat.« Alfred stand auf und ging zum Fenster. »Es könnte dem

Gemüsebauern gegolten haben. Ebenso der Stadt oder dem DISCO. Wenn das der Fall wäre, müssen wir davon ausgehen, dass der Täter es wieder tut ...«

»Nun«, unterbrach Lauschner, »wir sind fest davon überzeugt, dass dieser Anschlag nicht uns gegolten hat. Trotzdem kann ich Ihnen versichern, dass wir äußerste Vorsicht bei der Kontrolle der gelieferten Waren walten lassen.«

»Das ist uns leider etwas zu wenig.« Woodstock drückte ungeduldig auf dem Knopf seines Kugelschreibers herum.

Lauschner blickte die beiden fragend an.

»Herr Lauschner!« Alfred gab sich nun verhalten genervt. »Ist es wirklich zu viel verlangt, uns den neuen Zulieferer für Ihren Salat zu nennen?«

»Keineswegs.« Der Jurist stand auf. »Wenn wir ihn schon kennen ...«

»Was soll denn das heißen?« Woodstock unterbrach das Geklicke mit dem Kugelschreiber. »Haben Sie in den letzten Tagen keinen Salat mehr verkauft?«

»Das nicht.« Lauschner ging auf einen kleineren Tisch in der Ecke zu, auf dem ein Telefon stand. »Der Einkauf hat kurzfristig irgendwo zugekauft, oder sie haben von anderen Regionaldirektionen was abgezwackt. Aber das sind natürlich keine Dauerlösungen. Kurzfristig zukaufen ist zu teuer, beim Abzwacken geht die Ware zu schnell aus. Die Frage ist nur, ob es Ihnen reicht, wenn Sie den neuen Salatlieferanten kennen. Schließlich führen wir mehrere Hundert Produkte im Sortiment, die alle betroffen sein können.«

»Uns genügen diejenigen, die Sie hier aus der Region beziehen«, sagte Alfred.

»Ich werde beim Einkauf nachfragen«, gab sich Lauschner geschlagen und nahm den Hörer ab.

Es kam dann doch nur der Innenminister. Der Auftritt am nächsten Tag wirkte ein wenig wie eine Chefarztvisite im Krankenhaus. Voran ging der Minister mit dem Polizeipräsidenten, gefolgt von Herbert, als Chef der Kriminaldirektion, zusammen mit dem 2. Bürgermeister. Der OB ließ sich – wohl mangels Lust auf den Termin – von seinem Vize vertreten. Ihnen folgten Karla Neumann mit Hofmann, dem Pressesprecher. Der siebte im Bunde war wohl der Bezirkspräsident, sodann folgten die übrigen Dezernatsleiter. Presse war nicht dabei, die hatte man ja schon tags zuvor verarztet. Da war der Todesfall der alten Dame noch nicht öffentlich gewesen, und Herbert hatte es irgendwie geschafft, dass das bis zum Redaktionsschluss so blieb. Daher berichteten die heutigen Zeitungen zwar über die neue Einsatzzentrale und die Hotline, nicht aber über den Rückschlag. Eigentlich war es ja kein Rückschlag, weil ein Todesfall die Ermittlungen nicht zurückwarf, aber in der öffentlichen Wahrnehmung stieg natürlich der Druck, und strafrechtlich hatten sie es jetzt zumindest mit einer gefährlichen Körperverletzung mit Todesfolge zu tun, wenn nicht schon mit Totschlag. Was den Dresscode betraf, so waren nur Karina und die andere Anwärterin Herberts Mahnung gefolgt. Karina hatte die meisten Ohrringe und den Nasenring entfernt, die Haare zusammengebunden und irgendwo eine weiße Bluse aufgetrieben. Ihre Kollegin trug sogar einen Hosenanzug. Ansonsten war von der Soko nur noch Alfred halbwegs anständig gekleidet, aber nicht, weil er Herbert gefallen wollte, sondern weil er immer ein Sakko und in letzter Zeit auch häufiger wieder Krawatten trug, wenn auch schmale Modelle aus den Sechzigerjahren, eine Hinterlassenschaft seines Vaters. Ondracek trug eine verwaschene Jeans, dazu ein grün-blau quer gestreiftes Sweatshirt, das in der Hose steckte, darüber Hosenträger. Woodstock hatte sich ein Club-Trikot übergestreift. Rödleins weiß-blau kariertes Hemd zeigte dessen guten Willen, jedoch hatte es heute in der Kantine rote Soße gegeben, und davon hatten sich ein paar Spritzer auf das Hemd verirrt. Offenbar hatte es Rödlein zwischendurch nicht mehr nach Hause zum Umziehen geschafft. Renan schließlich trug immer noch die schwarze Jogginghose zu einer dunkelgrauen

Jeansjacke. Dann war da noch Staatsanwalt Klatte. Der war zwar mit einem grauen Anzug vorschriftsmäßig gekleidet, litt aber unter Heuschnupfen und womöglich auch Durchfallsymptomen. Jedenfalls nieste und schnäuzte er sich in einer Tour. Auf dem eigens für ihn bereitgestellten Schreibtisch befanden sich statt Ermittlungsakten eine Batterie von Pillenschachteln, Fläschchen und Taschentücher.

So richtig vorzeigbar wirkte die Truppe also nicht. Dennoch überspielten Herbert und der Polizeipräsident ihren Grant meisterhaft und brachten es fertig, die dürftigen Ermittlungsergebnisse als planmäßigen Arbeitsverlauf darzustellen.

»Und was steckt nun hinter diesem Anschlag«, fragte der Minister, während er den Stadtplan an der Wand musterte, wo Herberts Sekretärin eilig alle Adressen von Opfern mit roten Stecknadeln markiert hatte. Die stimmten zwar nicht, weil man das so schnell nicht abgleichen konnte, aber das war ja egal.

»Herr Göttler«, sagte der Polizeipräsident und machte eine einladende Geste in Herberts Richtung.

»Nun, was den neusten Stand betrifft ...« Herbert hüstelte. »...so kann ich ihn nicht wiedergeben, weil ich ja mit der Vorbereitung dieses Termins beschäftigt war ... Frau Neumann?«

»Ja, ich habe leider auch noch keine Berichte des heutigen Tages bekommen«, auch die Kriminalrätin schien einen Teil ihrer Souveränität verloren zu haben. »Herr Albach«, rief sie eilig in Alfreds Richtung. »Sie waren doch erst beim DISCO. Gibt es neue Erkenntnisse?«

»Die Herrschaften geben sich hartleibig«, berichtete Alfred, während er auf die Gruppe zuging.

»Inwiefern?«, fragte der Innenminister.

»Na ja.« Alfred räusperte sich. »Ob sie uns die Namen von kürzlich gekündigten Mitarbeitern geben wollen, müssen sie erst prüfen – Datenschutz und so. Was die neuen Lieferanten angeht, so muss auch erst geprüft werden, ob es schon welche gibt. Aber man hat uns zugesichert, dass alle Wareneingänge strengstens kontrolliert werden.«

»Die haben doch keine Biolabore, wie soll das denn gehen?«, fragte der Minister.

»Wir werden gleich morgen wieder nachhaken.« Alfred hob die Arme. »Mehr können wir rechtlich nicht tun.«

»Durchsuchen Sie den Laden«, schlug der Minister vor. »Beschlagnahmen Sie alles, was Sie brauchen. Das kann doch nicht sein, dass die uns auf der Nase herumtanzen.«

»Dazu brauchen wir einen richterlichen Beschluss … Ha… Hatschiee«, meldete sich nun Klatte. »Und wie Sie wissen, Herr Minister, ist unsere Justiz unabhängig. Und bei einem Unternehmen dieser Größe kann so was auch schnell politisch werden … Entschuldigung.« Er nieste abermals.

»Die Politik überlassen Sie mal mir«, blaffte der Minister und wischte sich das Gesicht mit einem Papiertaschentuch ab.

»Es könnte aber außer dem DISCO ja auch noch dem Einkäufer persönlich gegolten haben, der bei Bamberg kurz darauf tödlich verunglückt ist«, meldete sich Alfred wieder.

»Verunglückt?«, fragte der Minister.

»Ja, oder Selbstmord begangen hat«, ergänzte Alfred. »Das steht noch nicht hundertprozentig fest. Jedenfalls ist er sofort nach Bekanntwerden des Skandals entlassen worden.«

»Davon weiß ich ja gar nichts«, wandte sich der Minister halb verwundert, halb erzürnt an den Polizeipräsidenten.

»Göttler, warum weiß der Herr Minister davon nichts?«, fragte der Präsident.

»Wir äh, wollten den Herrn Minister nicht mit Details belästigen, die ziemlich sicher nicht zur Lösung des Falles beitragen«, erklärte Herbert eilig. »Wenn, dann ist der Gemüsebauer vorrangig als Ziel des Anschlags zu betrachten.«

»Ah ja, dieser Irre mit dem Jagdgewehr.« Das Gesicht des Ministers hellte sich ein wenig auf. »Herr .. äh«, wandte er sich an den Staatsanwalt.

»Klatte«, half ihm dieser aus und: »Verzeihung, die Gräserpollen!«

»Ja, schon gut. Also den Mann werden Sie doch wenigstens zum Reden gebracht haben. Der müsste doch wissen, wer ihm was anhaben will.«

»Leider nein, Herr Minister.« Klatte knetete nervös das Taschentuch in seinen Händen.

»Wieso nicht? Haben Sie den Mann nicht in Haft?«

»Nein, Herr Minister.«

»Der schießt auf eine Horde Journalisten und läuft immer noch frei herum?« Nun schien es mit der Beherrschung des Ministers endgültig vorbei.

»Schießen außerhalb von Schießstätten«, zitierte Klatte das Vergehen. »Er hat nicht direkt auf die Menschen gezielt und keinen verletzt ...« Er schnäuzte sich vorsorglich und sprach weiter. »Nur eine Ordnungswidrigkeit, dafür kriegen wir keinen Haftbefehl.«

»Herr Präsident, Herr Göttler, auf ein Wort.« Der Minister gestikulierte ungehalten mit der rechten Hand und verließ die operative Einsatzzentrale forschen Schrittes.

»Wissen Sie, warum der Kollege Röther nun doch nicht dabei ist?«, fragte der Innenminister, als das Trio draußen auf dem Gang stand.

»Ein dringender Termin?«, vermutete der Polizeipräsident.

»Irrtum. Ein Todesfall in der Familie.« Der Minister atmete deutlich hörbar ein.

»Oh, da werden wir ihm umgehend unsere Anteilnahme ausdrücken«, sicherte Herbert zu.

»Das werden Sie tunlichst bleiben lassen«, zischte der Minister.

»Ja, warum denn?«, fragte der Polizeipräsident verwirrt.

»Weil es sich bei dem Todesfall um jene alte Dame handelt, die durch die Salmonelleninfektion verstorben ist!« Der Minister hatte Mühe, seine Stimme weiter zu dämpfen.

»Was?« Herbert wurde bleich.

»Keine sehr nahe Verwandtschaft«, erläuterte der Minister. »Großtante zweiten Grades oder so. Aber Sie wissen ja, wie das ist. Der muss sich jetzt ganz schön was anhören von seiner Sippe. Und jetzt komme ich von diesem Besuch zurück und habe ... nichts!«

»Aber, Herr Minister«, versuchte Herbert eine Rechtfertigung. »Wir ermitteln wirklich mit Hochdruck. Wie Sie ja gesehen haben, wurde eine ganz neue operative Struktur geschaffen und gestern auch schon der Presse vorgestellt, damit die Öffentlichkeit sieht, wie professionell wir ...«

»Halten Sie den Mund, Göttler«, befahl der Minister. »Damit können Sie vielleicht ein paar Lokaljournalisten beeindrucken, aber nicht mich!«

»Jawohl, Herr Minister«, kuschte Göttler.

»Entschuldigung, Herr Minister«, sagte der Polizeipräsident. »Niemand weiß besser als ich, was von Herrn Göttlers Pressespielchen zu halten ist. Aber in diesem Fall hat er wirklich sein Möglichstes getan, um größeren Schaden von der Polizei abzuwenden ...«

»So?«

»... Ja, der Kern des Problems liegt einfach darin, dass die Hälfte unseres Personals im Krankenstand ist. Mit der Handvoll Leute geht es nun mal nicht schneller.«

»Nur gut, dass mir immer jemand erklären kann, warum es nicht geht«, stöhnte der Minister. »Aber gut, ich werde mich persönlich dafür einsetzen, dass Sie binnen zwei Tagen mehr Leute kriegen. Und den Durchsuchungsbeschluss für den DISCO besorge ich Ihnen auch noch ...«

»Das wäre eine große Hilfe«, sagte der Polizeipräsident.

»... Und dann verhindern Sie gefälligst, dass dieser Irre noch einmal Lebensmittel vergiftet. Und wenn Sie das nicht schaffen ... dann gehen Sie in die Kirche und beten Sie!«

5. Vampir-Karotten

Es war eine dieser Nächte, die Marian schon lange zu schaffen machten. Seit seiner Jugendzeit litt er an Schlafstörungen, vor allem bei Vollmond. Vielleicht waren es die Geschichten von den Untoten gewesen, die sein Großvater immer erzählt hatte. Vielleicht war es aber auch nur so etwas wie eine Mondsucht. Es konnte passieren, dass er nach zwölf Stunden Schufterei auf dem Feld mitten in der Nacht aufwachte und nicht mehr einschlafen konnte. Und da half nichts. Er hatte es mit Alkohol probiert, mit Musikhören, mit Lesen unter der Bettdecke – alles vergebens. Es dauerte immer mindestens drei Stunden, bis er wieder in einen unruhigen Schlaf fiel. Und dann waren da noch die Kameraden, die in ihren Betten lagen und schnarchten und furzten. Manche redeten auch wirres Zeug, aber alle schliefen und machten unaufhörlich Krach dabei. In letzter Zeit hatte Marian es sich angewöhnt, aufzustehen und ziellos durch die Felder zu laufen. Mit etwas Glück war er dann nach eineinhalb Stunden wieder müde genug und konnte noch eine oder zwei Stunden schlafen, bis der Wecker klingelte.

Der Bauer hätte es nun am liebsten gesehen, dass sie alle am Tag arbeiteten und nachts die Felder bewachten. Die Ernte stand kurz bevor und der Chef hatte Angst, dass wieder jemand seine Pflanzen vergiftete. Da das aber nicht ging, weil auch Rumänen und Bulgaren irgendwann einmal schlafen mussten, hatte der Chef angekündigt, selbst auf seine Felder aufzupassen, dabei wollte er sich mit Hans, dem Gärtnermeister, abwechseln. Marian war jedenfalls froh, ihm nicht zu begegnen. Es mochte jetzt etwa drei Uhr sein. Marian befand sich einen knappen Kilometer vom Hof entfernt in Richtung Flughafen auf einer alten Straße mit Kopfsteinpflaster. Hier war er wieder in einem der ehemaligen Dörfer angekommen, die jetzt Teile dieser großen Stadt waren. Die ganze Zeit herrschte Stille, nur auf der nahen Landstraße fuhr ab und zu ein Auto vorbei. Auch im Dorf war nichts los. Da hörte Marian ein Auto, das nicht anspringen wollte. Er lief daran vorbei, weil er hinter dem Ort wieder auf den Feldweg wollte, der zurück zum Stauderhof führte. Es war ein kleines französisches Auto. Am Steuer saß eine junge Frau in einem gelben Hemd, mit einem Namensschild auf der linken Brust. Allerdings war es so dunkel, dass Marian nichts entziffern konnte.

Die Frau schien verzweifelt. Sie schlug auf das Lenkrad und schrie »Scheiße«. Das Wort kannte Marian mittlerweile.

»Sie ... Hilfe?«, fragte Marian zögernd, nachdem er auf der Höhe des Wagens war.

»Er springt nicht an!« Die Frau schien verzweifelt. Sie sagte dann noch mehr, wovon Marian aber wegen des starken Dialekts nur »Ärger«, »Chefin« und »rausschmeißen« verstand.

»Batterie kaputt«, sagte Marian. In Rumänien kam das dauernd vor.

Die Frau antwortete wieder. Marian hörte »helfen« und »keine Ahnung«.

Er bedeutete der Frau, dass Sie die Zündung einschalten sollte. Er hielt zwei Finger hoch und deutete auf den Schaltknüppel.

»Den zweiten Gang einlegen?«, fragte sie.

»Ja ... zweiter Gang«, nickte er, deutete auf sich und machte eine Geste mit beiden Händen von sich weg.

»Sie wollen schieben?«, fragte die Frau.

»Schieben«, wiederholte Marian. »Ich ... schieben und dann ...« Er deutete auf das linke Pedal.

»Die Kupplung?«, fragte sie.

»Ja, Kupplung. Aber lang... langsam.«

»Die Kupplung langsam kommen lassen?«, fragte sie.

»Ja«, sagte Marian. »Aber ... warten ... erst schieben.«

»Ich soll warten mit der Kupplung?«, fragte sie ungläubig.

»Ja, warten ... ich rufen«, versuchte er zu erklären. »Ich sagen jetzt ... dann Kupplung.«

»Oh Mann«, seufzte die Frau. »Wenn das klappt, kriegen Sie eine große …« Marian kannte das Wort nicht. »… von mir.«

»Nein, nix halten«, wehrte er ab. »Nur losfahren, lange fahren, dann Batterie gut.«

»Na, ich bin …«, sagte die Frau und wieder verstand er das letzte Wort nicht.

Es wäre besser gewesen, wenn es bergab gegangen wäre. Aber hier waren die Straßen eben. Gut, dass Marian kräftig war und das Auto klein. Er schob es in Richtung der großen Straße. Als sie etwa zwanzig km/h schnell waren, rief Marian »Jetzt«. Die Frau ließ die Kupplung langsam kommen, und das Auto sprang nach kurzem Husten und Stottern an. »Danke«, rief sie noch schnell aus dem geöffneten Fenster und fuhr in Richtung Norden davon.

Marian freute sich, dass es geklappt hatte. Jetzt hatte er auch das Gefühl, wieder einschlafen zu können. Er würde eine Dreiviertelstunde zurück brauchen, wenn er schnell ging. Dann musste es ungefähr vier Uhr sein und er konnte noch ein wenig schlafen, bevor sie um halb sechs geweckt wurden.

Er lief auf dem zentralen Feldweg hinter dem Dorf zurück. Die Hälfte der Strecke hatte er geschafft, den Hof konnte er in der Ferne bereits erkennen. Da sah er im Mondlicht eine Gestalt von rechts auf sich zukommen.

Im noch fahlen Morgenlicht wirkte das Knoblauchsland wie ein nachkoloriertes Schwarz-Weiß-Bild. Die Felder hatten vor fünfzig Jahren sicher auch nicht viel anders ausgesehen, nur der Flugverkehr darüber war wohl deutlich schwächer gewesen. Soeben setzte ein weiterer Jet über ihnen zur Landung auf dem Nürnberger Flughafen an. Renan fragte sich schon seit Jahren, ob sich die ganzen Abgase nicht irgendwie gesundheitsgefährdend auf das Gemüse auswirkten. Definitiv nicht mehr gesund war die Person, die hier zwischen gerade heranwachsenden Lauchpflanzen lag.

»Was ist denn das?« Renan deutete auf den Gegenstand, der aus der Brust der Leiche hervorstand.

»Ein Pfahl.« Pit von der Spurensicherung warf einen kritischen Blick auf Renans Zigarette.

»Ein Pfahl?« Nun kam auch Alfred näher und ging in die Knie.

»Wie bei einem Vampir«, murmelte Renan.

»Kann das die Todesursache gewesen sein?«, fragte Alfred.

»Hab ich Medizin studiert?«, fragte Pit gereizt. »Und außerdem wäre ich euch extrem dankbar, wenn ihr mir die restlichen Spuren nicht auch noch zertrampelt!«

Es war der Gemüsebauer Stauder, der mit weit geöffneten Augen vor ihnen lag. Mit einem Vampir hatte er außer der Gesichtsfarbe nichts gemein. Renan spürte heute wieder so etwas wie Empfindungen in sich hochkommen. Einerseits war sie froh darüber, weil sie sich dem Leben, wie sie es früher gekannt hatte, wieder anzunähern schien. Andererseits wäre für die Ermittlungsarbeit eine noch länger andauernde Empfindungslosigkeit ganz brauchbar gewesen. Jedenfalls fühlte sie jetzt etwas. Renan fragte sich, wie es nun weitergehen sollte mit dem Hof und der Familie. Was die Spuren anging, so hatte Pit recht. Sie befanden sich auf erdigem Untergrund, da blieben Bewegungen und Tathergänge lange sichtbar, beziehungsweise es kamen auch ganz schnell neue Spuren dazu, wenn andere als die Tatbeteiligten sich darauf herumtrieben. Aber es war ja nun mal nötig, den Tatort aus der Nähe zu betrachten, und die Jungs von der Spurensicherung waren ganz anderen Kummer gewöhnt. Kollegialität wurde großgeschrieben bei der Polizei, aber man brauchte es ja nicht zu übertreiben. Jedenfalls war zu erwarten, dass man bei dieser Tat schneller wusste, wo man ermitteln sollte, als bei den Salmonellen. Plötzlich fiel Renan auf, dass sie fror. Und die Füße fühlten sich in den dünnen Turnschuhen wie Eiszapfen an. Es war jetzt ungefähr sieben Uhr und für die Jahreszeit empfindlich kühl.

»Also so viel steht fest«, meldete sich nun Alfred, der Woodstock und Karina zu sich gerufen hatte, »der Fundort hier ist nicht der Tatort.«

»Adlerauge«, kommentierte Pit trocken.

»Der Täter hat die Leiche offenbar bis hierher getragen.« Alfred war auf den Feldweg gesprungen und deutete auf eine Stelle drei Meter entfernt, wo gerade einer von Pits Sklaven Gips in einen Fußabdruck goss.

»Wenn ihr jetzt bitte alle einmal von diesem Feld runtergeht, sage ich euch, wie's war«, rief Pit bissig.

»Und wo sollen wir hin?«, fragte Renan.

»Auf den Weg, und zwar mindestens fünf Meter rechts von der Fundstelle!«

»Danke«, stöhnte Pit, als die Trampeltierherde endlich gebändigt war. »Also, der Täter hat das Opfer wahrscheinlich auf diesem Weg aus westlicher Richtung hergetragen. Dabei ist er meistens auf dem Grasstreifen gelaufen. Ab und zu ist er aber offenbar aus dem Gleichgewicht gekommen und hat einen Fuß nach rechts oder links aufs Erdreich gesetzt. Der Marco und der Jürgen schauen gerade, ob sich am Anfang der Strecke was finden lässt …« Pit deutete nach links in Richtung Fürth, wo zwei weiße Overalls sich in Zeitlupe mit irgendwelchen Sichtgeräten vorwärtsbewegten.

»Ganz dumm war er nicht«, fuhr der Ober-Spusi fort. »Er hat die Leiche nicht geschleift, sondern getragen. Allerdings hat er ihn an drei Stellen absetzen müssen, kein Wunder, der Bauer war ja ganz stattlich.« Pit zeigte wieder in Richtung Fürth. Drei Stellen am Weg waren mit rot-weißen Stangen und Nummern markiert. Die zwei Overalls waren mittlerweile an der Straße angekommen, die sich in Nord-Süd-Richtung durch die Felder zog.

»Jetzt können wir nur hoffen, dass er nicht mit einem Auto hergefahren ist«, rauschte eine Stimme aus Pits Funkgerät.

»Sucht erst mal die Felder auf der anderen Straßenseite ab«, antwortete Pit.

»Wenn der ihn aus Fürth rübergeschleppt hat, werd ich aber stinkig.« Woodstock dreht sich eine Zigarette.

»Das sind schon noch ein paar Hundert Meter«, wehrte Alfred ab, der an die letzte Grenzstreitigkeit mit der Kriminalinspektion Fürth keine so gute Erinnerung hatte.

»Fakt ist auch, dass das Opfer geblutet hat, als es getragen wurde«, führte Pit weiter aus. »Nicht stark, aber hin und wieder finden sich ein paar Tropfen … Obwohl es natürlich auch der Täter gewesen sein könnte …«

»Oder beide«, ergänzte Renan.

»Nun, das lässt sich ja feststellen.« Alfred blickte zweifelnd auf Woodstocks Kippe und rieb sich das Kinn. »Ich kann mir nur nicht erklären …«

»… warum der Täter das Opfer überhaupt so weit vom Tatort weggeschafft hat?«, schloss Karina.

»Genau.« Alfred zog seine Sonnenbrille aus dem Etui und setzte sie auf.

»Weil ihn der Tatort zu schnell verraten würde«, meinte Woodstock.

»Oder weil der Fundort eine besondere Bedeutung hat.« Karina blickte sich fragend um.

»Ich glaube, das hat was damit zu tun, wem die Felder gehören«, gab Renan ihrer Intuition Ausdruck.

In diesem Moment klingelte Alfreds Handy. Er nahm ab, sagte kurz »Ondracek« und »Guten Morgen«. Dann wurde er still und drehte sich plötzlich ruckartig in Richtung des Stauderhofes um.

»Der Gärtnermeister hat gerade im Präsidium angerufen«, sagte Alfred zu einer Runde fragender Gesichter. »Einer der Erntehelfer, ein Rumäne, ist verschwunden.«

»Wissen Sie, was Ihr Mann gestern Nacht noch auf dem Feld wollte?«, fragte Alfred die Witwe Stauder, nachdem sie ihr die traurige Nachricht überbracht hatten.

»Das hat er jetzt jede Nacht gemacht«, antwortete die

Bäuerin mit ausdruckslosem Blick. »Er wollte den kriegen, der seine Felder vergiftet hat.«

Sie hatte die Nachricht relativ gefasst aufgenommen. Fast hätte man meinen können, sie hätte sie erwartet. Sie war nur wortlos in die Küche des Wohnhauses gegangen und hatte sich an den Tisch gesetzt, wo sie minutenlang schweigend auf die Tischplatte gestarrt hatte, die mit einem rot-weiß karierten Wachstuch bedeckt war.

Alfred hatte beschlossen, die betretene Stille fünf Minuten auszuhalten, bevor er anfing, Fragen zu stellen. Renan schien momentan mit solchen Situationen, die für andere schwere Schicksalsschläge bedeuteten, überhaupt keine Probleme zu haben. Sie stand an ein antikes Küchenbuffet gelehnt und blickte ebenfalls schweigend in Richtung Küchenzeile. Alfred musterte die Witwe. Sie war noch relativ jung, Anfang, höchstens Mitte vierzig und relativ groß. Mit den braunen Augen und dem dichten dunklen Haar wirkte sie fast südländisch. Hätte man sie ihm ohne Kommentar gegenübergestellt, wäre Alfred nie auf den Gedanken gekommen, dass es sich hier um eine Landwirtin handelte. Irgendwie hatte man bei dem Beruf immer stämmige, ältere Damen vor Augen. Lediglich das runde Gesicht passte ein wenig ins Bild.

Alfred beobachtete die Witwe, die angestrengt nachdachte. Das war die fünfte von fünf üblichen Reaktionen auf die Todesnachricht eines nahen Angehörigen. Tatsächlich waren Ohnmacht oder hysterische Zusammenbrüche relativ selten. Hemmungsloses Weinen kam schon mal vor, aber die meisten Personen waren zu sehr in gesellschaftlichen Konventionen gefangen. So was tat man doch nicht vor Fremden. Noch seltener kam es vor, dass die Benachrichtigten sogar Erleichterung oder Freude äußerten. Stattdessen begannen viele, intensiv nachzufragen. Sie wollten wissen, wie alles passiert war, wo, warum und natürlich, wer der Täter war. Leider konnte Alfred die meisten dieser Fragen nicht beantworten, deswegen war er ja auch hier. Aber diese Reaktion war grundsätzlich die unverdächtigste, weil sich die Angehörigen ahnungslos zeigten. So konnte man nicht sofort auf den Gedanken kommen, dass sie womöglich selbst etwas mit dem Mord zu tun haben könnten. Dennoch befanden sich die meisten Täter bei Mordfällen im engeren Kreis der Familie. Das sagte die Statistik, und die log in diesem Fall einmal nicht.

Die letzte Gruppe, zu der offensichtlich auch die Bäuerin Stauder gehörte, setzte sich erst einmal hin und dachte nach. Auch das war natürlich nachvollziehbar, interessant war nur immer, über was diese Menschen wohl nachdachten. Die Kinder waren natürlich eine Möglichkeit. Wie sage ich es meinen Kindern? Oder die finanzielle Situation. Wie soll es denn jetzt weitergehen? Oder man haderte mit Gedanken, ob man das alles nicht hätte verhindern können. Genauso gut konnte es aber sein, dass das Gegenüber gerade noch einmal sein Alibi durchging oder sich überlegte, ob es die Tatwaffe auch sicher entsorgt hatte. Gut, es wies in diesem Fall tatsächlich nichts auf einen familiären Zusammenhang hin, aber da war immer noch die Statistik.

»Also ist ihr Mann davon ausgegangen, dass der Täter auf ihren Feldern noch einmal zuschlägt?«, fragte Alfred schließlich.

»Ich weiß nicht, was er sich gedacht hat.« Die Frau sprach nahtlos weiter, als hätte sie gerade erst aufgehört. Alfred wunderte sich, dass sie gar nicht erschrak, als er die Stille durchbrach.

»Ich habe einmal probiert, ihn davon abzuhalten und dann nicht wieder.«

»Wen hatte Ihr Mann denn im Verdacht?«, setzte Alfred fort.

»Ich weiß es nicht«, wiederholte die Frau. »Von unseren Leuten war es keiner, da waren wir uns sicher. Ansonsten …« Sie ließ die Hände auf die Tischplatte fallen und blickte nun starr aus dem kleinen Fenster über der Bank.

»Nun ja. Einer der Männer ist wohl verschwunden.« Alfred kniff die Augen zusammen, um den Namen entziffern zu können. »Herr Cuprinsu ...«

»Marian?«, entfuhr es der Frau.

»Das ist sein Vorname«, nickte Alfred. »Sie werden verstehen, dass er sich dadurch sehr verdächtig macht.«

»Verdächtig, wieso?« Es schien, als irritiere sie etwas am Verschwinden des Erntehelfers.

»Ihr Mann wurde diese Nacht ermordet und nun fehlt einer der Arbeiter unentschuldigt«, erläuterte Alfred. »Was können Sie uns über Herrn Cuprinsu sagen?«

»Nichts.« Die Frau streifte Alfred mit einem Seitenblick. »Er ist ein Arbeiter wie die anderen auch. Er kommt seit vielen Jahren zu uns.«

»Hatte er nicht mehrere Auseinandersetzungen mit ihrem Mann, wegen der Arbeitsbedingungen?«, fragte Alfred.

»Nicht dass ich wüsste!«

»Entschuldigen Sie die direkte Frage, aber ich muss sie stellen: Wie ist denn die wirtschaftliche Lage Ihres Betriebes?« Alfred sagte das in seinem mitfühlendsten Tonfall. »Sie sind doch auch gezwungen, die Arbeiter schlecht zu bezahlen und ...«

»Mein Mann und ich ... der Hof ...« Sie atmete einmal tief durch. »Sie haben recht. Wir waren an einem Punkt, wo es so nicht mehr weitergehen konnte.«

»Was genau konnte nicht mehr so weitergehen?«, hakte Alfred nach.

»Das ganze Geschäft läuft doch seit Jahren nicht mehr richtig!« Die Witwe sah immer noch starr aus dem Fenster. »Die Landwirtschaft lohnt sich in diesem Rahmen nicht mehr. Wir schuften und schuften, und am Schluss bleibt nicht einmal genug für einen Urlaub übrig, für den man sowieso keine Zeit hat.«

»Heißt das, dass sie den Hof aufgeben wollten nach dieser ... Sache?« Alfred setzte sich nun und zog seinen Notizblock aus der Sakkotasche.

»Nicht erst seit dieser Sache.« Endlich drehte die Frau ihren Kopf und sah Alfred an. Bei genauerem Hinsehen bemerkte man die kleinen Falten um Augen und Mundwinkel. Sie war so ein Typ, der trotz dunklem Teint Sommersprossen hatte. Attraktiv, ohne Zweifel.

»Und Ihr Mann wollte das nicht«, stellte Alfred fest.

»Er hat sich nie klar geäußert. Immer hieß es: ›Mal sehen, in drei bis vier Jahren vielleicht.‹ Aber im Grunde wollte er nicht. Das ist der Hof seiner Familie, seit vier Generationen.«

»Wovon hätten Sie den leben wollen, ohne den Hof?«, fragte nun Renan vom Küchenbuffet aus.

»Zunächst einmal hätte ich überhaupt wieder leben wollen.« Ton und Blick der Frau wurden nun auch etwas lebhafter. »Und wenn wir Hartz IV beantragt hätten ... Das wäre auch kaum weniger gewesen, als uns jetzt bleibt. Dafür hätte ich mit meinen Kindern mal eine Radtour machen können, oder Pilze suchen im Wald. Leben muss nicht immer teuer sein, oder?«

»Ja, schon. Aber Sie können sich nicht allein von Pilzen ernähren.« Renan blieb hartnäckig in ihrer Ecke stehen. »Sie müssen doch einen Plan gehabt haben, wenn Sie das Geschäft aufgeben wollten.«

»Zunächst einmal hätten wir ja hier im Haus bleiben können.« Die Bäuerin sah nun wieder aus dem Fenster. »Die Felder hätten wir verpachten können. Der Hartleib nimmt alles, was er kriegen kann, überhaupt kein Problem. Mein Mann hätte für den Eigenbedarf noch anbauen können oder für einen kleinen Hofladen, und ich wäre eben wieder arbeiten gegangen. Wir hätten sicher nicht weniger Geld gehabt, aber dafür viel weniger Stress.«

»Als was hätten Sie denn gearbeitet?« Alfred sah von seinem Notizblock auf.

»Ich bin gelernte Fremdsprachenkorrespondentin!« Ein Hauch von Stolz schwang in ihrer Stimme mit. »Französisch und Spanisch. Die werden zurzeit gesucht, vor allem für Spanisch.«

»Und Ihren Beruf haben Sie aufgegeben, als Sie Ihren Mann geheiratet haben.« Renan stellte das mehr fest, als dass sie fragte.

»Nein, nicht sofort.« Die Witwe hob nun den Kopf und blickte Renan offen an. »Erst als Flori kam, unser Sohn, habe ich aufgehört zu arbeiten ... oder besser gesagt, eigenes Geld zu verdienen.«

»Gut.« Alfred seufzte. »Wir brauchen dann noch einige Auskünfte von Ihnen zu den Saisonarbeitern, die hier in den letzten Jahren beschäftigt waren.«

»Das kann aber hoffentlich noch ein paar Tage warten!«

»Es muss nicht unbedingt heute sein.« Alfred klappte seinen Notizblock zu. »Aber mehrere Tage können wir leider auch nicht warten.«

»Männer, jetzt reicht's!«, rief Hans, der Gärtnermeister, und haute mit der Faust auf den Tisch, dass die Gurkengläser zehn Zentimeter hoch sprangen. »Der Bauer ist tot, habt ihr das nicht begriffen? Hier geht's jetzt nicht mehr um ein bisschen Durchfall!«

»Weiß wirklich keiner von Ihnen, wo Herr ...« Alfred blickte auf seine Notizen. »... Cuprinsu sich gerade aufhält?«

»Marian«, warf Hans in die Runde. »Wo ist Marian?«

»Gestern Abend er war noch da«, meldete sich Adam, der Pole. »Heute früh war weg. Keiner hat was gesehen.«

»Bitte sagen Sie, wenn er zum Beispiel nach Hause wollte!« Renan legte dem Gärtnermeister die Hand auf den Arm, weil sie spürte, dass seine Lautstärke hier nichts brachte. »Wir werden ihn jetzt nämlich suchen lassen, und zwar europaweit ... Würden Sie das bitte übersetzen?«, bat sie Adam, der sich sogleich an die zwei Bulgaren zu seiner Linken wandte.

»Er bekommt dann richtig Ärger«, ergänzte Alfred.

»Wieso glauben Sie, dass Marian hat den Bauer tot gemacht?«, wollte Adam wissen.

»Na, hör mal!« Hans setzte sich an den Tisch und beugte sich nach vorne. »Marian ist verschwunden, und der Bauer liegt tot auf dem Feld, und zwar mit einem ...«

»Herr Gärtnermeister!« Alfred klopfte ihm hektisch auf die Schulter. »Bitte geben Sie diese Details nicht weiter, das erschwert unsere Ermittlungen nur noch mehr.«

»Ja, äh, Entschuldigung!« Hans wirkte nun verlegen. Er nahm die Mütze ab und kratzte sich am Kopf.

»Piotr, der untersetzte Bulgare, brummte etwas Unverständliches und zündete sich eine seiner Soldatenzigaretten an.

»Was hat er gesagt?«, wandte sich Renan an Adam.

»Ich glaube, er hat gesagt, das ist typisch, dass deutsche Polizei gleich Ausländer verdächtigt, und nicht Deutsche.«

»Welchen Deutschen sollten sie denn verdächtigen?« Hans wurde wieder laut.

»Hat doch mitgearbeitet, bis letzte Woche.« Adam hob unschuldig die Arme, und die anderen nickten wissend.

»Hier hat auch ein Deutscher mitgearbeitet?« Renan sah Hans staunend an.

»Das ist doch nicht der Rede wert.« Der Meister winkte ab. »Das Arbeitsamt schickt uns jedes Jahr ein paar Hartz-IV-Empfänger, das habe ich Ihnen doch das letzte Mal schon gesagt ... Der hat halt ein paar Tage länger ausgehalten als üblich.«

»Von dem stand aber nichts auf der Liste, die wir bekommen haben«, wandte Alfred sich mahnend an den Gärtner.

»Weil wir die gar nicht erst aufschreiben«, erwiderte Hans gereizt. »Lohnt den Aufwand nicht, wenn sie nach zwei Tagen krank sind.«

»Und nach wie vielen Tagen war der Typ krank, von dem wir hier reden?« Alfred blickte ungeduldig zwischen Hans und seinen Arbeitern hin und her.

»Und wie hat er geheißen?«, legte Renan nach.

»Wie hat der geheißen ...« Hans blickte hilflos um sich. »Weiß es einer von euch vielleicht?«

»Hermann«, sagte Adam.

»Hermann«, notierte Alfred. »Und wie weiter?«

Allgemeines Achselzucken.

»Und wie lange hat er hier gearbeitet?«, bohrte Alfred weiter, während Renan den Gartenbaumeister ungläubig musterte.

»Höchstens eine Woche, länger nicht.« Hans zuckte hilflos mit den Schultern.

»Ist sich nicht richtig«, warf Adam ein. »Waren länger als zwei Wochen.«

»Ach, warum hat er dann keinen Lohn verlangt?«, konterte Hans.

»Woher kann ich wissen?« Nun war es an Adam, mit den Schultern zu zucken und sich eine Zigarette anzuzünden.

»Ich fass es nicht«, fluchte Renan. »Da schuftet hier einer mehrere Wochen und verlangt keinen Lohn, und das kommt Ihnen gar nicht komisch vor?«

»Zumal kurz darauf der Salat mit Salmonellen verseucht wird«, ergänzte Alfred.

»Ich weiß es nicht, vielleicht hat er ja auch was bekommen.« Hans' Gesichtsfarbe wechselte langsam von rot nach weiß. »Weil er Deutscher, ist hat es der Chef ihm vielleicht überwiesen ... Kann auch gut sein, dass sein Name irgendwo im Büro liegt. Ich habe mich hier um den Betrieb auf den Feldern und in den Gewächshäusern zu kümmern.«

»Wissen Sie wenigstens noch, wie er ausgesehen hat?«, fragte Renan unbeeindruckt.

»Ein Allerweltsgesicht.« Hans zog die Stirn in Falten. »Blaue Augen, Mitte vierzig, ging mir etwa bis zur Schulter ...«

»Aber Sie haben doch selbst gesehen«, warf Adam ein, und Piotr, der Bulgare brummte etwas.

»Wann habe ich ihn gesehen?«, fragte Renan scharf.

»Beim letzten Mal, wo wir sind gesessen hier ... Sie haben geraucht ...« Adam deutete auf die bulgarischen Soldatenzigaretten und Piotr hielt Renan die Schachtel hin.

»Der mit der Mütze und dem Sonnenbrand.« Alfred deutete auf den Platz in der Ecke.

»Richtig.«

»Jetzt brauch ich wirklich eine.« Renan griff zu den Soldatenzigaretten.

»Also, wen suchen wir jetzt«, fragte Ondracek, als sich die Soko am Mittag eher zufällig in der Kantine traf. »Einen jüngeren dunkelhaarigen Rumänen oder einen mittelalten Deutschen mit Sonnenbrand, der Hermann heißt?«

»Hermann«, ahmte Woodstock die Frauenstimme aus Loriots Zeichentricksketchen nach. »Wenn der wirklich so geheißen hat, wird der Club dieses Jahr Meister!«

»Die Arbeitsagentur hat jedenfalls keinen Hermann auf den Stauderhof geschickt«, meldete sich Karina, die gleichzeitig mit Renan am Ende des Tisches gebannt auf den Bildschirm eines Notebooks starrte.

Die Teller sahen höchst unterschiedlich aus. Alfred und Ondracek hatten das Putengeschnetzelte mit Kroketten, Woodstock nur zwei Karamellpudding. Die zwei Anwärterinnen hatten Gemüsetaler mit Reis, Rödlein das Geschnetzelte ohne Kroketten und Renan nur einen Orangensaft. Salat aß keiner, auch wenn mehrere eilig angebrachte Schilder versicherten, dass die Polizeikantine ihre Ware nicht von einem Discounter bezog und es sich letzte Woche nur um einen Notfall gehandelt hatte. Die Runde war aufgekratzt und etwas planlos. Hatten sie zu Beginn der Ermittlungen zu wenige brauchbare Spuren gehabt, so gab es jetzt zu viele. Zumindest angesichts des noch immer nicht angewachsenen Personals. Weder Kriminalrätin Neumann noch Herbert Göttler waren heute schon gesichtet worden.

»Was den Rumänen betrifft«, meldete sich die andere Anwärterin, deren Namen sich keiner merken konnte. »Da hat gestern Abend noch eine Frau auf der Nordwache eine Aussage gemacht, dass ihr um halb vier Uhr früh in der alten

Bucher Straße ein junger Mann mit schlechtem Deutsch das Auto angeschoben hat. Die Beschreibung passt auf Herrn Cuprinsu.«

»Das bringt uns erst was, wenn wir von der Rechtsmedizin den genauen Todeszeitpunkt haben«, sagte Woodstock und wandte sich an Renan und Karina: »Was sucht ihr da eigentlich in dem Notebook?«

»Wir checken die Fernsehberichterstattung vom Stauderhof«, antwortete Karina ohne aufzublicken. »Vielleicht sind ja irgendwo auch die Arbeiter zu sehen.«

»Irgendwo müssen wir ja ein Bild von diesem Hermann herkriegen«, murmelte Renan kaum hörbar.

»Weiß jetzt irgendjemand, wem das Feld gehört, auf dem der Stauder wahrscheinlich ermordet wurde?«, fragte Alfred in die Runde. Irgendwie verspürte er den Drang, die Sache jetzt in die Hand zu nehmen.

»Das hatte ich gerade noch in der Mailbox.« Woodstock meldete sich mit seinem Puddinglöffel. »Es ist ein anderer Gemüsebauer namens … Hartleib, glaube ich.«

»Wächst da auch Salat drauf?«, fragte Alfred, der sich zwingen musste, sein Geschnetzeltes nicht zu vernachlässigen.

»Da nicht, aber ein paar Meter weiter ist ein Gewächshaus«, meldete sich Pit, der mit einem Tablett voller Salatschüsselchen gerade mit einem Spurensicherungskollegen am Nachbartisch Platz nahm.

»Und gehört das auch diesem anderen Bauern?« Ondracek konnte ebenso wie Alfred und Woodstock den Blick nicht von Pits Tablett abwenden.

»So ist es … Mahlzeit!«

»Das ist jetzt nicht euer Ernst, oder?«, fragte Rödlein schließlich und deutete auf das Grünzeug.

»Wieso?« Pit stieß die Gabel in einem heftigen Stakkato in eines der Schüsselchen. »Die verschenken das Zeug jetzt vorne an der Theke.

»Wollt ihr unbedingt noch Dünnschiss kriegen?« Woodstock kratzte seine Puddingschüssel aus.

»Dann hätte ich wenigstens mal ein paar Tage meine Ruhe«, erwiderte Pit kauend.

»Wir müssen schnellstens mit diesem Bauern reden, wen er mit seinem Salat beliefert«, nahm Alfred das strategische Denken wieder auf.

»Und gleichzeitig noch einmal beim DISCO nachhaken, woher sie jetzt ihr Gemüse beziehen.« Ondracek war mit dem Geschnetzelten fertig und faltete seine Serviette zusammen.

»Das wollte doch der Herr Staatsanwalt übernehmen!« Woodstock äffte nun Klattes schriftdeutsche Aussprache nach.

»Wo ist der eigentlich?«, fragte Rödlein. »Wir haben doch jetzt eine gemeinsame Operationszentrale!«

»Und wo ist die Recherche über den Vampir?«, fragte Alfred in Richtung der Anwärterinnen.

»In Arbeit.« Karina sah etwas verlegen von ihrem Notebook hoch. Ich will heute Nachmittag noch mit meiner Großmutter telefonieren, dann schreibe ich das fertig.«

»Was hat denn deine Großmutter mit Dracula zu tun?« Woodstock war schon wieder am Zigarette drehen.

»Unsere junge Kollegin stammt aus Rumänien.« In Alfreds Stimme klang ungewollt ein vorwurfsvoller Ton an. Er hatte davon erst heute früh erfahren und sich dabei gedacht, dass sie in den letzten Tagen womöglich jemanden mit entsprechenden Sprachkenntnissen gut hätten gebrauchen können. Doch Karina hatte glaubhaft versichert, dass sie nur ein paar Brocken Rumänisch konnte, und die anderen Sprachen wie Bulgarisch und Polnisch gar nicht verstand.

»Und warum müssen wir jetzt was über Vampire wissen?«, fragte Rödlein.

»Weil der Stauder ein Stück Holz in der Brust hatte«, antwortete Pit, mit einem großen Salatblatt kämpfend. »Das ist ja bekanntermaßen eine Methode, einen Vampir unschädlich zu machen.«

»Wir sind Aussiedler und ich war vier, als wir hergekommen sind«, verteidigte sich Karina mit leichter Verzögerung gegen Alfreds Vorwurf.

»Ist alles okay!« Renan stand auf und tätschelte Karina die Schulter. »Also: Alfred und Woodstock fahren zu dem Bauern, Ondracek kümmert sich um die Arbeitsagentur und diesen Hermann, Karina und …« Sie versuchte sich verzweifelt an den Namen der zweiten Anwärterin zu erinnern. Schließlich sprach sie sie direkt an: »… und du, ihr schaut zu, dass ihr alle Fernsehaufzeichnungen vom Stauderhof kriegt. Rödlein ruft bei der Gerichtsmedizin an, und dann beim Staatsanwalt, wegen dem DISCO. Alles klar?«

Mit offenen Mündern blickte die versammelte Tafelrunde zu ihr auf. Es war nicht Renans Art, großartig Aufgaben zu delegieren. Das stand ihr auch rein vom Dienstgrad her gar nicht zu, ganz zu schweigen von den Dienstjahren. Aber irgendwie verfehlte ihre gespenstische Erscheinung, gepaart mit einem Ton, der weder befehlend noch genervt noch verzweifelt klang, ihre Wirkung nicht. Alle machten sich schleunigst daran, ihre Mahlzeiten zu beenden, und nur Alfred brachte eine Gegenfrage zustande:

»Und was machst du?«

Als Alfred an diesem Abend nach Hause kam, roch es verdächtig nach Gemüse. Wie bei vielen Eheleuten, waren auch bei Alfred und seiner Frau Irmgard die kulinarischen Vorlieben und Vorstellungen nicht ganz deckungsgleich. Alfred, der sich gerne als weltoffener Lebemann gab, war in dieser Hinsicht merkwürdig konservativ geblieben. Am liebsten war ihm fränkische Hausmannskost oder – wenn's etwas raffinierter sein sollte – gerne auch die italienische Küche. Beides kochte er auch gerne selber, hatte aber unter der Woche oft nicht genügend Zeit dazu, beziehungsweise hatte er den Speiseplan nicht vorgeplant, sodass bei vorhandener Zeit oft die passenden Zutaten fehlten. Dennoch war

Alfred ein guter Koch. Und das nicht erst, seit die gesammelten TV-Kanäle der Republik die Bildschirme mit nervtötenden Kochshows überzogen. Alfred hatte schon in seiner ersten Ehe die Küche übernehmen müssen, weil seine Frau die Verrichtung von Hausarbeit weitgehend abgelehnt und daher auch kaum etwas Anständiges zustande gebracht hatte. Irmgard dagegen kochte auch gerne, wobei für sie der gesundheitliche Aspekt wesentlich mehr im Vordergrund stand. Und da sich die Eheleute Albach bisher noch nicht auf eine geregelte Verteilung der Küchenkapazitäten hatten einigen können, begann meist derjenige mit dem Kochen, der als Erster zu Hause war. So kam es, dass Alfred unter der Woche mit eher fleischarmer, gelegentlich auch noch exotischer Kost vorliebnehmen musste, während am Wochenende und am Mittwoch er zum Zuge kam. Als Lehrerin war Irmgard nun mal eher daheim, nur mittwochs nicht, da hatte sie ihren Yoga-Kurs.

»Viel los bei euch?«, fragte sie nach dem Begrüßungsbussi.

»Na ja. Du weißt ja, womit wir uns gerade herumschlagen müssen.« Alfred musste lächeln, als er feststellte, dass wenn schon nicht das Essen, dann wenigstens seine Frau gut roch.

»Allerdings!« Irmgard deutete auf den Küchentisch. »Vampir-Karotten!«

»Wie?« Alfred wäre beinahe der Flaschenöffner samt Bierflasche aus der Hand gefallen.

»So steht's im *Morgenblatt*.« Sie zeigte abermals auf den Küchentisch, auf dem sich eine aufgeschlagene Boulevard-Zeitung befand.

»Wie kommen wir denn zum *Morgenblatt*?«, fragte er und fügte in Gedanken hinzu: Und wie kommt das *Morgenblatt* auf diese Vampirgeschichte?

»Da scheint wieder mal ein neuer Zeitungsausträger unterwegs zu sein.« Irmgard zuckte mit den Schultern. »Jedenfalls war heute Morgen statt der *Süddeutschen* das da in unserem Briefkasten.«

Alfred nahm die Zeitung, und las mit wachsendem Erstaunen:

Salmonellen-Bauer gepfählt – Kripo braucht jetzt Vampirjäger
Johann S., auf dessen Feldern der gefährliche Salmonellen-Salat gewachsen war, der den halben Großraum noch immer ans Bett bzw. die Kloschüssel fesselt, wurde gestern Morgen tot auf seinem Acker aufgefunden. Die Todesursache scheint ein hölzerner Pfahl zu sein, der durch sein Herz gebohrt wurde. Das Pfählen war die bevorzugte Todesstrafe des berüchtigten Grafen Dracula in Transsilvanien. Hat ihn der Bauer bei einer weiteren Untat überrascht? Womit haben wir als Nächstes zu rechnen? Vampir-Karotten, die uns das Blut aussaugen? Die Polizei tappt im Dunkeln. Erfahrene Vampirjäger sollten sich schnellstens bei der Nürnberger Kripo melden.

»Und, was gibt's bei uns?«, seufzte Alfred, nachdem er einen tiefen Zug aus der Bierflasche genommen hatte.

»Wirsing-Senf-Pfanne mit Tofu«, strahlte Irmgard und stellte einen großen Teller mit einer grau-gelben Masse vor Alfred auf den Tisch.

»Oh«, sagte Alfred.

»Ja, ich weiß.« Irmgard setzte sich ebenfalls mit einem Teller dazu. »Ich hätte nur die Kartoffeln und zwei Drittel vom Sellerie pürieren sollen. Versehentlich habe ich dann den Wirsing und den Tofu auch mitpüriert … Schmeckt's?«

»Köstlich«, log Alfred angestrengt. »Wo, ähm, wo hast du denn das Gemüse her?«

»Keine Angst, das ist vom Öko-Markt. Die Karotten werden dir also nicht das Blut aussaugen!« Da war sie wieder, diese Mischung aus Humor und Strenge, die Alfred so an seiner Frau schätzte.

»Du weißt doch, dass die alle Etikettenschwindel betreiben.« Alfred legte die Gabel weg. »Die schreiben Bio drauf und was drin ist, weiß keiner. Da ist dein Öko-Markt auch nicht besser als der DISCO. Nur dass sie dann das Dreifache dafür verlangen.«

»Nein, mein Lieber!« Irmgard hob die fast schwarzen Augenbrauen, die einen eindrucksvollen Kontrast zu ihrem blonden Haupthaar abgaben. »Das ist alles von einem Demeter-Hof in Brandenburg.«

»So?«

»So war es ausgezeichnet.«

»Na, dann muss es stimmen!«

»Kann es sein, dass es dir doch nicht schmeckt?« Diese inquisitorische Ader schien bei Lehrern im Blut zu liegen.

»Gerdi.« Alfred legte mitleidheischend die Stirn in Falten. »Du weißt doch, dass ich es nicht so mit dem Körnerzeug habe.«

»Das sind keine Körner. Nur ein paar Senfkörner sind drin, zum Würzen.«

»Ja, aber …«

»Und die Karotten sind ja schon länger geerntet, sodass der Vampir ihnen bestimmt noch nichts anhaben konnte, selbst wenn sie statt aus Brandenburg aus dem Knoblauchsland kommen.«

»Das ist auch alles Käse.« Alfred konnte nun eine leichte Erregung nicht mehr unterdrücken und warf die Gabel dabei hin.

»Was?«

»Das mit den Karotten!«

»Die Karotten sind Käse?« Irmgard legte ebenfalls ihre Gabel ab und blickte ihrem Gatten halb interessiert, halb belustigt in die Augen.

»Die Vampir-Karotten.« Alfred schichtete ein wenig von dem Brei auf seine Gabel und hielt sie nachdenklich auf halber Höhe zwischen Teller und Mund. »Das *Morgenblatt* hat die Symbolik falsch gedreht. Mit einem Holzpfahl tötet man den Vampir. Somit wäre der Stauder Dracula gewesen. Jetzt ist er aber tot und kann folglich nichts mehr anrichten.«

»Und das war wirklich so?« Irmgard hatte ihren Teller schon halb leer.

»Nein«, seufzte Alfred, nachdem er die erste halbe Gabel tapfer hinuntergeschluckt hatte. »Der Bauer ist erschlagen worden. Der Holzpfahl wurde post mortem ins Brustbein gestoßen, hat aber das Herz gar nicht getroffen.«

»Und wozu dann das Ganze?« Irmgard blickte kritisch auf Alfreds Teller.

»Das fragen wir uns auch.« Alfred spülte den zweiten Bissen mit seinem Getränk runter. »Es liegt natürlich die Vermutung nahe, dass einer der Saisonarbeiter den Bauern als Ausbeuter und Blutsauger gesehen hat, und ihn deswegen wie einen Vampir unschädlich machen wollte …«

»Stimmt das denn?« Irmgard legte die Gabel weg.

»Was?«

»Dass diese Leute ausgebeutet werden.«

»Das könnte man so sehen, bei 4 Euro 50 Stundenlohn, 12-Stunden-Schichten und schimmligen Wohncontainern.« Die dritte Ladung fand ebenfalls mit einer Bierspülung in den Magen. Alfred beschloss, dass nach zehn Gabeln Schluss sein würde.

»Das ist ja furchtbar.« Nun brauchte auch Irmgard einen Schluck Bier. »Und dagegen könnt ihr nichts tun?«

»Alles legal«, seufzte Alfred. »Aber selbst wenn, dafür wären wir nicht zuständig. Dafür gibt's den Zoll und die Gewerbeaufsicht und das Ordnungsamt und …«

»Toll, dass wir in diesem Land immer wissen, wer nicht zuständig ist.« Irmgard nahm die Gabel wieder auf. »Und dann gibt es ein Dutzend Zuständige, die aber auch nichts tun!«

»Nichts tun können«, korrigierte Alfred. »Außerdem sind die alle genauso unterbesetzt wie wir, und politisch sicher genauso verstrickt … Na, jedenfalls ist diese Mord-Theorie eigentlich zu schwach. Die Arbeitsbedingungen sind im ganzen Land so, und es werden nicht überall Gemüsebauern von ihren rumänischen oder bulgarischen Saisonarbeitern ermordet. Allerdings ist einer von ihnen verschwunden, das ändert die Sachlage wieder …«

»Jedenfalls ist das ein Skandal«, wetterte Irmgard. »Menschen so zu behandeln, nur damit die Discounter den Salat noch einmal zehn Cent billiger verkaufen können. Von der Qualität gar nicht zu sprechen. Man sieht ja, was dabei rauskommt.«

»Die Salmonellenvergiftung war Vorsatz«, relativierte Alfred. »Wenn's einer auf deine Öko-Markt-Kette abgesehen hätte, könnte es die genauso treffen.«

»Tut's aber nicht«, triumphierte Irmgard. »Und jetzt rate mal, warum!«

»Ich verstehe schon, was du meinst.« Alfred war zu der Ansicht gekommen, dass es mit acht Gabeln auch getan wäre.

»Und ich verstehe nicht, warum ihr solchen Verbrechern wie dem DISCO nicht das Handwerk legt.« Sie knüllte ihre Serviette zusammen und warf sie auf den Teller.

»Na ja. Morgen früh wird's für die schon ein bisschen ungemütlich werden, denke ich«. Alfred lächelte und machte sich noch ein Bier auf.

6. Razzia

Morgens um sechs war die Welt unwirklich. Noch unwirklicher war sie um halb sechs gewesen, als Renan das Haus verlassen hatte und zum Präsidium geradelt war. Früher hätte sie sich furchtbar aufgeregt, dass die Frau Kriminalrätin so eine Aktion unbedingt im Morgengrauen durchführen musste. Aber jetzt war ihr das gleichgültig. Wenn man einmal über diesen gewissen Punkt hinaus ist, spielt es keine Rolle mehr, ob man zehn Stunden schläft, vier Stunden oder gar nicht. Und Renan war sowieso meistens um fünf wach, sofern sie vorher geschlafen hatte. Nach mehreren Wochen im Dunkeln gab es bei ihr keine Schlafphasen mehr. Kein Gefühl der Orientierungslosigkeit oder des Schwindels, wenn der Wecker zur falschen Zeit klingelte. Sie wachte auf und funktionierte, egal zu welcher Tages- oder Nachtzeit. Dennoch merkte sie, dass um sie herum alles anders war. Morgendämmerung, noch keine Schulkinder unterwegs, viel weniger Autos, weniger Abgase, weniger Chaos, weniger Wut. Am Plärrer konnte sie problemlos eine rote Fußgängerampel überfahren, ohne Leib und Leben zu riskieren. Einer der Brezenstände hatte schon geöffnet, und Renan ertappte sich dabei, dass so ein knuspriges Gebäckteil mit feinem Salz bei ihr einen Anflug von Appetit auslöste – unwirklich so was! Schon beim Frühstück, das gewöhnlich aus einer Tasse Schwarztee und einer Zigarette bestand, hatte sie dem Drang nachgegeben, ein Stück Würfelzucker in den Tee zu geben. Auch das war ihr schon unwirklich vorgekommen. Mindestens so unwirklich wie eine halbe Stunde später die Stadt in einem Streifenwagen auf dem Rücksitz neben der Neumann in Richtung Norden zu verlassen, an der Spitze eines Konvois von drei weiteren Funkstreifen und vier VW-Bussen. Auf dem Beifahrersitz saß Staatsanwalt Klatte. Schon auf der Fürther Straße waren ihnen die ersten Nebelschwaden begegnet, und die verdichteten sich im weiteren Verlauf so, dass man glaubte, durch Watte zu fahren. Renan hätte sich jetzt gerne in Watte packen lassen, so richtig dick, damit sie ihre Mitfahrer weder sehen noch hören konnte. Das Wetter schien mal wieder verrückt zu spielen. Nicht nur, dass es zu kalt für einen Sommer war, nun kam auch noch Nebel. Manchmal fragte sie sich schon, warum sie sich nicht einfach wieder ins dunkle Zimmer setzte. Aber irgendwie hatte Alfred schon recht, kein Leben zu führen, war auch keine Lösung.

»Geht es Ihnen gut, Frau Müller?«, erkundigte sich Karla Neumann, nachdem sie ein längeres Telefonat beendet hatte und sich der Konvoi schon auf der A 73 befand.

»Alles bestens, danke«, murmelte Renan und schaute noch angestrengter in den Nebel.

»So sehen Sie aber nicht aus«, meldete sich Klatte vom Beifahrersitz.

»Ich sehe immer so aus«, erwiderte Renan.

»Sie sind die Einzige, die ich nicht zu dieser Razzia verpflichtet hätte«, setzte die Neumann nach.

»Es geht mir blendend!« Renan sah sich nun genötigt, der Kriminalrätin doch in die Augen zu sehen. »Ich brauche keine Sonderbehandlung!«

»Ganz wie Sie wünschen«, sagte die Kriminalrätin mit leicht schnippischem Unterton und widmete sich wieder ihrem Mobiltelefon.

»Das ist eine vorbildliche Dienstauffassung«, kommentierte Klatte nach einer kleinen Niesorgie von vorne. »Ich werde Sie bei nächster Gelegenheit lobend erwähnen!«

»Vielen Dank auch«, grummelte Renan.

Es war drei viertel sieben, als sie bei der Regionalzentrale des DISCO vorfuhren. Nach der Intervention des Innenministers war der Durchsuchungsbeschluss kein Problem mehr gewesen. Die frühe Stunde war natürlich Taktik, weil zu dieser Zeit gewöhnlich noch kein Geschäftsführer, Justiziar oder sonst wie Hochrangiger da war, der glaubte, sich der Staatsmacht widersetzen zu müssen. Gleichwohl wurde im Erdgeschoss schon fleißig gearbeitet. In den riesigen Lagerhallen kurvte ein Dutzend Gabelstapler herum und verfrachtete Paletten unterschiedlichster Höhe und Breite zu den Laderampen der Lkws. Zentnerweise wurden Konserven, Waschmittel, Klopapier, Schnittblumen und Bügelbrettbezüge durch die Gänge geschoben. Frisches Obst und Gemüse war auch dabei. Der Lagerleiter staunte nicht schlecht, als die Razziabrigade vor ihm stand und Klatte ihm den Durchsuchungsbefehl eröffnete.

»Wie, Sie wollen hier Akten beschlagnahmen?« Der Mann war hochgradig nervös.

»Ganz recht.« Klatte steckte den Beschluss wieder ein.

»Aber, aber ich kann Sie hier nicht einfach reinlassen!«

»Das müssen Sie sogar, guter Mann. Andernfalls wäre es Widerstand gegen die Staatsgewalt ... Haatschie.« Der Staatsanwalt schnäuzte sich.

»Da muss ich aber sofort Herrn Herold informieren.« Der Lagerleiter zog ein Telefon aus der Tasche und suchte mit zitternden Händen nach einer Telefonnummer.

»Tun Sie das ...«, tat Klatte gütig. »... Aber vorher gewähren Sie uns bitte Zugang zu den Büroräumen, ja?«

»Dürfen wir wenigstens unsere Ware weiter verladen, oder wollen Sie die auch mitnehmen?«, fragte der Lagerleiter genervt, als er dem Tross das obere Stockwerk mit einer Magnetkarte zugänglich machte.

»Nein, nein.« Klatte winkte großzügig ab. »Wir sind nur an Akten und Computern interessiert. Die Bügelbrettbezüge brauchen wir nicht ... Haha ... Hatschie.« Aus dem dümmlichen Lachen wurde ein Niesen.

Die uniformierten Kollegen schwärmten mit großen Kisten in die Büros aus und sammelten Akten und Papiere ein. Einige IT-Jungs waren auch dabei und machten sich über die Computer her. Zwei von ihnen musste der Hausmeister in den Serverraum führen, wo sich die zentrale Datenspeicherung befand. Die Neumann war mit Klatte irgendwohin verschwunden. Wahrscheinlich bereiteten sie sich auf den Auftritt des Geschäftsführers oder Standortleiters vor oder wie immer das beim DISCO hieß. Es würde keine halbe Stunde dauern, bis er oder sie hier wäre. Renan pirschte eher ziellos durch die Räume, Karina folgte ihr in drei Metern Abstand. Offenbar war sie noch nie bei einer Razzia dabei gewesen und wusste nicht so genau, was sie tun sollte. Außer den beiden war niemand von der Soko Kopfsalat dabei. Die Neumann hatte nicht darauf bestanden, weil sie genau wusste, dass die Arbeit erst losging, wenn das ganze Zeug im Präsidium war und gesichtet werden musste. Daher waren nur zwei Angehörige aus dem gehobenen Dienst der Soko Kopfsalat vor Ort, und die hatten sich freiwillig gemeldet.

Die Büroetagen waren durch Rigipswände in Gänge und Büros unterteilt. Es war eine Retortenwelt, die man hier vor ein paar Jahren mitten in die Landschaft gestellt hatte. Es hatte wahrscheinlich keine sechs Wochen gedauert, das alles hochzuziehen, und passend zur fehlenden Geschichte des Ortes war in keinster Weise Individualität erkennbar. Die ganze Etage wirkte wie eine Abtönübung in Grau, vom dunklen Anthrazit des filzigen Teppichbodens über das Kieselgrau der Schränke und Tische bis zum Lichtgrau der Wände. Fast wie eine Filmkulisse, bei der man jedoch eine mangelnde Authentizität beklagt hätte. Da sah es im Sechzigerjahre-Bau des Polizeipräsidiums schon anders aus. Generationen von Kollegen, die ihre Spuren hinterlassen hatten. Vergilbte Zeitungsausschnitte an den Wänden, die von längst vergessenen Ermittlungserfolgen berichteten. Alte, eichenfurnierte Aktenschränke inklusive Rolltüren, die eine Einheit mit kunststoffbeschichteten Tischen bildeten. Und dann die Kaffeeflecken auf dem Stuhlposter, bisweilen dienstälter als deren Besitzer. Gut, das Präsidium lag auch nicht auf dem platten Land, aber in seinen Abstellkammern gab es oft mehr zu entdecken als in der freien Natur.

»Kannst du mir vielleicht sagen, was wir jetzt machen sollen?«, fragte Karina, als sie das dritte Büro der Buchhaltung durchstrichen hatten.

»Nach Auffälligkeiten suchen«, sagte Renan und zog ein paar Schubladen auf.

»Ja, aber was denn? Hier ist absolut nichts auffällig.«

»Traurig, oder?« Renan sah sich im Raum um. »Noch nicht mal eine Flasche Schnaps.«

»Was hätte die zu bedeuten?« Karina tat es nun Renan gleich und öffnete einen Wandschrank.

»Dass es hier menschelt.« Renan ließ sich in einen Schreibtischstuhl fallen. »Dass es Stress gibt, Ärger. Dass vielleicht intrigiert wird, oder dass jemand Fehler macht. Es kann vieles dazu führen, dass jemand ein Salatfeld vergiftet und einen Bauern erschlägt.«

»Ja, aber das kriegen wir doch auch anders raus!« Karina setzte sich Renan gegenüber und musterte die Schreibtischplatte, auf der es jedoch nicht viel zu mustern gab.

»Sicher. Aber vielleicht dauert das dann viel länger. Was schleppst du denn eigentlich die ganze Zeit diesen Salatkopf mit rum?« Renan deutete auf das grüne Bündel, das Karina auf den Tisch gelegt hatte.

»Den habe ich unten im Lager sichergestellt.« Karina zuckte mit den Schultern. »Nachdem der Klatte gesagt hat, die sollen da weitermachen, dachte ich, wir müssten zumindest einen davon mitnehmen und untersuchen lassen.«

»Na, hoffentlich hat jemand eine Asservatentüte dabei, die groß genug ist.« Ein Anflug von Lächeln schlich sich in Renans Gesichtsblässe.

»Also, ich helfe jetzt dabei, die Akten rauszuräumen«, sagte Karina nach einer knappen Minute Schweigen.

»Gute Idee!« Renan stand auf. »Aber dann lass uns das da machen, wo's wahrscheinlich am interessantesten ist.«

»Und wo ist das?«

»Schauen wir mal«, sagte Renan und ging wieder hinaus

auf den Flur. Sie musterte eher gelangweilt die Türschilder, bis sie auf einen Namen stieß, der ihr bekannt vorkam.

»Martin Unger. Einkauf«, las Renan.

»Mensch, das ist doch …«

»Der Tote aus Bamberg, richtig.« Renan öffnete die Tür, und die beiden Frauen betraten einen Büroraum, der sich kaum von den anderen unterschied. Offensichtlich war Ungers Büro noch nicht neu besetzt worden. Dennoch hatte sich jemand große Mühe gegeben, das Zimmer zu räumen. Seine persönlichen Dinge wie Fotos der Kinder, Poster oder Grünpflanzen hatte er ja sicher nach der Kündigung mitgenommen. Es waren aber auch keine Akten oder Papiere mehr zu sehen. Nur die notwendigste Grundausstattung hatten sie dringelassen: ein nackter Schreibtisch im 90°-Winkel zur Fensterfront, dahinter eine graue Schrankwand, die auch leer war. Auf einem kleinen Besprechungstisch mit vier Stühlen befanden sich noch vier Gläser und zwei Halbliterflaschen DISCO-Mineralwasser, von denen sich Renan gleich eine nahm und zur Hälfte austrank. Irgendwie verspürte sie in der letzten Zeit wieder häufiger Durst. Über dem Tisch hing eine große graue Pinnwand, auf der sich aber nur noch eine Liste mit den wichtigsten Notrufnummern befand.

»Ich dachte, das wäre mittlerweile klar, dass der Unger sich umgebracht hat«, sagte Karina, während sie die Schranktüren öffnete, immer noch den Salat in der linken Hand.

»Selbstmord oder Unfall«, erwiderte Renan. »Aber auch ein Fremdverschulden ist noch nicht hundertprozentig ausgeschlossen, soviel ich weiß.« Sie setzte sich an den Schreibtisch. Auf der Tischplatte waren drei leere Ablagekästen, ein Telefon und eine Schreibtischunterlage übrig geblieben. Sie bestand aus einem großen Block Papier mit einem Kalenderaufdruck des aktuellen Jahres.

»Nicht?«

»Hast du schon einen abschließenden Bericht von der Rechtsmedizin gesehen?«

»Nein, aber der liegt doch sicher schon vor!«

»Und selbst wenn, dann heißt das noch nicht, dass ihn schon jemand gelesen hat«, erläuterte Renan trocken. »Das ist jetzt aber schon interessant ...«

»Was denn?« Karina kam um den Tisch herum und schaute Renan angestrengt über die Schulter.

»Auf dieser Schreibtischunterlage hat der Unger anscheinend gerne Notizen gemacht.« Renan näherte sich der Oberfläche auf Riechweite und prüfte sie gegen das Licht.

»Die haben das oberste Blatt sicher abgerissen, als sie das Büro leer gemacht haben«, stellte Karina fest.

»Ja.« Renan kniff ein Auge zu. »Aber der gute Herr Unger hat wohl meistens mit Kuli geschrieben, und dabei fest aufgedrückt ... Hast du einen Bleistift?«

»Moment.« Karina legte ihr veganes Beweismittel auf dem Tisch ab, untersuchte hastig die Schubladen, und fand das Gewünschte tatsächlich im obersten Auszug.

»Danke.« Renan strich mit der stumpfen Spitze über die Oberfläche. Deutlich trat die Botschaft »6:28 ab Nürnberg Hbf« zum Vorschein.

»Meinst du wirklich, da könnte was davon wichtig sein?« Karina zog skeptisch die Augenbrauen zusammen und nahm ihren Salatkopf wieder in Obhut.

»Findest du das nicht merkwürdig, dass die sein Büro komplett ausgeräumt haben?«

»Ich weiß nicht ...«

»Der Mann ist erst eine Woche tot, und dann der Skandal mit den Salmonellen. Man sollte meinen, dass die hier weiß Gott Besseres zu tun haben müssten, oder?«

»Ja, wahrscheinlich schon. Du hast da ja auch mehr Erfahrung ...«

»Das hat nichts mit Erfahrung zu tun ...« Renan machte eine wegwerfende Handbewegung. »... sondern mit Mitdenken!«

»Sein Computer ist auch weg«, versuchte Karina, eine Ergänzung zu machen.

»Sehr richtig.« Renan stand auf und trank den Rest der Wasserflasche leer. »Und jetzt merk dir bitte die 1849.«

»Was ist das?« Karina zückte einen Stift und schrieb sich die Nummer auf den Handrücken.

»Das ist seine Durchwahl.« Renan deutete auf das Telefon. »Da besorgst du am besten heute noch die Einzelverbindungen der letzten sechs Wochen.«

»Okay.« Die Kommissarin in spe schien zu überlegen, wie sie das am besten anstellen sollte.

»Und dafür.« Renan packte die komplette Schreibtischunterlage und rollte sie umständlich zusammen. »Dafür brauchen wir noch eine größere Tüte als für deinen Salat.«

Marian hatte es bis auf einen Rastplatz an der Autobahn in Richtung Passau geschafft und war sich mittlerweile sicher, dass er das Richtige getan hatte.

Es war frühmorgens. Marian hatte Hunger, aber das machte ihm nichts aus. Und das wenige Geld, das er bei sich hatte, konnte er nicht für die teueren Lebensmittel ausgeben. Er konnte gut zwei Wochen auf Essen verzichten, und Wasser gab es hier ja fast überall. Jetzt aber hatte er das übermächtige Verlangen nach einem Kaffee. 2 Euro 10 waren eine Menge Geld, aber er wollte einen klaren Kopf bewahren, und nicht aus Müdigkeit Fehler machen. Daher legte er das Geld abgezählt in das kleine Plastiktablett, packte zehn Päckchen Zucker ein und setzte sich an einen Tisch ganz hinten in dem Restaurant. Zu dieser Zeit war es nahezu leer. Er fragte sich, ob die deutsche Polizei schon nach ihm suchen ließ. Höchstwahrscheinlich. Aber wie machten sie das? Befand sich sein Foto schon in der Zeitung? Eher nicht, denn woher sollten sie sein Foto haben? Vielleicht hatten sie so ein Bild von ihm zeichnen lassen. Gesehen hatten ihn ja schließlich genug Leute, von der Frau, deren Auto er angeschoben hatte, über Hans bis hin zu den Polizisten, die wegen der Salmonellengeschichte auf den Hof gekommen waren. Vielleicht gaben sie seine Beschreibung auch im Radio durch oder sogar im Fernsehen? Dann könnte er sich bei Tageslicht nirgendwo mehr blicken lassen. Vielleicht hatte ihn sogar schon die Kassiererin erkannt? Hatte sie womöglich schon die Polizei gerufen? Aber das war Unsinn, die Frau hatte die Kasse nicht verlassen, seit Marian gezahlt hatte. Es gab auch kein Telefon in der Nähe, und sie hatte ihn keines Blickes gewürdigt, als er mit der Kaffeetasse vor ihr gestanden hatte. Um diese Zeit hatten die Menschen anderes im Kopf, als flüchtige Personen zu erkennen.

Am Nachbartisch war eine Zeitung liegen geblieben. Es war eine von diesen großen, dünnen, mit vielen Bildern und wenig Buchstaben, die sie auch manchmal im Wohncontainer liegen hatten, weil immer eine halbnackte junge Frau auf der Titelseite abgebildet war. Wenn die Polizei mit einem Bild nach ihm suchen würde, dann doch sicher hier. Soviel Marian mitbekommen hatte, lasen fast alle Deutschen diese Zeitung. Als Polizist würde er eine Suchanzeige nach einem Mörder dort abdrucken lassen. Hastig griff er nach dem Papier und schlug es auf. Die Nackte auf der Titelseite interessierte ihn nicht, das hatte sie noch nie getan. Diese Frauen sahen falsch aus, wie Schaufensterpuppen. Sie wirkten tot, wächsern, wie ausgestopft. Wer sich an so was aufgeilen konnte, trieb es sicher auch mit einer Schaufensterpuppe. Ein Liebesspiel, das Marian sich wenig erbaulich vorstellte.

Auf den ersten paar Seiten war nichts Verdächtiges zu sehen. Marian verstand nur wenig Deutsch und konnte noch weniger lesen. Aber nachdem es auch nicht so viel zu lesen gab, konnte er sich die meisten Meldungen halbwegs erschließen. Es ging um die Schulden, die alle Länder plötzlich hatten. Eine merkwürdige Fernsehsendung, die im Urwald spielte und um die Benzinpreise. Weiter hinten aber blieb Marian fast das Herz stehen, als ihn ein großes Foto des Bauern ansprang, mit einem schwarzen Balken über den Augen und in der Überschrift etwas von »Vampir« zu lesen war. Marian verstand nicht viel von dem, was unter dem Foto geschrieben stand, aber wenn sie es schon mit einem Vampir hatten, konnte er sich ausmalen, dass er schnellstens weiter musste. Zum Glück war in der Zeitung aber kein Bild vom ihm zu sehen. Entweder hatten sie ihn nicht unter Verdacht, was er für höchst unwahrscheinlich hielt, oder sie hatten kein Bild von ihm – noch nicht. Das konnte aber nur noch eine Frage der Zeit sein. Er musste sich nun dringend nach einem Lkw umsehen, nach einem Lkw mit rumänischem Kennzeichen, oder zumindest einem Ungarn oder Bulgaren.

»Nein, den habe ich noch nie gesehen«, sagte der Gemüsebauer Hartleib und schob Alfred die beiden Bilder über die Schreibtischplatte zurück.

»Und Sie kennen alle Ihre Saisonarbeiter persönlich?«, hakte Woodstock nach.

»Eigentlich schon, aber um ganz sicherzugehen …« Hartleib zückte ein Handy und tippte dreimal darauf herum. »Waldemar! Wo bist du? Ja, ich brauch dich kurz hier im Büro … Alles klar!«

»Mein Vorarbeiter ist in zehn Minuten da, der kann es Ihnen dann ganz genau sagen.« Der Bauer zündete sich einen Zigarillo an, der alsbald einen künstlich süßen Duft verströmte.

Der Unterschied zum Stauderhof hätte nicht größer sein können, auch wenn die beiden Landwirte quasi Nachbarn waren. Während Stauder noch hauptsächlich freie Felder mit nur wenigen Gewächshäusern darauf besaß, hatte Hartleib das Knoblauchsland mit fußballfeldgroßen Plexiglasquadern überzogen und sich dadurch von der unsteten Witterung unabhängig gemacht. Um das Ganze zu verwalten und zu beaufsichtigen, hatte er sich auf den Hof seiner Urgroßeltern ein ebenfalls quaderförmiges Fertighaus stellen lassen, dessen Fenster und Türen jedoch aus echtem Glas bestanden. Dass der Bauer Stauder auf einem der Felder seines Nachbarn getötet worden war, vermutete die Spurensicherung seit gestern, nun kam aber noch dazu, dass Hartleib tatsächlich der neue Salatlieferant des DISCO war. Der Verdacht, dass Stauder sich auf die Lauer gelegt und den Täter tatsächlich überrascht hatte, als er auch den neuen Salat vergiften wollte, drängte sich auf. Laut Hartleib hatte sein Nachbar davon gewusst, dass er mittlerweile seinen größten Kunden übernommen hatte.

»Der Stauder und ich haben zwar so gut wie nichts gemeinsam, aber wir hatten auch keine Geheimnisse voreinander«, hatte Hartleib selbstzufrieden erklärt. »Es war ja auch nur noch eine Frage der Zeit, bis der aus dem Geschäft mit den Discountern hätte aussteigen müssen.«

Hartleib hatte dann noch weiter ausgeführt, dass die meisten seiner Kollegen im Knoblauchsland in seinen Augen zwar gute Landwirte aber schlechte Geschäftsleute waren. Laut Hartleib war kaum einer von Ihnen in der Lage, eine ehrliche betriebswirtschaftliche Rechnung aufzumachen. Zu viele lebten von der Substanz, legten nicht alle ihre Kosten auf das einzelne Produkt um und wunderten sich dann, wenn sie langsam pleitegingen. Sie dachten nicht strategisch, sondern machten einfach so weiter, wie sie oder ihre Eltern schon seit Jahrzehnten gewirtschaftet hatten.

»Aber so läuft das heute nicht mehr«, hatte er den staunenden Polizisten erklärt. »Das läuft wie überall: Entweder Sie werden größer und reduzieren damit die Lohn-Stück-Kosten oder Sie finden eine Nische. Dann machen Sie von mir aus einen Hofladen auf und verkaufen Bio-Fleisch von Wollschweinen oder so. Das kann sich schon rechnen, aber dafür brauchen Sie dann auch keine riesigen Ackerflächen mehr und keine dreißig Saisonarbeiter. So was macht man dann als Familienbetrieb, mit höchstens ein bis zwei Helfern.«

Alfred schrieb fleißig mit. Er ergänzte die Informationen, die sie von und über den Unternehmer schon bekommen hatten. Hartleib hatte sich vor zehn Jahren dafür entschieden, größer zu werden, weil es ihm zu mühsam schien, immer neue Nischen zu suchen. Mittlerweile hatte er die landwirtschaftliche Nutzfläche verdreifacht, den Betrieb von Grund auf modernisiert und die Gewinnspanne verdoppelt. Hartleib sah wirklich nicht so aus, wie sich Alfred einen Gemüsebauern gemeinhin vorstellte, nicht so wie der Stauder beispielsweise. Hartleib trug keine Cordhosen mit blauer Jacke, Hut und Gummistiefeln, sondern ein hellblaues Hemd zu einer Jeans und einem leicht landhausartigen Sakko. Seine Hände waren gepflegt und alles andere als rau. Und während Stauder seinen Papierkram vom Küchentisch aus gemacht hatte, saß Hartleib in einem schnieken Büro mit gläsernem Schreibtisch, Sekretärin und Espressovollautomat. Die Salatköpfe, welche er mittlerweile an das Zentrallager des DISCO geliefert hatte, waren unbelastet gewesen, das hatten die sofort eingeleiteten Tests des Gesundheitsamtes ergeben. Allerdings hatte die erste Lieferung ja bereits im Lagerhaus gelegen, als das Geschäft mit DISCO zustande gekommen war. Somit hätte sich der Täter dazu Zutritt verschaffen müssen, hätte er den Anschlag wiederholen wollen. Andererseits war auch denkbar, dass sich der DISCO und seine Kunden erst einmal wieder in Sicherheit wähnen sollten und eine zweite Salmonellen-Welle ein paar Wochen später angesetzt war ... Oder noch Schlimmeres!

Nun hatte die Soko ein brauchbares Bild des ominösen deutschen Saisonarbeiters, der auf dem Stauderhof unter dem Namen Schmidt angeheuert hatte, Hermann Schmidt. Besser gesagt gab es zwei Bilder: Eines war vom Phantombildzeichner beziehungsweise Computerbediener nach Renans und Alfreds Erinnerung angefertigt worden, wobei man sich bei der genauen Form der Stirn uneinig gewesen war. Ein anderes stammte vom Lokalfernsehen und war bei einem Kameraschwenk über den Hof und ein angrenzendes Feld entstanden. Leider war die Auflösung im Hintergrund, wo die Arbeiter gestanden hatten, nicht besonders gut, sodass das Bild relativ klein bleiben musste, damit es nicht unscharf wurde. Wenn es sich bei diesem Mann tatsächlich um den Salmonellen-Täter handelte, wäre es für ihn wahrscheinlich leichter gewesen, wieder als Saisonarbeiter anzuheuern, wenn er schon herausbekommen hatte, wer der neue Salatlieferant des DISCO war. Immer vorausgesetzt, er wollte mit der Vergiftung von Lebensmitteln direkt bei der Erzeugung fortfahren. Aber das war ja auch der einzige plausible Grund, sich nachts auf den Feldern herumzutreiben. Davon, dass der Salmonellen-Vergifter und der Bauernmörder ein und dieselbe Person waren, ging die Soko Kopfsalat als wahrscheinlichste Variante vorerst aus. Aber so einfach schien es der ominöse Salatpflücker der Polizei nicht machen zu wollen.

»Ah, Waldemar.« Hartleib sprang schon von seinem Stuhl auf, als der Mitarbeiter noch gar nicht durch die Glastür war. »Jetzt bin ich aber selbst gespannt!«

Der Mann, welcher nun den Raum betrat, war ein Hüne von zwei Metern Körpergröße. Er trug grüne Arbeitskleidung mit dem Logo von Hartleibs Gärtnereibetrieb. Sein kantiger Schädel und die wässrigen blauen Augen ließen ihn etwas fremdartig wirken. Ein Eindruck, der sich bestätigte, als er nach kurzer Erklärung seitens seines Chefs die Bilder des Verdächtigen musterte.

»Ja, kenne ich«, erklärte Waldemar mit hörbar osteuropäischem Akzent.

»Tatsächlich«, entfuhr es Alfred und Hartleib gleichzeitig.

»Sicher«, nickte Waldemar und fischte eine Zigarette aus seiner Hosentasche. Weitere Erklärungen schien er aber nicht abgeben zu wollen.

»Und woher?« Sein Chef wurde zunehmend nervös. »Sie müssen entschuldigen«, wandte sich Hartleib an die beiden Ermittler. »Aber ein Vorarbeiter braucht bei mir kein großer Redner zu sein, da sind andere Sachen wichtiger.«

»Arbeitet er hier?«, fragte Woodstock.

»Nein.« Waldemar gab Alfred die Bilder zurück. »Aber er war hier und wollte arbeiten.«

»Wann war das denn? Und warum ist der nicht zu mir gekommen?« Nun wurde auch Hartleibs Interesse hörbar.

»War vor zwei Tagen. Hat gesagt auf Stauderhof gibt keine Arbeit mehr, also er will zu uns. Sie waren da den ganzen Tag weg, Chef. Also hat Puchtlerin zu mir geschickt.« Er deutete mit dem Daumen auf den gerade nicht besetzten Arbeitsplatz der Sekretärin.

»Und du? Hast du ihn nicht eingestellt?« Hartleib nahm Alfred noch einmal die Bilder aus der Hand und musterte sie eingehend.

»Nein«, sagte Waldemar.

»Und warum nicht? Wir haben doch noch Bedarf.« Der Unternehmer sah seinen Kapo entgeistert an.

»War kein guter Mann.« Waldemar schüttelte den Kopf.

»Meinen Sie, weil er Deutscher war und die harte Arbeit nicht durchgestanden hätte?« Alfred begann, sich Notizen zu machen.

»Ach, Deutscher, Albaner, Russe, Pole, Ungar ... Ist nicht so wichtig.« Waldemar zuckte mit den Schultern. »Gibt nur zwei Arten von Männern: gute und schlechte. Der war schlechte.«

»Und wie haben Sie das bemerkt?« Woodstock zog eine Augenbraue hoch.

»Das kann man nicht wissen«, erklärte Waldemar. »Muss man spüren – in Seele!«

Als darauf keinem der anderen Gesprächspartner etwas einfiel, machte Waldemar kehrt und verließ grußlos das Büro.

»Ja, ähm, wie schon gesagt. Er ist ein wirklich großartiger Vorarbeiter«, nahm Hartleib das Gespräch peinlich berührt wieder auf, nachdem Waldemar ihren Blicken entschwunden war. »Als Conférencier würde er wahrscheinlich verhungern ... Äh, soll ich ihn zurückrufen?«

»Nein, nein«, beschwichtigte Alfred, nachdem er bemerkt hatte, dass ihm seit Waldemars letztem Satz wohl der Mund offen gestanden hatte.

»Es ist nur interessant.« Woodstock nahm die Bilder und musterte den angeblichen Herrn Schmidt, als würde er ihn zum ersten Mal sehen. »Könnte sein, dass Waldemar Ihnen damit viel Ärger erspart hat.«

»Tatsächlich?« Hartleib hatte wieder hinter seinem Schreibtisch Platz genommen. »Also ist das wirklich ... Ist das wohl derjenige, der dem armen Stauder den Salat vergiftet hat?«

»Das wissen wir noch nicht.« Alfred fragte sich, ob Hartleibs Bedauern echt war.

»Er ist zumindest verdächtig«, ergänzte Woodstock.

»Um Gottes willen!« Hartleibs Gesichtsfarbe war nun deutlich fahler geworden. »Darauf brauche ich jetzt aber erst mal einen ...« Er zog seine unterste Schreibtischschublade auf und holte eine Flasche Williams heraus.

»Mögen Sie vielleicht auch?«, fragte er, während er mit Gläsern hantierte, die er einem Sideboard hinter sich entnahm.

»Jaowöhwöa«, nuschelte Alfred.

»Ist der auch gut?«, fragte Woodstock. Beide hatten die Flasche samt Etikett seit ihrem Auftauchen interessiert gemustert.

»Das ist Spitzenware aus der Fränkischen Schweiz«, lächelte Hartleib. »Den Brenner kenne ich persönlich, der produziert nur siebzig Flaschen im Jahr. Wird nur an ausgewählte Kunden verkauft!«

»Na, dann ...«, sagte Woodstock.

»... dann haben wir ja praktisch keine Wahl«, nickte Alfred.

»Na, dann Prost«, hob Hartleib sein Glas, nachdem er ihnen dreien eingeschenkt hatte, und die Männer leerten die Stamperl auf ex.

»Wow«, sagte Woodstock.

»Hervorragend.« Alfred schmatzte.

»Noch einen?«, Hartleib brachte die Flasche bereits wieder über den Gläsern in Stellung.

»Danke, aber irgendwie sind wir ja doch im Dienst«, lächelte Alfred verlegen.

»Das wäre kein Problem«, fuhr Woodstock dazwischen. »Aber leider müssen wir noch fahren.«

»Du ja nicht.«

»Wenn du als Senior-Kommissar das sagst …«, grinste Woodstock und hielt Hartleib das Glas hin, der bereitwillig nachschenkte.

»Ist es üblich, dass … ähm, Waldemar die Arbeiter einstellt?«, fragte Alfred, als Hartleib die Schnapsflasche wieder aufgeräumt hatte.

»Das kommt darauf an.« Der Großgärtner spielte mit dem leeren Glas. »Teilweise übernehme ich die Personalsachen, vor allem zu Beginn der Saison, wenn wir den ganzen Trupp wieder zusammenstellen. Aber wenn Waldemar einen davon nicht haben will, wird der nicht eingestellt …«

»Tatsächlich?« Alfred sah von seinem Notizblock auf.

»Er ist für die gesamte Arbeit verantwortlich«, erklärte Hartleib. »Das ist ein Knochengeschäft, und wenn die Leute nicht spuren, wenn die im Durchschnitt zwölf statt zehn Sekunden für einen Setzling brauchen, dann lohnt sich das Geschäft schon nicht mehr. Das ist Waldemars Verantwortung, und er hat mich noch nie enttäuscht. Also bestimmt letztlich er, wer hier schafft und wer nicht.«

»Das heißt, er stellt auch Leute ein, ohne Sie zu fragen?« Woodstock hatte mittlerweile eine qualmende Zigarette zwischen den Lippen.

»Ja, das kommt unter der Saison schon mal vor«, erwiderte Hartleib. »Kann sein, dass ich das erst Tage später erfahre, wenn derjenige seine Papiere bei Frau Puchtler abgegeben hat.« Er deutete auf den immer noch verwaisten Schreibtisch in seinem Vorzimmer.

»Jedenfalls stimmt es nicht, dass es auf dem Stauderhof keine Arbeit mehr gibt«, sagte Alfred. »Die haben nach der Beschlagnahmung der Ernte ganz normal weitergearbeitet. Und soviel wir wissen, machen die das auch jetzt noch.«

»Logisch«, bekräftigte Hartleib. »Wenn er nicht völlig den Bach runtergehen will, muss er weitermachen. Und wenn er sich selbst auf Wochenmärkte stellt und die Ware verkauft … Beziehungsweise, jetzt muss das natürlich seine Frau machen …« Hartleibs Stimme verriet nun eine Spur Mitgefühl.

»Das erhärtet den Verdacht gegen diesen Herrn Schmidt«, erläuterte Alfred nach einer kurzen Anstandspause. »Seit wann war denn klar, dass Sie den DISCO mit Salat beliefern würden anstelle von Herrn Stauder?«

»Das haben wir erst vor … Moment …« Er blätterte in seinem Terminkalender. »Vor drei Tagen fix gemacht.«

»Und wer wusste zu diesem Zeitpunkt davon?« Woodstock sah sich hilflos nach einem Aschenbecher um.

»Nur ich, Frau Puchtler, ein paar Leute vom DISCO und etwas später meine Frau.« Hartleib deutete auf eine Grünpflanze, in deren Topf er auch die Asche seiner Zigarillos entsorgte. Woodstock drückte seine Zigarette in die Pflanzenerde.

»Und Herr Stauder?«, fragte Alfred.

»Der hat mich erst vorgestern Nachmittag darauf angesprochen.« Hartleib zog die Augenbrauen zusammen. »Der hatte da so eine Ahnung. Schließlich kennen wir uns schon eine Zeit lang.«

»Dann wusste dieser Schmidt erstaunlich schnell Bescheid«, murmelte Alfred.

»Und Sie meinen wirklich, dass er nun meine Ernte vergiften wollte?« Hartleib hatte Alfreds Reaktion überhört.

»Wäre gut möglich«, sagte Woodstock. »Wie gesagt, es gab keine Notwendigkeit, beim Stauder aufzuhören.«

»Herr Hartleib.« Alfreds Ton wurde nun eine Spur förmlicher. »Herr Stauder wurde auf einem seiner Felder tot aufgefunden, auf dem sich noch relativ kleine Lauchpflanzen befanden …«

»Lauch?«, wiederholte Hartleib.

»Genau«, fuhr Alfred fort. »Der Fundort war aber nicht der Tatort. Dieser befand sich jenseits der Straße auf einem Ihrer Felder. Wir vermuten, dass Herr Stauder seinen Mörder dort überrascht hatte, als er womöglich weiteren Schaden anrichten wollte …«

»Allerdings hat es nicht so ausgesehen, als wenn darauf was wächst«, ergänzte Woodstock.

»Wo war das genau?«, fragte Hartleib nach.

»Moment.« Alfred setzte seine Lesebrille auf und näherte sich einer Wandkarte, die in einem relativ kleinen Maßstab das nördliche Nürnberg und das Knoblauchsland abbildete.

»Genau hier«, sagte Alfred und deutete auf die Stelle, die laut Kriminaltechnik der Tatort gewesen sein musste.

»Das Feld liegt in diesem Jahr brach«, erläuterte Hartleib, nachdem er sich zu Alfred gesellt hatte. »Da hätte er keinen Schaden anrichten können.«

»Komisch«, brummte Woodstock.

»Aber keine hundert Meter weiter steht eines meiner Gewächshäuser.« Hartleibs Blick verfinsterte sich.

7. Schlechter Mann

»Und was ist nun mit diesem Bulgaren?«, fragte Herbert Göttler sichtlich genervt.

»Rumäne«, korrigierte die Neumann. »Er heißt Marian Cuprinsu.«

»Wie auch immer«, Göttler wischte sich mit einem Taschentuch die Stirn ab. »Ist der immer noch nicht gefasst?«

»Wenn dem so wäre, würden Sie es als Erster erfahren.« Auch die Kriminalrätin schien etwas angeschlagen.

Diese Dienstbesprechung war eher spontan zustande gekommen, als sie von der Razzia zurückgekehrt waren. Außer Alfred und Woodstock waren alle Kollegen der Soko in der Zentrale und dann platzte auch noch der Kripochef herein. In dem umfunktionierten Lehrsaal stapelten sich Waschkörbe mit Aktenordnern und anderen Papieren. Dazu kamen etwa hundertzwanzig PCs und unzählige Datenträger, hauptsächlich CD-ROMs und Datensticks. Es würde Wochen dauern, das alles zu sichten und auszuwerten, was die dünne Personaldecke der Soko abermals verdeutlichte. Zwar waren gestern zwei Kollegen aus Weiden eingetroffen, die schon aufgrund der Sprachbarriere nur im Innendienst eingesetzt werden konnten. Aber zwei Leute mehr waren angesichts dieser Materialmenge nur ein Tropfen auf den heißen Stein oder eine Sandschaufel in einer Geröllhalde oder eine kleine Angel in einem Ozean. Renan war schon klar, wer da aus anderen Gegenden des Bundeslandes großzügig abgeordnet wurde. Jeder Kripochef hatte da so seinen Heldenkeller, irgendwelche Mitarbeiter, die kaum zu gebrauchen waren, und im schlimmsten Fall sogar den Betrieb aufhielten, sofern sie nicht krankgemeldet waren. So einen gab man gerne mal an einen anderen Bezirk ab, wenn Not am Mann war. Sie war jedenfalls froh, bislang nichts mit der »Verstärkung« zu tun gehabt zu haben, und hoffte inständig, dass das auch so blieb. Da sich Herbert wie beiläufig halb auf einen Schreibtisch gesetzt hatte und die Neumann neben ihm stand, hatten sich auch alle Kollegen stehend um ihre Schreibtische gruppiert, was der improvisierten Dienstbesprechung eine scheinbar lockere Note gab. Nur Ondracek fläzte auf seinem Schreibtischstuhl und hielt die Hände über dem Bauch gefaltet.

»Das ist immer das Problem«, eiferte sich Göttler. »Wenn so ein Innenminister erst redet und dann denkt … oder eben gar nicht denkt! Da wird tonnenweise Porzellan zerschlagen, und am Schluss war's doch der Bulgare, weil ihm dieser Bauer nicht mehr Lohn zahlen wollte oder so.«

»Das wäre nur ein Motiv für den Mord an Stauder«, konterte die Kriminalrätin, die die Großaktion beim DISCO offenbar auch forciert hatte. »Aber noch lange nicht für die Vergiftung des Salates … Und es spricht doch einiges dafür, dass es zwischen den beiden Taten einen Zusammenhang gibt, nicht wahr?«

»Motive«, brummte Herbert. »Motive haben sich noch immer gefunden.«

»Und wer soll das ganze Zeug jetzt sichten?«, mischte sich Ondracek ein.

»Sie zum Beispiel, Herr Ondracek«, erwiderte die Neumann eine Spur zu schnell, und eine Spur zu laut.

»Das kann aber etwas dauern.« Ondracek grinste schief, während er zur erstbesten Akte griff und sie auf seinem Schreibtisch aufschlug.

»Herrschaften«, rief Karla Neumann. »Ich habe mir das auch nicht ausgesucht, aber wenn es sein muss, wird hier rund um die Uhr gearbeitet, und zwar sieben Tage die Woche, bis alle Akten und Computer geprüft sind, und zwar gründlich.«

»Ah.« Auf Herberts Gesicht machte sich ein hämisches Grinsen breit.

»Der Außendienst wird vorerst durch Frau Welker und Frau Müller sowie Herrn Albach und Herrn Hasselt abgedeckt«, fuhr die Kriminalrätin zackig fort. »Alle anderen sowie alle Aushilfskräfte von anderen Präsidien arbeiten hier an der Auswertung. Ergebnisse der beiden Gruppen werden zweimal am Tag ausgetauscht, und zwar schriftlich, ist das klar?«

»Ich sehe schon: Das sind die weiblichen Führungstugenden, von denen wir Männer nichts verstehen.« Herbert tätschelte der Kriminalrätin die Schulter. »Ich erwarte dann heute Abend die ersten schriftlichen Ergebnisse, Frau Neumann. Wahrscheinlich hat mich der Innenminister dann schon zweimal angerufen.« Sprachs und machte sich auf den Weg in Richtung Ausgang.

»Jawohl, Herr Göttler«, zischte die Neumann mit einem Blick, der imstande war, einen sofortigen Frostschock auszulösen.

»Ja, und diesen Bulgaren nicht ganz aus den Augen lassen«, setzte Herbert noch nach. »Immerhin haben wir dieses Holzstück in seiner Brust, was ja wohl auf eine bestimmte Region in Osteuropa hinweist ... Schönen Tag noch!«

»Rumänien, Herr Kriminaldirektor, Rumänien«, seufzte die Neumann, ließ sich in einen Stuhl fallen und schloss die Augen.

»Wir haben da noch eine wichtige Information«, sagte Ondracek nach einer kurzen Pause, in der alle die Kriminalrätin fragend angeschaut hatten.

»Ich höre«, sagte Karla, ohne die Augen zu öffnen.

»Die Bilder, die wir mittlerweile von dem ominösen deutschen Saisonarbeiter haben ...«

»Ja?«

»Er sieht diesem Versicherungsdetektiv relativ ähnlich, den wir bei der Witwe Unger überrascht haben«, sagte nun Karina.

»Was?« Nun waren die Augen der Neumann offen.

»Ich hätte das nicht erkannt, aber die junge Kollegin hat noch scharfe Augen.« Ondracek gab sich großmütig.

»Ich war mir nicht ganz sicher.« Karina blickte zwischen Ondracek und Karla Neumann hin und her. »Aber als Renan, also Frau Kommissarin Müller, erwähnt hat, dass er einen

Sonnenbrand im Gesicht hatte, gab es keinen Zweifel mehr. Und die Versicherung hat ja bestritten, jemanden zu Frau Unger geschickt zu haben.«

»Sehr interessant … Haben Sie das Bild schon der Witwe gezeigt?«, fragte Karla.

»Nein, wir haben es ja erst heute Morgen gesehen.«

»Dann machen Sie das noch, okay?«

»Jawohl!« Karina lächelte erleichtert.

»Und wenn sich das bestätigt, dann halten Sie noch einmal Rücksprache mit der Versicherung. Wir müssen da absolut sichergehen.« Karla machte Anstalten, die Augen wieder zu schließen.

»Einen Kaffee, Frau Neumann?«, fragte Ondracek, der nun offenbar so etwas wie Mitleid mit der Chefin empfand.

»Wo hast du den her?« Alfred sah sich um.

»Ein Wodka wäre mir lieber!«

Vlad III. Dracula lebte Mitte des 15. Jahrhunderts in einem Gebiet, das sich heute zwischen Ungarn und Rumänien erstreckt. Für kurze Zeit war er so etwas wie ein Herzog in der Walachei, die im Süden des heutigen Rumänien liegt. Er zeichnete sich durch multiple Rücksichtslosigkeiten und Grausamkeiten aus. Sowohl, was mögliche Konkurrenz aus dem Adel anging, als auch ihm untergebene oder eben nicht untergebene Städte und Gebiete. Vor allem auf die Bojaren hatte er es abgesehen, eine einheimische Oberschicht, die das Osmanische Reich unterstützte. Ganz Südosteuropa stand damals unter der Herrschaft der Türken oder wurde durch sie massiv bedroht. Daher soll Vlads Vater ihn und seinen Bruder als Geiseln an den Sultan übergeben haben, um diesem Sicherheit zu geben, dass seinerseits keine Aggression gegen das Osmanische Reich zu erwarten war und ihn die Türken somit in Frieden ließen. Vlad III. dagegen führte ausgiebig Kriege gegen die Türken und soll nach einer erfolgreichen Schlacht achttausend von Ihnen gepfählt haben. Das Pfählen war eine besonders abschreckende Form der Hinrichtung, die Vlad während seines erzwungenen Aufenthalts bei den Türken kennengelernt hatte. Dabei wurde dem Opfer ein angespitzter Pfahl durch den Anus in den Oberkörper getrieben, bis er zur Mundöffnung wieder herauskam. Danach wurden die Pfähle in den Boden gerammt. Die Höhe eines Pfahles entsprach dem Rang des Opfers. Angeblich hat Vlad ganze Wälder von Pfählen an den Ufern der Donau aufstellen lassen, die Toten verwesen oft Monate daran – zur Abschreckung. Gefangenen türkischen Soldaten ließ Vlad auch gerne die Nasen abschneiden, um sie an den König von Ungarn zu schicken. Personen, die in seiner Gegenwart nicht schnell genug die Hüte abnahmen, ließ er dieselben an die Köpfe nageln.

Unterm Strich hatte Vlad III. nur sieben Jahre über die Walachei geherrscht, dabei und während seiner Kriegszüge aber zwischen vierzigtausend und hunderttausend Menschen umbringen lassen. 1477 schließlich fand er im Gefecht den Tod, sein Kopf soll in Honig eingelegt und dem Sultan überbracht worden sein. Bestattet wurde er in einem Kloster namens Snagov.

Karina hatte offenbar gestern noch eine Spätschicht eingelegt, um der Soko die wichtigsten Informationen zum Fürst Dracula zusammenzustellen. Sie hatte sich sogar die Mühe gemacht, alles stichpunktartig in einer Powerpoint-Präsentation zusammenzufassen und diese auch noch mit Bildern zu illustrieren. Zum Abschluss prangte nun ein alter Holzschnitt an der Wand, auf dem Vlad zu sehen war, wie er zwischen einer Schar gepfählter Leiber ein Festmahl zu sich nahm. Die meisten Abbildungen hatten den Fürsten mit langem gelockten, schwarzen Haar und einem dünnen aber breiten Schnurrbart gezeigt. Teilweise war er auch mit Vollbart zu sehen, darüber eine lange, spitze Nase und stechende Augen – das Internet machte es möglich.

»Und was heißt jetzt Dracula?« Ondracek hatte sich wieder zurückgelehnt, lutschte einen Bonbon.

»Sohn des Drachen«, erklärte Karina. »Sein Vater soll Mitglied im sogenannten Drachenorden gewesen sein.«

»Drachenorden?«, fragte die andere Anwärterin, deren Namen immer noch keiner wusste.

»Eine Verbindung europäischer Adliger zur Verteidigung des Christentums.« Karina spickte nun auf eine gefaltete Karteikarte. »Gegründet Ende des 14. Jahrhunderts, übrigens in Nürnberg.«

»Aber was bringt uns jetzt das Ganze?« Rödlein schien für Vampirgeschichten nichts übrigzuhaben. »Ich sehe keine Verbindung zu unserem Fall, außer diesen Pfählen ...«

»Wobei der Pfahl beim toten Bauern doch bedeutend kleiner ausgefallen ist«, meldete sich nun wieder die Neumann zu Wort, die nach einer kurzen Toilettenpause wieder erschienen war und sich an dem für Staatsanwalt Klatte reservierten Arbeitsplatz niedergelassen hatte.

»Tödlich war er auch nicht.« Rödlein wedelte mit einer grünen Mappe, die den Bericht der Rechtsmedizin enthielt. »Das wissen wir ja schon. Der Pfahl wurde erst post mortem in die Rippen gebohrt. Todesursache waren mehrere Schläge mit einem stumpfen Gegenstand auf den Kopf.«

»Gibt es sonst noch Fragen?« Karina schien nun nicht mehr so recht weiterzuwissen.

»Frau Müller, Sie waren so schweigsam bisher«, forderte die Neumann nun Renan zu einer Wortmeldung auf.

»Ich frage mich, was diese historische Figur mit so einem Vampir zu tun hat, wie wir ihn aus Filmen und Büchern kennen.« Eigentlich hatte Renan das später allein mit Karina erörtern wollen, aber wenn die Chefin meinte, dann fragte sie eben jetzt.

»Also von wegen Blutsaugen, lebende Menschen zu Untoten machen, kein Tageslicht vertragen und so?« Man merkte, dass sich Karina mit dieser Art dunkler Materie schon früher mal beschäftigt hatte.

»Und dieser Pfahl«, ergänzte Renan.

»Da wird es wirklich interessant«, fuhr Karina fort. »In den hier bekannten Geschichten ist ein hölzerner Pfahl eine der wenigen Möglichkeiten, einen Vampir umzubringen. Ein hölzerner Pfahl oder drei silberne Kugeln ins Herz. Davon findet sich nichts in den historischen Quellen. Der echte Dracula hat selbst durch Pfähle getötet, und wurde zuletzt ganz normal im Kampf umgebracht.«

»Aber der Bauer wurde doch erschlagen, und zwar nicht mit dem Pfahl«, wandte Rödlein ein.

»Aber es soll doch wohl ein Bild damit transportiert werden«, gab die Neumann zu bedenken. »Das Opfer hat einen hölzernen Pfahl im Herz, also war er ein Vampir, ein Blutsauger.«

»Oder er wurde durch einen Vampir im Sinne Vlads III. umgebracht, weil er symbolisch gepfählt wurde«, sagte Karina.

»Du meinst also, dass Dracula oder ein Vampir vielleicht eine unterschiedliche Bedeutung haben kann, je nachdem, ob es sich um Rumänien oder Deutschland handelt«, brachte Renan das Gespräch auf den Punkt.

»Ich glaube schon.« Karina lächelte dankbar. »Vlad III. hat ja hauptsächlich gegen die Türken gekämpft. Er war so etwas wie ein Kreuzritter ... Ich habe jedenfalls aus Rumänien keinerlei Erinnerung an so etwas wie die Vampirgeschichten, die es hier gibt. Dracula löst bei Rumänen ein anderes Bild aus als bei Westeuropäern. Dazu muss ich aber noch etwas weiter recherchieren, ich hatte ja gestern kaum Zeit ...«

»Ja, das ist kein Problem, Frau Welker.« Die Neumann stand auf. »Das machen Sie dann bis morgen. Für heute schon mal vielen Dank für die Informationen, das könnte vielleicht noch wichtig werden.«

»In Ordnung, Frau Neumann.« Karina schaltete eifrig den Beamer aus.

»Gut.« Karla Neumann erhob sich. »Dann heißt es für den Rest des Tages Staub fressen ... Ich werde mit gutem

Beispiel vorangehen.« Sie griff sich die Aktenordner aus einem Wäschekorb und verließ die Einsatzzentrale.

»Wo war die Leiche?«, fragte Waldemar.

»Der Fundort war auf der anderen Seite der Straße.« Woodstock deutete nach Osten. »Aber die Blutspuren lassen sich bis hierher zurückverfolgen.«

»Leider ist der Boden hier ziemlich fest«, ergänzte Alfred. »Daher konnten unsere Kollegen keine Kampfspuren oder Ähnliches finden. Wir vermuten aber, dass er hier oder in einem Umkreis von höchstens fünfzig Metern erschlagen wurde.«

»Fünfzig Meter?«, wiederholte Waldemar. Hartleib hatte seinen Vorarbeiter noch einmal zurückbeordert, nachdem Alfred noch die Frage gestellt hatte, was der Täter in der Gegend des Tatortes wohl gewollt haben könnte.

»Und dieses Gewächshaus da gehört zu Ihnen?« Woodstock deutete auf den nächstgelegenen Glasbau.

»Ist von uns«, nickte Waldemar.

»Und was wird da angebaut?«

»Salat.«

»Okay, und wie kommt man da rein?« Woodstock machte sich, ohne auf eine Antwort zu warten, auf den Weg, wobei er ohne Rücksicht auf sein Schuhwerk quer über den Acker stiefelte.

»Sind zwei Türen an langen Seiten«, erklärte Waldemar, während sie Woodstock folgten.

»Abgeschlossen, oder kann da jeder rein?« Alfred griff zum Zigarettenetui und drehte es unschlüssig in der rechten Hand.

»Die neuen sind alle mit Schloss.« Waldemar zeigte auf das Gebäude. »Sind also immer zu.«

»Was ist mit dem Feld hier? Wächst da nichts?« Alfred deutete auf den Untergrund, der ihm gerade seine Wildlederschuhe versaute. Es war keinerlei Bepflanzung zu sehen.

»Ist auch von uns.« Waldemars Gummistiefel hinterließen veritable Erdlöcher im Boden. »Hat in diesem Jahr Pause, muss sich erholen.«

»Verstehe. Also kann der Täter hier keinen Schaden angerichtet haben.«

Waldemar brummte etwas Unverständliches.

»Und da drüben?« Alfred deutete auf das nächstgelegene Feld Richtung Fürth. »Sieht aus wie Lauch.«

»Ist Lauch«, bestätigte Waldemar.

»Liefern Sie den auch an DISCO?«

»Weiß ich nicht. Müssen Sie Chef fragen.«

Da Alfreds Küchenkenntnisse nicht nur oberflächlich waren, wusste er, dass Lauch fast immer erhitzt wurde. Somit wäre er für eine Übertragung von Salmonellen ungeeignet, und Hartleib konnte ihn liefern, wohin er wollte.

»Mann, ist das riesig.« Woodstock blickte an der Stirnseite des Gewächshauses nach oben.

»5000 Quadratmeter«, sagte Waldemar. »Ist aber nix gegen ein richtiges Feld.«

»Schaut mal, hier.« Woodstock war zwanzig Meter weiter rechts auf die Knie gegangen.

»Oh«, sagte Waldemar.

»Das sieht aus wie …« Alfred suchte nach dem richtigen Wort.

»Ein Sägeschnitt«, half Woodstock aus.

»In Glas?« Alfred ging nun auch in die Hocke.

»Das ist Plexiglas, Kollege.« Woodstock war als alter Häuslebauer ein profunder Kenner der unterschiedlichsten Werkstoffe.

»Ah ja«, sagte Alfred. »Und das muss man sägen?«

»Da kannst du lange mit einem Hammer dagegenhauen, aber mit einer kleinen Säge bist du schnell durch.«

»Schlechter Mann«, sagte Waldemar, und es war nicht ganz klar, wen er nun damit meinte.

»Also könnte es doch gut sein, dass Stauder den Täter auf frischer Tat ertappt hat, als er auch den Salat von Hartleib vergiften wollte«, versuchte Alfred die neue Spur einzuordnen. »Er wollte ihn daran hindern, es kam zum Kampf, und der Salmonellenzüchter erschlägt den Bauern.«

»Dann schleppt er ihn rüber auf eines der Stauder-Felder und …« fuhr Woodstock fort.

»Warum lässt er nicht hier liegen?«, fragte Waldemar.

»Um davon abzulenken, dass er weitermachen will.« Alfred richtete sich ächzend wieder auf.

»Also wird es wieder verseuchten Salat beim DISCO geben.« Woodstock wurde nun unsicher.

»Nur, wenn er doch noch reingekommen ist … Wann wird da drin geerntet?«, fragte Alfred den Vorarbeiter.

»Ab nächster Woche.« Waldemar nahm seine Kappe ab und kratzte sich am übergroßen Schädel.

»Dann wird es keinen verseuchten Salat geben«, sagte Alfred entschlossen.

»Auch wieder wahr.« Woodstock zückte schon sein Handy. »Kriminaltechnik, Gesundheitsamt?«

»Das ganze Programm!« Alfred war klar, dass sie kein Risiko eingehen durften.

»Schlechter Mann«, brummte Waldemar.

Obwohl es erst halb neun war, war es schon fast dunkel. Der Himmel hatte sich im Laufe des Tages zugezogen, ohne dass es geregnet hatte. Dafür war das Licht schneller als üblich weg. Man mochte zum Klimawandel stehen, wie man wollte, die Jahreszeiten waren jedenfalls schon etwas durcheinandergeraten, manchmal gab es Frühling, Sommer und Herbst in nur einem Tag. Renan saß nun im düsteren Büro, spielte an einer unangezündeten Zigarette und haderte damit, sie anzuzünden. Es war zwar noch lange nicht so, dass sie sich wie früher fühlte oder einen wirklichen Sinn in ihrer Reaktivierung fand. Dennoch war es in den letzten Tagen besser gewesen, als zu Hause zu sitzen. Alfred hatte ihr vielleicht wirklich etwas gefehlt. Gut, sie hatten sich immer wieder mal in den Haaren, zwei bis dreimal die Woche, im Durchschnitt. Aber das waren eben solche Scharmützel, wie sie alte Ehepaare pflegten.

Renan fühlte sich dann bisweilen an ihre Mutter erinnert, die sich regelmäßig über Erwin aufregte, ihren Stiefvater. Erwin war grundsätzlich zu unordentlich, ließ Klamotten und Taschen dort fallen, wo er zuerst im Haus zum Stehen kam, spülte nach dem Rasieren die Barthaare nicht sauber aus dem Waschbecken, warf den benutzten Kaffeefilter immer in die Spüle statt in den Biomüll und reparierte seit gefühlten zehn Jahren den tropfenden Wasserhahn nicht. Im Gegenzug beschwerte sich Erwin über Gültens Hysterie, vor allem, was Renans kleinere Schwester anging, die zwar auch schon Ende zwanzig war, sich aber zum Studium in London aufhielt. Außerdem telefonierte Gülten ihm zu viel und zu lange, und dann war da noch die Neurose wegen den ausgeschalteten beziehungsweise womöglich nicht ausgeschalteten Elektrogeräten, immer dann, wenn man eilig das Haus verlassen musste.

Renan und Alfred kabbelten sich weniger über persönliche Eigenschaften, die dienstlichen Belange reichten dafür üblicherweise aus. Gut, Renans Schreibtisch, den Alfred gern als Bermuda-Dreieck bezeichnete, hatte eine lange Zeit auf der Konfliktskala weit oben gestanden. Aber seit einem guten Jahr schien sich Alfred auch damit arrangiert zu haben. Ihr Verhältnis zu Alfred war mittlerweile von einem tieferen Vertrauen geprägt und von einem Gefühl der Sicherheit. Klar war es möglich, dass es irgendwo einen Kollegen gab, mit dem man besser zusammenarbeiten konnte. Aber die Wahrscheinlichkeit, dass der einem über den Weg lief, war – ehrlich gesagt – nicht sehr groß. Da nahm man doch lieber, was man hatte, und machte das Beste draus.

Und Alfred hatte sich wirklich grandios verhalten in den letzten Wochen, und er war rechtzeitig gekommen, um sie aus der dunklen Wohnung rauszuholen. Sie fühlte sich zwar meistens mies, aber dass sie überhaupt etwas fühlte, war schon ein Fortschritt. Genau genommen gab es keinen, der weniger falsch gemacht hatte als Alfred. Wobei die anderen Kollegen auch merkwürdig normal waren. Renan war klar, dass man sich die letzten Wochen die Mäuler zerrissen hatte im Präsidium. Wenn Kollegen wochenlang krank waren, blieb das nicht aus. Es sei denn, er oder sie hatte einen Unfall oder einen Herzinfarkt oder sonst was schwer Körperliches. Da gab es dann Genesungskarten, Anstandsbesuche, Fresskörbe, oder gar Ständchen des Polizeichors. Aber nicht bei unklaren Ursachen. Renan machte sich keine Illusionen darüber, dass ein Drittel des Kollegiums bei ihr einen Burn-out vermutete, ein weiteres Drittel eine Suchtkrankheit und der Rest dachte, sie wäre halt irgendwie verrückt geworden und säße mittlerweile in der HuPflA. Daher wunderte es Renan, dass sie keine blöden Kommentare gehört hatte seit ihrer Rückkehr, auch keine geheuchelte Anteilnahme oder durchsichtige Versuche, den wirklichen Grund der Dienstunfähigkeit zu erfahren. Alle behandelten sie so freundlich, feindlich oder gleichgültig wie immer, auch Herbert Göttler, und das tat irgendwie gut. Nur die Neumann musste immer wieder reinrühren. Renan konnte nicht sagen, ob es banale Neugier, vorgetäuschte Fürsorgepflicht oder wirkliche Besorgnis war. Das war ihr auch egal, es nervte so oder so. Es war schon komisch. Herbert Göttler war so ziemlich bei allen Kollegen verhasst, und das meistens auch zu Recht. Er stand für alles, was man im Zuge von Personalentwicklungsmoden, Gender Mainstreaming, Zielvereinbarungen und so weiter ändern wollte. Karla Neumann stand für die stattdessen propagierte neue Führungsethik. Aber wenn man einmal wochenlang in einem dunklen Wohnzimmer gesessen hatte, dann wollte man nichts mehr als Normalität. Renan wollte weder eine Sonderbehandlung, weil sie die einzige Frau im Kommissariat war, noch wollte sie wegen ihrer türkischen Wurzeln Beachtung. Und erst recht wollte sie nicht erklären müssen, was nun in der letzten Zeit wirklich los war. Klar, Karla Neumann schmückte sich nie mit Erfolgen, die andere errungen hatten. Sie spielte nicht Kollegen gegeneinander aus, um am Schluss selbst gut dazustehen. Sie legte mehr Wert auf Kompetenz als auf Gehorsam und wollte sicher auch nicht Staatssekretärin oder so was werden. Aber es gab Situationen, wo so eine Korrektheit zum Terror werden konnte, während Renan sich gar nicht sicher war, ob Herbert ihr langes Fernbleiben überhaupt bemerkt hatte.

»Kein Licht!«

Alfred erschrak tüchtig, als er den Lichtschalter im dunklen Büro betätigen wollte und eine Stimme aus dem Off ihn daran hinderte.

»Jesus Christus, Renan! Was machst du denn noch hier?« Er tastete sich zu seinem Schreibtisch und ließ sich in den Sessel fallen.

»Dasselbe könnte ich dich fragen«, erwiderte sie, und zündete nun doch die Zigarette an. Rauchverbot hin, Rauchverbot her.

»Ich hab meinen Hausschlüssel vergessen«, erklärte er und tastete die Oberfläche seines Schreibtischs ab.

»Auch eine?«, fragte sie und warf ihm die Schachtel zu.

»Eigentlich habe ich in letzter Zeit gar keinen …« Alfred versuchte, seine Kollegin in der Dunkelheit zu mustern. »Na ja, bevor ich meine Persönlichkeit verliere«, sagte er und zündete sich eine an, obwohl er die fertigen Filterzigaretten eigentlich nicht mochte. Die waren ihm zu parfümiert.

»Alles, bloß das nicht«, gab sie trocken, aber milde lächelnd zurück.

»Warst du jetzt wirklich bei dieser Razzia dabei?«, fragte Alfred, nachdem er ein paar Züge genommen hatte, und seine geschmacklichen Vorurteile bestätigt fand.

»War nicht so schlimm«, sagte sie.

Na ja. Es gibt Angenehmeres, vor allem um diese Uhrzeit.« Alfred öffnete das Fenster einen Spaltbreit. Unter ihnen lag der Jakobsplatz im Dämmerlicht. Ein paar Spät-Shopper waren auf dem Heimweg, während sich die erste Schicht langsam auf den Weg in die Kneipen und Kinos der Innenstadt machte. Ein Schwung kühler, feuchter Luft erfüllte plötzlich die Amtsstube und verdrängte für kurze Zeit den Rauch.

»Das juckt mich nicht«, sagte Renan. »War nur nicht so prickelnd, dass ich mit der Neumann in einem Auto fahren musste.«

»Oh je.«

»Zum Glück war der Klatte auch dabei …«

»Und nun?«

»Was nun?«

»Ja, wo ist das ganze Zeug?« Alfred sah sich um, was angesichts der Lichtverhältnisse nicht viel Erfolg versprach.

»Ach so. Ja, die Computer sind bei der Technik und die Akten größtenteils noch in der Einsatzzentrale.«

»Gut zu wissen, dann werde ich mich morgen da gar nicht erst blicken lassen.« Alfred dachte intensiv nach, welchen dringenden Außendiensttermin er stattdessen wahrnehmen musste.

»Kannst dir die Verrenkungen sparen.« Renan warf ihre Kippe aus dem Fenster. »Die Neumann hat angeordnet, dass du, ich, Woodstock und Karina die Außendienste machen sollen. Aktenfressen müssen die anderen.«

»Uff«, stöhnte er. »Eine wirklich gute Führungskraft, die Kriminalrätin!«

»Hört, hört«, seufzte sie.

»Wenn du nicht mit einem Greenhorn arbeiten willst, fahren wir zwei morgen wieder zusammen«, beeilte Alfred sich anzubieten.

»Die passt schon.« Renan winkte ab. »Vielleicht noch ein bisschen zu eifrig, aber mit einer schnellen Auffassungsgabe, und außerdem macht sie, was ich sage, im Gegensatz zu dir!«

»Dann hättest du erst einmal machen müssen, was ich sage«, konterte er. »Zumindest in den ersten Jahren!«

»Habe ich das nicht?« Sie sah ihn unschuldig an.

»Gelegentlich …«, seufzte er und legte die Stirn in Falten.

»Wie auch immer.« Alfred suchte nach seiner Notration Fernet Branca in den Schreibtischschubladen. »Wir müssen zusehen, dass wir diesen deutschen Saisonarbeiter finden. Der wollte nämlich vor drei Tagen bei dem Nachbarn vom Stauder anheuern, der jetzt den DISCO beliefert.«

»Oh.« Renan schien tatsächlich mäßig interessiert.

»Ja, und nachdem der Vorarbeiter ihn nicht eingestellt hat, hat jemand versucht, in das Gewächshaus einzubrechen, in dem die nächste Lieferung Salat demnächst geerntet werden soll.«

»Na, wer sagt's denn!« Renan beobachtete scharf, wie Alfred mit der kleinen Flasche hantierte.

»Das ist die richtige Spur, wenn du mich fragst … Uuaah!« Der Fernet schmeckte noch bitterer als sonst, aber Alfred spürte das dringende Bedürfnis, den parfümierten Kippengeschmack aus seinem Rachen zu kriegen. »Und nicht dieser flüchtige Rumäne!«

»Den werden wir wahrscheinlich eh nie mehr zu sehen kriegen«, sagte Renan.

»Wäre besser so.« Alfred versenkte das leere Fläschchen im Papierkorb. »Würde nur unnötige Arbeit machen.«

»Dafür haben wir jetzt diese Firma mit einem Salmonellen-Schnelltest«, klärte Renan ihren Kollegen brutalstmöglich auf.

»Was?« Alfred musste husten.

»Da laufen seit heute Werbespots in diesem Dudelsender, den du auch oft hörst«, führte sie weiter aus. »Schätze mal, die verdienen sich gerade eine goldene Nase!«

8. Sushi

Wollen Sie auch künftig Salat essen, ohne krank zu werden? Haben Sie auch das Vertrauen in den Lebensmittelhandel verloren? Wissen Sie auch nicht mehr, wem oder was Sie glauben sollen?
Lebensmittelvergiftungen sind landesweit auf dem Vormarsch. Seien es Dioxin in Eiern, Gammelfleisch in der Wurst, oder Salmonellen im Salat, die moderne massenhafte Produktion von Lebensmitteln birgt immer größere Risiken für die Gesundheit. Und wer weiß schon, ob bei Bio-Produkten wirklich immer das drin ist, was draufsteht?
Mit dem BestTest-Diagnoseset können Sie sicher sein. Überprüfen Sie ihre Lebensmittel selbst und Sie erhalten in höchstens zwei Stunden Gewissheit. Endlich wieder unbeschwert genießen!
Sie bekommen das BestTest-Diagnoseset in fast allen Apotheken und ausgesuchten Drogeriemärkten. Für weitere Informationen klicken Sie auf www.besttest.com oder rufen Sie unsere Hotline an: 0900-500500.

Die schmalzige Stimme des Sprechers triefte wie Honig aus dem Radio, als Renan und Karina am nächsten Tag die Mittagspause von Herwig Bareiß und Marianne Gundel unterbrachen. Die beiden waren zwei von drei Geschäftsführern der Best-Test Ltd., einem Medizintechnik-Startup-Unternehmen in der Erlanger Innenstadt. In den letzten Jahren hatte sich viel getan. Nicht nur, dass der Großraum Nürnberg zu einer Metropolregion geworden war – ein Etikett, mit dem immer noch keiner etwas anfangen konnte – er war dank der Universität Erlangen-Nürnberg und der Firma Siemens auch zum »Medical Valley« geworden, was nichts anderes bedeutete, als dass sich zwischen Bamberg, Bayreuth und Nürnberg nun Hunderte von Unternehmen tummelten, die irgendwie auch ein Stück von dem Kuchen abhaben wollten. Es gab spezielle Softwareentwickler für Medizintechnik, spezielle Banken für Medizintechnik, spezielle Anwälte für Medizintechnik und letztlich noch unzählige Institute und Firmen, die Medizintechnik betrieben.

Renan war zwar Eingeborene der Metropolregion, hatte bis dato aber nicht gewusst, dass sie in einem »Medical Valley« lebte. Das hatte ihr Karina auf der Fahrt erzählt, wobei sie ihrem internetfähigen Smartphone immer neue Informationen entlockte. Die BestTest Ltd. war in einem Neubau im Universitätsviertel untergebracht, zusammen mit drei anderen Biotechnik-Firmen. Im Erdgeschoss und im Keller befanden sich Labore, denen nicht so genau anzusehen war, ob sie nun zu einer Firma oder zu allen gehörten. In den oberen Stockwerken waren die Büroräume. BestTest hatte einen Flur mit sechs oder sieben Zimmern, eines davon ein Besprechungsraum mit großer Fensterfront und einem großen Glastisch in der Mitte. Drum herum standen zehn Stahlrohrstühle, zwei davon besetzt mit Herwig Bareiß und Marianne Gundel. Wie Karina der Firmenwebsite entnommen hatte, existierte das Unternehmen seit 2008. Bareiß war vorher medizinisch-technischer Assistent bei Siemens gewesen, Gundel hatte Medizin studiert, aber anscheinend nicht abgeschlossen, und der Dritte im Bunde – Phillip Kraft – war ein ehemaliger Biochemiestudent, der abgebrochen hatte, allerdings gerade nicht anwesend. Seine Kompagnons saßen an der Kopfseite des Besprechungstisches, zwischen ihnen ein kleines Radio, vor ihnen jeweils eine Sushi-Box. Marianne Gundel hatte zwei Essstäbchen in der Hand, während Bareiß sich traditionell an Messer und Gabel hielt. Es hatte den Anschein, als wollte sie sich jede Sendung ihres Werbespots live anhören.

»Da haben Sie ja einen richtig großen Coup gelandet«, stellte Renan auf das Radio deutend fest, nachdem sie sich kurz vorgestellt und ausgewiesen hatten.

»Das kann man so sagen«, grinste Bareiß und nahm einen Schluck von seiner Bionade.

»Haben Sie damit ein Problem?«, fragte seine Partnerin misstrauisch.

»Nicht unbedingt«, sagte Renan, während Karina sich an den Tisch setzte und einen Block aufschlug.

»Na dann, sagen Sie uns, was wir für Sie tun können.« Die Gundel trank Tee aus einer japanischen Tasse ohne Henkel. Optisch erinnerte sie leicht an die junge Familienministerin, allerdings mit einer aufwendigeren Frisur, in der eine Sonnenbrille steckte. Bluse und Weste sahen stark nach Designerklamotten aus.

»Diesen Werbespot …« Karina deutete auf das Radio, das nun wieder Fahrstuhlmusik dudelte. »… haben Sie in Auftrag gegeben?«

»Ja klar, wer sonst?« Bareiß lachte heiser. Für Renan wirkte er neben Gundel eher hemdsärmelig. Er hatte leichte Pausbacken, und seine schwarzen Haare standen gegelt senkrecht vom Kopf ab.

»Wie kommt es denn, dass Sie so schnell nach dem Ausbruch einer Salmonellenepidemie dieses Testset auf den Markt bringen?« Karina sah die beiden mit unschuldigen Augen an.

»Diagnoseset«, korrigierte Marianne Gundel kühl. »Und wir haben es nicht erst nach diesem Ausbruch entwickelt. Das dauert schon etwas länger, glauben Sie mir.«

»Aber auf den Markt ist es erst jetzt gekommen«, hakte Karina nach.

»Wieder falsch.« Die Gundel legte ihre Essstäbchen weg. »Es kam bereits vor drei Wochen auf den Markt …«

»… wenngleich der Absatz erst jetzt so richtig in Schwung kommt«, gab Bareiß zu und konnte sich ein Lächeln abermals nicht verkneifen.

»Vorher ist Ihr Laden wohl nicht so recht gelaufen?«, fragte Renan unverhohlen.

»Was soll das werden?« Die Augen der Gundel wurden schmal, während sie wie in Zeitlupe ihre Teetasse auf dem Glastisch abstellte.

»So kann man das nicht sagen.« Bareiß wirkte auf Renan weniger abwehrend als seine Partnerin oder weniger sensibel. Jedenfalls versorgte er die beiden Ermittlerinnen mit einer mündlichen Einführung in das Firmenprofil:

»Wir bieten seit vier Jahren biologische Sicherheitsprüfungen auf dem freien Markt an. Wir führen toxikologische Untersuchungen von Medizinprodukten, Alltagsgegenständen, Kosmetika oder Lebensmitteln durch, außerdem auch von Boden- und Wasserproben aller Art. Vertrauen und Sicherheit durch Kompetenz …« Er war aufgestanden und hatte vom Sideboard zwei Faltblätter geholt, die er Renan und Karina in die Hand drückte. Es war die Imagebroschüre von BestTest Ltd.

»Danke.« Karina schlug das Papier auf, während Renan keine Lust verspürte, sich in das Portfolio der Firma einzulesen.

»Und das funktioniert?« Renan runzelte die Stirn.

»Natürlich, unsere Prüf- und Testverfahren sind wissenschaftlich und seriös.« Bareiß setzte sich wieder.

»Nein, ich meinte eher als Geschäftsidee.« Renan setzte sich nun in den Stuhl neben Bareiß und blickte ihm kritisch in die Augen. »Sie sind zu dritt, konnten Sie bisher davon leben?«

»Aber sicher!« Der Geschäftsführer versuchte ein Lachen. »Sie glauben ja gar nicht, wie hysterisch die Leute heutzutage sind. Kein Witz, die Mengen an Babyflaschen, Schnullern und Plüschtieren, die wir schon getestet haben, sind unvorstellbar …«

»Also haben Sie bislang von überängstlichen Eltern gelebt?«, stichelte Karina, die das Faltblatt wieder weggelegt hatte.

»Sie sollten das nicht ins Lächerliche ziehen«, meldete sich nun Marianne Gundel wieder zu Wort, wobei sie sich aus ihrem Stahlrohrstuhl erhob. »Sie streichen Ihre Wohnung neu und wachen seitdem jeden Morgen mit bohrenden Kopfschmerzen auf. Ihr Kind kommt in eine neue Schule und klagt jeden Nachmittag über Übelkeit. Sie erwerben ein Baugrundstück in der Nähe einer alten Spiegelfabrik. Oder Sie essen beim Chinesen und bekommen plötzlich Herzrasen und Schweißausbrüche, gepaart mit heftigem Durchfall … Da wollen Sie doch wissen, was los ist, oder?«

Renan und Karina sahen erst sich und dann die beiden Gesprächspartner achselzuckend an.

»Jedenfalls sind wir weit und breit die einzigen Anbieter, die solche Untersuchungen für Privatkunden durchführen«, nahm Bareiß den Faden wieder auf. »Schwermetalle, Farbstoffe, Weichmacher, Lösungsmittel oder eben Viren und Bakterien – um so was zu finden, brauchen Sie Profis, und es gibt immer mehr Menschen, die sich dafür interessieren, was sich tagtäglich so in ihrer Atemluft, ihrem Essen oder in der Kleidung befindet. Und diese Menschen tun gut daran, sich bei uns Gewissheit zu verschaffen.«

»Also ist Ihre Firma bislang schon erfolgreich gelaufen«, folgerte Karina.

»Kann man so sagen«, erwiderte Bareiß lächelnd. »Wir drei sind jedenfalls nicht verhungert.«

»Dann haben Sie keine weiteren Mitarbeiter?«, hakte Renan nach.

»Bis vor einer Woche hatten wir nur eine Halbtags-Sekretärin.« Der Medizintechniker lächelte immer noch.

»Wir haben kürzlich zwei Mitarbeiter neu eingestellt.« Die Gundel hatte aus der Fensterfront geblickt und drehte sich nun um. »Für Buchhaltung und Vertrieb.«

»Und das ist auf die Salmonellenplage zurückzuführen«, stellte Renan fest.

»In der Tat«, erwiderte die Frau trocken.

»Ich verstehe immer noch nicht, warum sich die Polizei dafür interessiert.« Bareiß nahm den letzten Schluck aus seiner Bionadeflasche.

»Mein Gott, Herwig«, rief die Gundel. »Da kommt es im Großraum Nürnberg zu einem Salmonellose-Ausbruch und wir haben kurz vorher unser Diagnose-Set auf den Markt gebracht ... Jetzt denk mal scharf nach, was die beiden Damen hier von uns wollen!«

»Nein!« Nun stand Bareiß auf. »Sie wollen uns doch nicht unterstellen, dass wir diesen Ausbruch verursacht haben, um unser Dia-Set verkaufen zu können?« Er wich demonstrativ zurück, ging auf Abstand und stellte sich neben seine Partnerin vor die Fensterfront.

»Das ist reine Routine«, beeilte sich Karina zu erklären.

»Routine?« Bareiß' Stimme überschlug sich.

»Es könnte auch zu einer Geschäftsschädigung werden.« Die Gundel nahm ruckartig die Sonnenbrille aus den Haaren und strich sich eine Strähne aus der Stirn. »Oder zu Rufmord oder übler Nachrede ... Jedenfalls dann, wenn Sie solche Verdächtigungen öffentlich aussprechen ...«

»Wir wären schlechte Polizisten, wenn wir Sie nicht befragen würden, Frau Gundel«, erklärte Renan ungerührt. »Daher muss ich Sie beide bitten, uns mitzuteilen, wo Sie vorgestern Morgen zwischen ein und vier Uhr waren.«

»Wieso ist das wichtig.« Bareiß blickte Renan fragend an. »Die Salmonellose ist doch viel früher ausgebrochen.«

»Je schneller Sie es uns sagen, desto eher gehen wir wieder.« Renan hob die Schultern.

»Wo wird ein normaler Mensch zwischen ein und vier Uhr morgens sein?« Die Gundel wurde ungeduldig. »Im Bett natürlich.«

»Alleine?«, fragte Renan, ohne mit einer Wimper zu zucken.

»Ich fürchte, ja.« Die Gundel zog eine Grimasse.

»Ich war halt mit meiner Lebensgefährtin im Bett«, erklärte Bareiß. »Unsere Tochter war auch noch drin, die schläft nämlich seit einer Woche schlecht.«

»Na sehen Sie, das hat doch gar nicht wehgetan«, lächelte Renan.

»Da ist doch dieser Bauer ermordet worden, nicht?« Offenbar verfolgte Marianne Gundel das Geschehen. »Und Sie gehen jetzt davon aus, dass der Mörder auch derjenige war, der den Salat vergiftet hat.«

»Das könnte eine Ermittlungsrichtung sein«, Renan ließ die Frau nicht aus den Augen.

»Das ist doch unglaublich! Da will man der Menschheit

einen Dienst erweisen und wird prompt als Mörder hingestellt.« Bareiß konnte sich nicht ganz entscheiden, ob er seinem Ton eher eine empörte oder eine weinerliche Note geben sollte.

»Vorerst haben wir Sie ja nur gefragt, wo Sie vorgestern Morgen waren«, stellte Karina richtig.

»Aber Sie könnten uns ja noch erklären, was Sie bewogen hat, so ein Diagnose-Set zu entwickeln.« Renan blieb seelenruhig sitzen und begann erst jetzt, ihren Notizblock aus der Jackentasche zu bergen. »Offenbar waren Sie ja schon vorher ganz gut ausgelastet mit der Überprüfung von Schnullern und Bodenproben.«

»Das ist ein neues Geschäftsfeld, ganz einfach.« Die Gundel zuckte mit den Schultern. »Es mag für Staatsdiener nicht ganz nachvollziehbar sein, aber in der freien Wirtschaft müssen Sie sich ständig um Innovationen bemühen, sonst sind Sie weg vom Fenster.«

»Es begann mit diesem Dioxin-Skandal 2010«, fuhr Bareiß fort. »Als dieser norddeutsche Futtermittelhersteller Altöl ins Tierfutter gemischt hat. Da haben wir jeden Tag ein Dutzend Eier zur Überprüfung bekommen und uns überlegt, dass man so was eigentlich ganz einfach zum Selbermachen anbieten könnte. Bei vielen Schadstoffen und Bakterien müssen Sie nur einen Teststreifen reinstecken oder eine Probe in Wasser lösen und dann in eine vorpräparierte Petrischale geben … Wie auch immer, wir haben da jedenfalls eine Marktlücke gesehen.«

»Oder denken Sie an Schwangere.« Marianne Gundels Tonfall wurde nun belehrend. »Heutzutage rät Ihnen jeder Gynäkologe, keinen Weich- und keinen Rohmilchkäse zu essen, wegen Listerien. Und kein rohes Fleisch, wegen Toxoplasmose …«

»Danke für die Aufklärung, aber das ist mir bekannt«, unterbrach Renan.

»… Wenn Sie jetzt aber Heißhunger auf Schinken, Salami oder Camembert verspüren?« Die Gundel sah Renan kritisch prüfend an. »Da ist es doch naheliegend, dass man den Frauen die Möglichkeit gibt, das – eh sehr geringe Risiko – einer Infektion ganz auszuschließen. Sie sehen, wir brauchen keine Salmonellose, um unser Dia-Set zu verkaufen ... Auch wenn es natürlich kein Nachteil ist, dass wir auch einen Test auf Salmonellen drin haben, das gebe ich ja gerne zu.«

»Gut.« Renan steckte ihren Notizblock wieder ein. »Dann brauchen wir nur noch die Aussage Ihres dritten Kompagnons ...«

»Phillip Kraft«, ergänzte Karina den Namen.

»Genau der.« Renan legte ihre Visitenkarte auf den Glastisch.

»Phillip ist auf einer Messe in Frankfurt«, sagte Bareiß.

»Wie lange?«, fragte Renan.

»Nur bis morgen.«

»Gut, dann soll er uns morgen anrufen. Wenn's geht noch am Vormittag.«

»Aber wir haben wirklich nicht ...«, versuchte Bareiß, das Gespräch noch einmal aufzunehmen.

»Ich glaube, die Damen wollen jetzt wirklich gehen, Herwig.« Die Gundel stakste auf den Tisch zu und nahm die Visitenkarte an sich.

»Wissen Sie was, wir schicken Ihnen eines unserer Dia-Sets zu, Frau Müller. Sie schauen nämlich auch nicht gerade gesund aus, unter uns gesagt. Vielleicht haben Sie Schadstoffe in Ihrem Präsidium.«

»Mehr, als Sie sich vorstellen können«, konterte Renan und öffnete die Tür.

Eigentlich hatte Karla Neumanns Tag ganz gut angefangen. Kriminaldirektor Göttler war mal wieder für einen Tag außer Haus, und so hatte sie das Beschwerdegespräch mit Staatsanwalt Klatte und den Herren vom DISCO führen dürfen. Der Termin war ganz nach ihrem Geschmack. Der Konzern hatte sich natürlich nach der Razzia prompt sowohl beim

Polizeipräsidenten als auch beim Oberstaatsanwalt sowie der Bayerischen Staatskanzlei beschwert und eine sofortige Wiederherausgabe der beschlagnahmten Akten und Computer verlangt. Das alles verbunden mit einem Eilantrag beim Gericht. Normalerweise hatten diese Vorgehensweisen immer ganz gute Aussichten auf Erfolg. Dumm nur, dass in diesem Fall die Tante oder Großtante oder Großcousine zweiten Grades – was auch immer – des Umweltministers das erste Opfer der Salmonellenkrankheit war und der Innenminister am selben Tag die Hausdurchsuchung praktisch angeordnet hatte. Somit musste sie das Gespräch nicht mit der bohrenden Ungewissheit führen, ob nicht bald ein Anruf käme von irgendeinem Staatssekretär oder Abgeordneten, der sich selbstverständlich niemals in die Ermittlungsarbeit der Polizei einmischen würde, aber trotzdem dringend darauf hinweisen wollte, welche Konsequenzen ein … zu einseitiges Vorgehen … nach sich ziehen könnte. Karla Neumann war leider schon lange genug Führungskraft bei der Polizei, und hätte über ähnliche Vorfälle in ihren früheren Dienststellen schon das eine oder andere Enthüllungsbuch schreiben können. Die Drohungen kamen manchmal überdeutlich und manchmal subtil, aber sie kamen. Irgendwen gab es immer, der mit dem Polizeipräsidenten Golf spielte oder mit dem Innenminister studiert hatte oder dessen Tochter ein Patenkind des Oberbürgermeisters war und so weiter. Da hatte sie so einige Kröten durch den Hals würgen müssen, und sie war sich sicher, dass die Ursache ihres Magengeschwürs genau dort zu suchen war. Umso schöner, dass heute die Karten mal anders verteilt waren.

Sie hatten sich im Büro von Staatsanwalt Klatte im Justizpalast in der Fürther Straße getroffen. Vom DISCO waren der Justiziar gekommen, ein Herr Dr. Lauschner und der Regional-Geschäftsführer Nordbayerns, Herr Johannes Herold. Wie alle Lebensmittelriesen, war der DISCO in regionalen Gesellschaften organisiert, die mehr oder weniger eigenständig agieren konnten. Herold war also Herr über alle Filialen in

Ober-, Mittel,- und Unterfranken sowie der Oberpfalz. Entsprechend großspurig und blasiert trat er auf. Anfangs waren die beiden Herren noch ziemlich zuversichtlich, auch wenn sie von ihren Beschwerde-Adressaten an die zuständige subalterne Ebene verwiesen worden waren.

»Um es kurz zu machen«, hatte Herold das Gespräch nahezu ohne Begrüßung begonnen. »Wir sind bereit, Ihre Entschuldigung bezüglich dieser illegalen Aktion zu akzeptieren, wenn Sie das beschlagnahmte Material unverzüglich herausgeben, wieder zu uns zurückfahren und jeden Aktenorder und jeden Computer wieder genau da hinstellen, wo Sie ihn entwendet haben.«

»Aber wir haben uns doch gar nicht entschuldigt«, erwiderte Klatte in seinem astreinen, preußischen Hochdeutsch. Eine gewisse Süffisanz war dabei aber nicht zu überhören. Offenbar hatte auch er eine Abneigung gegen höhensonnengebräunte Guccibrillenträger in dunkelblauen Brioni-Anzügen.

»Das werden Sie aber heute noch tun!« Der Chef lehnte sich in seinem Stuhl zurück, während Lauschner mitleidig nickte. »Und zwar öffentlich, über alle lokalen und regionalen Medien.«

»Davon wissen wir aber noch gar nichts«, antwortete nun Karla.

»Frau ... äh ...«

»Neumann«, sekundierte der Justiziar.

»Frau Neumann!« Der Ton des Managers wurde daraufhin milde oberlehrerhaft. »Wir stellen in der Region rund 5.000 Arbeitsplätze. Nur dank unserer Gewerbesteuern gibt es in einigen Kleinstädten noch Schwimmbäder. Ohne unser Sponsoring würde kein kulturelles Großereignis über die Bühne gehen. Ich bin selbst im Präsidium der IHK und im Wirtschaftsbeirat der Staatsregierung ...«

»Beeindruckend«, warf Klatte ein.

»Unsere ganze Regionalzentrale ist nicht mehr arbeitsfähig«, ergänzte Lauschner sachlich. »Bereits morgen wird es zu ersten Engpässen im Sortiment der Märkte kommen.

Spätestens nächste Woche werden die Regale leer sein. Wir können keinen Einkauf abwickeln und keine Gehälter auszahlen. Da werden wir um Schadensersatzklagen nicht herumkommen. Und dann müssen wir allerspätestens in vierzehn Tagen Kurzarbeit anmelden.«

»Mit Kurzarbeit werden wir uns da nicht aufhalten«, meldete sich Herold wieder zu Wort. »Da wird gekündigt, und zwar im großen Stil, und wir werden nicht versäumen, täglich darauf hinzuweisen, wer die Schuld daran trägt!«

»Ach so, Sie sind zwar komplett arbeitsunfähig, können keine Gehälter zahlen, aber kündigen können Sie?«, hakte Karla mit gespielter Naivität nach.

»Da werden sich Wege finden, und wenn die Bezirksleiter die Briefe mit der Hand schreiben müssen.« Herold riss sich die Brille herunter und rieb sich erregt die Nase.

»Nun, dann werden Sie sicher auch Mittel und Wege finden, Ihre Regale zu füllen und die Löhne zu zahlen«, lächelte Klatte ihn an.

»Darüber hinaus hat Ihnen der Polizeipräsident sicher schon gesagt, dass Sie uns gerne eine Dringlichkeitsliste der Akten und Geräte geben können, die Sie am schnellsten wieder benötigen. Wir werden Ihnen dann Kopien zukommen lassen, sobald wir die Originale gesichtet haben.«

»Sie wissen nicht, mit wem Sie sich anlegen«, drohte Herold, die Brille nun wieder auf der Nase.

»Und Sie wissen nicht, wer das erste Opfer dieser Salmonellenverseuchung war«, konterte Klatte.

»Wer denn?«, fragte Herold, während Lauschner den Krawattenknoten lockerte.

»Die Tante des Umwelt- und Gesundheitsministers.« Klatte griff zur Kaffeetasse und nahm einen langsamen Schluck.

»Ach …« Der Manager wurde unsicher. »… und das ist sicher, dass das auf unseren Salat zurückgeht?«

»Sie war wohl eine treue Kundin Ihres Hauses«, bestätigte Karla, auch wenn sie sich da alles andere als sicher war.

»Tja, das ist ... sehr tragisch«, sagte Herold, nachdem er seinem Justiziar einen fragenden Blick zugeworfen und Lauschner mit einem Achselzucken reagiert hatte. »Wir werden Herrn Dr. Böhner umgehend ein Kondolenzschreiben zukommen lassen. Aber letztlich rechtfertigt das doch nicht, dass Sie hier Tausende von Arbeitsplätzen aufs Spiel setzen!«

»Es steht auch die Gesundheit von Tausenden auf dem Spiel.« Karla beschloss, dass sie die Szene nun genug genossen hatte. »Seien Sie froh, dass noch kein Kind dabei ums Leben gekommen ist. Und ich warne Sie nochmals: Sollten wir Hinweise darauf finden, dass Sie von dieser Seuche wussten oder dass Sie zum Beispiel erpresst wurden und nicht die Polizei eingeschaltet haben, dann kriegen wir Sie, und dann sitzt keine Kassiererin auf der Anklagebank, Herr Herold.«

»Beihilfe zur tausendfachen gefährlichen Körperverletzung, Vertuschung einer Straftat, unterlassene Hilfeleistung, Falschaussage«, zählte Klatte die infrage kommenden Straftatbestände auf.

Jedenfalls waren die beiden Herren dann unverrichteter Dinge wieder abgezogen. Natürlich nicht ohne die Drohung, dass dies alles ein gewaltiges Nachspiel haben würde. Und Karla war nach einer kurzen Nachbesprechung mit Klatte frohen Mutes in ihr Büro am Jakobsplatz zurückgefahren. Es war ausnahmsweise ein halbwegs passabler Sommertag, nicht so kühl wie letzte Woche, mit ein paar Schäfchenwolken am Himmel. Und außerdem waren ihr für heute drei weitere Beamte aus München versprochen worden. Mit deren Hilfe würde es nun sicher schneller vorangehen, wenn sie brauchbar waren. Aber genau da lag das Problem, zumindest in jenem Fall, der nun ohne anzuklopfen in ihr Büro stürmte.

»Haben Sie hier was zu melden?«, fragte ein groß gewachsener Mann mit Brille in einem Kasernenhofton, der ihr irgendwie bekannt vorkam.

»Mit wem habe ich die Ehre?«, fragte Karla spitz.

»Hauptkommissar Maul, Kriminaldirektion München … zumindest momentan.«

»Ja.« Karlas Gedächtnis kam in die Gänge. »Sie waren doch schon mal bei uns, bei der Sache mit der Bundesagentur für Arbeit.«

»Korrekt«, sagte Maul. »Durch meine Mithilfe haben die Kollegen den Fall schnell aufklären können …«

»Nun, ja. Wenn ich mich recht erinnere, hatten Sie damals überhaupt keine Weisung, hier in Nürnberg mitzuarbeiten. Ihr Vorgesetzter in München wusste gar nicht, wo Sie stecken.«

»Das interessiert den sonst auch nicht.« Maul fläzte sich unaufgefordert in den Besucherstuhl gegenüber von Karlas Schreitisch.

»Und jetzt sind Sie einer der Kollegen, die wir als Verstärkung aus München bekommen sollen?«, fragte sie.

»Keine Ahnung, ob da noch jemand anderes kommt.« Maul runzelte die Stirn. »Das interessiert mich auch nicht, ich bin nämlich nicht teamfähig, wissen Sie?«

»Ich glaube, so was damals schon gehört zu haben.« Karla schwante, dass der Tag nicht so gut weitergehen würde, wie er begonnen hatte.

»Außerdem hatten wir hier damals mehrere Beschwerden über Sie«, fuhr sie fort. »Sie haben eine Managerin von Digidoor ohne Fluchtgefahr und ohne Haftbefehl festgenommen und von München nach Nürnberg entführt …«

»Die war tatverdächtig und wollte türmen«, entschuldigte sich Maul.

»… dann haben Sie eine Mitarbeiterin der Telekom beschimpft …«

»Sonst hätten wir die Verbindungsdaten des Handys heute noch nicht.« Maul tat unschuldig. »Ich habe ja nur gesagt, dass sie zurück in die Tschechei gehen soll, wenn sie kein Deutsch versteht!«

»… und schließlich haben Sie sich geweigert, einen Bericht über den Hergang der Schussverletzung zu verfassen, die Sie einem der Täter beigebracht haben.« Karla hatte die Akte nun wieder vollständig im Kopf.

»Mit dem Schreiben hab ich es nicht so«, erklärte Maul. »Das können andere besser, und ich bin der Meinung, dass jeder das machen sollte, was er am besten kann.«

»Puhh«, seufzte Karla. »Ich bin mir jedenfalls nicht sicher, ob Sie wirklich eine Entlastung für die Soko sind …«

»Das liegt nur daran, dass Sie als Frau Probleme mit meiner natürlichen Autorität haben.« Maul lehnte sich zurück und schlug die Beine übereinander.

»Ach so!« Karlas Ton wurde eisig.

»Ja, ich bin nämlich nicht einer von vielen, ich bin einer von einem. Jemanden mit meiner Lebensweisheit finden Sie so schnell nicht wieder …«

»Herr Maul …«

»Es gibt immer zwei Seiten auf einer Straße«, fuhr Maul fort. »Auf der einen ist Sonne, und auf der anderen ist Schatten. Und da, wo ich bin, da ist die Sonne.«

»Herr Maul!« Karla sah sich gezwungen, die Stimme zu erheben. »Ich glaube nicht, dass wir einen notorischen Querulanten in unserer Soko gebrauchen können … einen nicht teamfähigen, notorischen Querulanten, um genau zu sein!«

»Dafür haben Sie ja jetzt mich«, lächelte Maul.

»Ich meinte Sie, um es deutlich zu sagen«, rief Karla.

»Also, mit dem Alfred Albach konnte ich gut zusammenarbeiten.« Maul schien nicht beleidigt zu sein.

»Gut«, seufzte Karla. »Ich werde heute noch mit ihrem Vorgesetzten in München telefonieren und die Sache klären. Bis dahin melden Sie sich in Gottes Namen bei Herrn Albach … Soll der sehen, was mit Ihnen anzufangen ist.«

»Hervorragend. Wo ist er denn?« Mauls Augen strahlten nun.

»Ich muss mir ja nicht jedes Problem ans Bein binden«, seufzte Karla mehr zu sich selbst. »Ich glaube, Herr Albach befindet sich gerade im Außendienst. Am besten Sie warten in seinem Büro auf ihn.«

»Alles klar.« Maul stand auf. »Dann gehe ich vorher noch einmal in die Kantine. Der Leberkäse war gar nicht so schlecht, das letzte Mal.«

»Da können Sie wenigstens nichts anstellen«, erwiderte Karla und spürte, wie sich ihr Magengeschwür wieder meldete.

9. Zufallsfund

Am nächsten Morgen war eine große Lagebesprechung angesetzt. Es ging vor allem darum, die Mitglieder der Soko auf den aktuellen Stand zu bringen, was die Auswertung der beschlagnahmten Akten und Computer des Discounters anging. Die Soko war mittlerweile auf über zwanzig Kollegen angewachsen, weil einige der Nürnberger wieder fit waren und zwei Beamte aus Weiden und drei aus München dazugekommen waren. Rainer Maul war natürlich ein besonderer Fall, er hatte es geschafft, schon ein halbes Dutzend Mal strafversetzt zu werden, was eigentlich so gut wie unmöglich war. Strafversetzungen gab es nämlich im disziplinarischen Katalog der Polizei gar nicht. So was war noch unwahrscheinlicher als ein Aussetzen der Schulpflicht, gleichwohl war es denkbar, dass ein Vorgesetzter von einem Mitarbeiter so genervt war, dass er dessen Versetzung in ein anderes Dezernat oder eben eine andere Direktion betrieb. Letzteres bedeutete einen Wechsel des Einsatzortes. Rainer Maul stammte ursprünglich aus Fürth. Zur Polizei war er nach seinen zwölf Jahren als Zeitsoldat gekommen, als die Bundeswehr ihn nicht in die Reihen ihrer Berufssoldaten aufnehmen wollte. Auch wenn das bei Maul nun nicht verwunderlich war, kam es doch häufiger vor, weil es nicht genügend Stellen für lebenslange Militärs gab. Daher wurden diese ausgeschiedenen Zwölfender meist zu Beamten umgeschult und dienten ihrem Land danach in Finanzämtern, Bundes- und Landesämtern oder eben bei der Polizei. Sicher hatten schon mehrere Gutachter Hauptkommissar Maul eine handfeste narzisstische Persönlichkeitsstörung bescheinigt. Dies, verbunden mit seinem Hang zur politischen Unkorrektheit hatte dazu geführt, dass pro Woche im Durchschnitt drei Beschwerden über Hauptkommissar Maul eingingen, die dann von seinen Vorgesetzten bearbeitet werden mussten. Nun war Rainer nicht der erste solche Fall in der Nachkriegsgeschichte der Polizei. Üblicherweise entsorgte man diese Kollegen in Kellerbüros, für die man sich ein wohlklingendes Türschild ausdachte, etwa »Stabsstelle für Zukunftsfragen« oder »Abstrakte Einsatzplanung«. Da konnten sie dann sitzen und Zeitung lesen, bis der Tag der Pensionierung kam. Bei Rainer Maul verhielt es sich nur so, dass er sich einerseits nicht gerne einsperren ließ, und andererseits ein wirklich brillanter und effektiver Ermittler war – wenn auch auf seine Weise. Somit war Alfred auch völlig klar, warum der Münchener Kripochef die Chance genutzt hatte, Maul zumindest vorübergehend loszuwerden. Wenn sich jemand, etwa Frau Neumann, in München beschweren und dem Kollegen in der Landeshauptstadt nahelegen würde, Herrn Maul doch bitte gleich wieder zurückzunehmen, würde das Pendant in München süffisant auf die großen Erfolge verweisen, die Hauptkommissar Maul vor allem bei verzwickten Fällen vorzuweisen hatte. Ob man es sich wirklich leisten könnte, auf so einen Kollegen zu verzichten, auch wenn er etwas unkonventionell war?

Alfred jedenfalls konnte schon deswegen nichts gegen Rainer Maul haben, weil er ihm vor drei Jahren das Leben gerettet hatte. Durch einen gezielten Schuss ins Bein hatte Maul verhindert, dass der fast überführte Komplize eines Täters Alfred nachts auf dem Heimweg den Scheitel mit einem Baseballschläger nachzog. Gut, vielleicht wäre er nicht daran gestorben, aber ohne schwere Hirnschäden wäre es nicht ausgegangen, das hatten ihm die Ärzte damals versichert. Unnötig zu erwähnen, dass Maul den Täter aus eigenen Stücken und ohne entsprechende Anweisung beschattet hatte. Alfred wusste auch nicht genau, woran es lag, aber wenn man Rainer richtig anpackte, war es gar nicht so schwer, mit ihm auszukommen. Selbst Renan hatte mit ihm gekonnt, obwohl der Kollege fast keine Gelegenheit ausließ, seine Skepsis gegenüber dem weiblichen Geschlecht im Allgemeinen und gegenüber weiblichen Polizisten im Besonderen zu äußern und pseudowissenschaftlich zu untermauern. Irgendwie war es Renan zu plump, auf die Provokation einzusteigen, und sicher hatte sie schnell erkannt, dass sie es im Prinzip mit einem großen Kind zu tun hatte, das besondere Freude dabei empfand, permanent seine Grenzen zu erkunden. Maul wiederum hatte trotz seiner Persönlichkeitsstörung ein Gespür für markante, authentische Typen, wie sie beispielsweise an den Ständen des Hauptmarktes oder hinter den Zapfhähnen fränkischer Landwirtschaften zu finden waren. Menschen eben, die nicht grundlos lächelten, nur weil ein Fremder den Raum betrat, oder die einem, wenn man ein kleines Bier haben wollte, ein ganzes hinstellten, mit den Worten: »Entweder du trinkst des oder du hast kann Durscht!« So etwas wurde von Maul fast freudig akzeptiert, und genauso hatte er damals Renan akzeptiert und sie ihn. Ob das aber in ihrem aktuellen Gemütszustand noch funktionieren würde, daran hatte Alfred seine Zweifel.

»Wir müssen davon ausgehen, dass der Täter noch einmal zuschlägt«, eröffnete Karla die Sitzung. »Jemand hat versucht, bei dem neuen Lieferanten des DISCO in ein Gewächshaus einzubrechen, in dem Salat gezogen wird.«

»Ich stimme zu.« Man merkte, dass es Herbert schwerfiel, diese Worte auszusprechen. »Auch wenn es meiner Meinung nach der Bulgare war, der mittlerweile geflohen ist. Wir dürfen absolut nichts unversucht lassen, um einen erneuten Anschlag zu verhindern … Man hat ja schon Pferde kotzen sehen!«

So saßen sie alle in der Einsatzzentrale, die vergrößerte Soko, Karla Neumann, Herbert Göttler, Dr. Thaler vom Gesundheitsamt, ein weiterer Herr, den das Namensschild auf seinem Tisch als Dr. Achenleitner vom Landesamt für Gesundheit und Lebensmittelüberwachung auswies, die Dame vom Ordnungsamt und Staatsanwalt Klatte. Zu Alfreds Verwunderung war auch Professor Unlieb anwesend, der Leiter der Gerichtsmedizin in Erlangen. Für die gab es hier doch eigentlich nichts zu tun. Herbert fuhr mit einigen Lobhudeleien über die anderen Direktionen fort, die »Hilfstruppen« nach Nürnberg geschickt hatten, und über die Soko im Allgemeinen, die seit Tagen außerordentliche Leistungen vollbrachte. Nun durften die Teams aus dem Außendienst ihre Tätigkeitsberichte abliefern. Alfred informierte über den Besuch bei Hartleib und darüber, dass der Verdächtige namens Hermann Schmidt tatsächlich versucht hatte, dort anzuheuern, jedoch vom Vorarbeiter als »schlechter Mann« abgelehnt worden war. Renan überließ es Karina, von ihrem Besuch bei der Erlanger Firma zu berichten, die einen Schnelltest gegen Salmonellen und andere Krankheitserreger auf den Markt geworfen hatte.

»Das ist zwar absolute Scharlatanerie«, meldete sich Professor Unlieb zu Wort. »Die Erreger können mutieren und dann können Sie diesen Test in die Tonne treten …«

»Allerdings«, nickte der Herr vom Landesamt für Gesundheit zu seiner Linken.

»Es ist aber schon klar, dass dieses … Unternehmen da eine lange Zeit an Entwicklungsarbeit geleistet haben muss, wahrscheinlich Jahre. Warum sollten die so dumm sein, kurz nachdem dieser Mist auf den Markt kommt, eine Epidemie zu verursachen? Das ist ja wohl mehr als auffällig.«

»Straftäter sind leider oder besser gesagt Gott sei Dank, oft nicht so clever, wie man meinen möchte, Herr Professor Unlieb«, meldetet sich Karla Neumann. »Diese Damen und Herren investieren Monate, vielleicht Jahre an Vorarbeit, dann läuft das Ding nicht so, wie sie es sich vorgestellt haben, und sie beschließen nachzuhelfen … Frau Müller, Sie sind die erfahrenere Beamtin, wie beurteilen Sie diese Spur?«

»Wir überprüfen die Alibis für die Tatzeit, in der der Bauer Stauder ermordet wurde.« Renan funkelte Karla ungehalten an. »Das dürfte der einfachste Weg sein. Allerdings hat die Frau in dem Trio kein Alibi, die will alleine im Bett gelegen haben …«

»Nun ja, eine Frau kommt für diese Tat ja kaum in Betracht«, unterbrach Karla. »Der Bauer war ja nicht gerade klein und nicht gerade dünn.«

»Andererseits müssen Sie in Betracht ziehen, dass eine Biotechnik-Firma natürlich keinerlei Probleme hat, an die Salmonellen in ausreichenden Mengen heranzukommen, die für die Verseuchung des Salates benötigt wurden.« Staatsanwalt Klatte hielt ein Taschentuch in der Hand und erwartete anscheinend einen Niesanfall.

»Also wissen Sie, wenn die Ignoranz in diesem Volk noch nicht so weit fortgeschritten wäre ...«, sagte wieder Professor Unlieb.

»Entschuldigung, Herr Professor.« Karla hob die Hand. »Ich würde gerne noch den Bericht abschließen. Frau Müller, wie beurteilen Sie nun diese Spur?«

»Das kann man noch nicht beurteilen.« Renan zuckte mit den Schultern. »Lassen Sie uns die Alibis überprüfen, dann sehen wir weiter.« Offenbar war Renan nicht gewillt, der Kriminalrätin eine weibliche Intuition zu liefern.

»Es ist doch klar wie Kartoffelsuppe, dass der flüchtige Bulgare ganz oben stehen muss.« Nun war es an Herbert, das Wort zu ergreifen. »Dann kommt der ominöse deutsche Saisonarbeiter. Diese Erlanger Jungunternehmer können wir vergessen. Damit verschwenden wir nur wertvolle Kapazitäten!«

»Bei allem Respekt, Herr Kriminaldirektor.« Klatte hatte seine Nase mittlerweile entleert. »Diese Spur einfach zu ignorieren, halte ich für grob fahrlässig!«

»Jedenfalls ist es im Prinzip keine große Kunst, Salmonellen im großen Stil zu produzieren.« Unlieb schien etwas ungehalten, dass Karla seine Ausführungen ohne Ergebnis unterbrochen hatte. »Die Dinger sitzen fast auf jeder Eierschale. Wenn Sie sich aus verschiedenen Bezugsquellen ein paar Eier besorgen, die in ein Gefäß aufschlagen, das dann bei guter Wärme ein paar Tage stehen lassen, haben Sie mit an Sicherheit grenzender Wahrscheinlichkeit eine gut laufende Salmonellenzucht eröffnet.«

»Allerdings«, nickte der Herr zu seiner Linken wieder.

»Und die Menge reicht dann aus, um eine Seuche dieser Größenordnung zu verursachen?«, fragte Karla.

»Bakterielles Wachstum verläuft exponentiell, Frau, äh ...«

»Neumann!«

»Frau Neumann. Das ist nicht wie bei den deutschen Frauen, die heute höchstens noch ein Kind kriegen, und das auch erst mit Mitte vierzig!« Das Gespräch begann langsam, interessant zu werden.

»Wir sind nicht hier, um gesellschaftliche Trends zu diskutieren«, schoss Karla zurück.

»Eben«, mischte sich nun wieder Herbert ein.

Alfreds Blick war kurz zu Maul gewandert, der drei Stühle weiter neben Ondracek lümmelte und seine Abneigung gegen jede Form von Innendienst deutlich zur Schau trug. Kurzzeitig schien sein Interesse geweckt, und es wirkte fast, als wollte er sich zum Thema Frauen und Geburtenrate zu Wort melden. Als aber Herbert die Diskussion wieder auf die Ermittlungen lenkte, lehnte er sich abermals zurück, zog einen der beschlagnahmten Ordner aus einer Kiste, die hinter ihm neben Renans Schreibtisch stand und begann, lustlos darin zu blättern.

»Aber vielleicht können Sie uns endlich etwas zu dem Toten aus Bamberg sagen«, legte Karla in Richtung des Gerichtsmediziners nach. »War es jetzt ein Suizid oder könnte doch jemand nachgeholfen haben?«

»Das können wir abschließend nicht beurteilen.« Unlieb schien nicht erfreut, dass Karla den Fall Unger angesprochen hatte. »Der Mann ist mit einer großen Menge Alkohol und Beruhigungsmitteln im Blut ein Wehr hinuntergefahren und ertrunken. Ob er das aus Leichtsinn oder in Selbstmordabsicht gemacht hat, können wir an den inneren Organen nicht erkennen.«

»Und wie sieht's mit Fremdeinwirkung aus?«, fragte Alfred.

»Es waren keine Kampfspuren oder Ähnliches festzustellen«, seufzte Unlieb. »Wenn Sie aber wissen wollen, ob ihn womöglich jemand mit vorgehaltener Waffe gezwungen hat, sich zu betrinken und dann ins Boot zu steigen ... dann müssen wir leider auch passen.«

»Sind wir denn nun schon in der Frage weiter, wie diese Viecher auf das Gemüse gekommen sind?« Herbert sah Herrn Dr. Achenleitner an, der eine Brille aufsetzte und ausgiebig seufzte.

»Allerdings ...«, sagte Herr Dr. Achenleitner.

»Können Sie auch noch etwas anderes sagen?«, fragte Professor Unlieb scharf.

»Das muss ich ja wohl, auch wenn ich es aus wissenschaftlicher Perspektive nicht gerne tue, Herr Kollege.« Achenleitner zeigte ein gequältes Lächeln. Er hatte ergraute Locken und seine Schneidezähne waren irgendwann einmal durch Jackett-Kronen ersetzt worden. Seinem Idiom war noch anzuhören, dass er ursprünglich aus einem anderen Teil Bayerns stammte.

»Vorausschicken möchte ich, dass sich mittlerweile auch das Bundesinstitut für Risikobewertung und das Robert-Koch-Institut in die Sache eingeschaltet haben.« Er schlug eine Registermappe auf und platzierte eine schmale Lesebrille auf seiner Nase.

»Das wird irgendwann unvermeidlich, wenn solche Ausbrüche eine gewisse Größenordnung erreichen. Schließlich will sich ja jede politische Ebene irgendwie profilieren, nicht wahr? Ich erwähne das nur, weil es unsere Arbeit nicht unwesentlich behindert, wenn wir die beiden Einrichtungen immer noch über den aktuellen Stand informieren und unsere Testergebnisse nach Berlin übermitteln müssen ...«

»Geschenkt, Herr Dr. Achenleitner, geschenkt.« Herbert wurde nun auch langsam unwirsch. Wenn Sie jetzt die Güte hätten, uns auch über den aktuellen Stand zu informieren?«

»Aber gerne, Herr Göttler.« Achenleitner nestelte an seinem Krawattenknoten. »Wir haben in allen seit dem

Ausbruch gezogenen Proben keine Salmonellen feststellen können. Auch an dem Salat des Nachbarbauern, dessen Gewächshaus beschädigt wurde, finden sich keine solchen Erreger. Die Proben aus den Discountern, die wir in den letzten Tagen genommen haben, waren ebenfalls unauffällig. So viel vorweg …«

»Haben Sie nur Salatköpfe aus Discountern geprüft oder auch aus anderen Bezugsquellen?«, hakte Karla nach.

»Selbstverständlich.« Achenleitner nahm die Brille von der Nase. »Wir haben selbst aus Bio-Märkten Proben genommen. Dabei ist es für Ihre Ermittlungen unerheblich, aber am Rande ganz interessant, dass wir dort nicht geringe Rückstande von Pflanzenschutzmitteln und Kunstdüngern festgestellt haben …«

»Ha«, lachte Maul, der offenbar zuhören konnte, auch wenn er in eine Akte vertieft war.

»Ja, der Mensch glaubt eben das, was er glauben will«, grinste der Experte. »Entwarnung kann man deswegen aber noch nicht geben, weil ja fast täglich neue Margen an Salat in den Handel kommen, und solange Täter und Motiv nicht feststehen, müssen wir mit neuen Attacken rechnen …«

»Das sagte ich ja bereits.« Herberts Ungeduld wuchs zusehends. »Deswegen wüssten wir ja auch gerne, wie diese Erreger nun auf den Salat im Knoblauchsland gekommen sind.«

»Wahrscheinlich durch die Bewässerung«, kam Achenleitner unverhofft schnell zum Punkt.

»Weiter …«, sagte Karla.

»Der Dünger scheidet als Übertragungsmedium aus«, erläuterte Achenleitner. »Er wird nicht nur für den Salat verwendet, und auf anderen Früchten haben wir keine Erreger gefunden. Theoretisch könnte man die Stauden einzeln infizieren, indem man die Erreger mit einer großen Sprühflasche bearbeitet, aber das ist sehr aufwendig, und wahrscheinlich auch auffällig. Daher bleibt fast nur noch die Bewässerung. Hier ist es wiederum sicher, dass es sich nicht um eine grundsätzliche Verseuchung des Wassers handeln kann. Zum einen wird das in regelmäßigen Abständen kontrolliert, zum anderen wären dann auch alle anderen Produkte dieses Hofes betroffen gewesen. Daher gehen wir davon aus, dass die Erreger gezielt in die Bewässerung der Salatfelder beziehungsweise Gewächshäuser gegeben wurden.«

»Ist das so gezielt möglich?«, fragte Herbert.

»Durchaus!« Achenleitner blätterte in seiner Mappe. »Es handelt sich um ein Bewässerungssystem, in dem das Wasser in Leitungen zugeführt und verteilt wird, die Fließrichtung ist dabei immer die gleiche. Wenn Sie an der richtigen Stelle eine Verbindung öffnen, können Sie die Erreger so eingeben, dass sie nur auf den Salat kommen.«

»Gut, also unterm Strich bleibt es dabei, dass es ein Insider gewesen sein muss«, schloss Herbert. »Jemand, der die notwendigen Kenntnisse und den Zugang zur Bewässerung hatte ...«

»Mit einem Minimum an gesundem Menschenverstand kann das jeder schaffen«, warf Professor Unlieb wieder ein. »Dafür braucht man kein profundes Expertenwissen. Wir reden hier nicht von Kernphysik!«

»Allerdings«, seufzte Dr. Achenleitner. »Daher kann ich Ihnen hier auch keine abschließenden Wahrheiten verkünden.«

»Nun ja, immerhin scheint es ja unstrittig, dass Vorsatz im Spiel war, oder?« Karla bemühte sich, konstruktiv zu sein.

»Das, ähm ... ist zutreffend«, schloss Achenleitner seinen Vortrag. Er lehnte sich zurück und nahm einen tiefen Zug aus seinem Wasserglas.

Als Nächstes kam der Zwischenstand zur Auswertung der beschlagnahmten Akten und Computer aus der DISCO-Zentrale dran. Zu Alfreds Verwunderung hatte Ondracek auf seine letzten Dienstmonate noch einmal ungeahnten Eifer entwickelt und die Federführung bei den Untersuchungen übernommen. Das konnte natürlich auch damit zu tun haben, dass derjenige, der koordinierte und Ergebnisse zusammenfasste, selbst weniger Zeit hatte, Staub zu schlucken und sich durch schier endlose Giga- oder Terabytes an Daten zu klicken. Ondracek hatte sich die letzten Jahre nicht mehr besonders verausgabt. Er hatte seinen Dienst heruntergerissen und darauf geachtet, dass er nicht sozial verträglich vor der Pensionierung an einem Herzinfarkt oder Schlaganfall sterben würde, was angesichts seiner Leibesfülle kein so abwegiger Gedanke war. Immerhin musste man ihm zugutehalten, dass er nicht dauernd krank war, wie es bei Beamten jenseits der Fünfzig nicht selten vorkam. Ein gewisser Rest von Fairness gegenüber den Kollegen hatte sich bei ihm erhalten. Das war schon mal nicht schlecht. Alfred hatte aber nie bewusst wahrgenommen, dass Ondracek tatsächlich ein sehr strukturierter und analytischer Typ war. Gut, wahrscheinlich hatte der auch keinen großen Wert darauf gelegt, das nach außen zu zeigen, weil es ja nur noch mehr Arbeit und Aufgaben nach sich gezogen hätte. Jetzt aber schien es Ondracek angesichts der wenigen Monate bis zum Ruhestand egal oder er wollte, dass diese Sache möglichst schnell aufgeklärt wurde, damit endlich wieder Ruhe einkehrte am Jakobsplatz. Jedenfalls verschonte er die Soko mit Aufzählungen einzelner Inhalte der Akten. Stattdessen erklärte er erst einmal die Organisationsstruktur des Discounters, während Maul neben ihm eine neue Akte aus der Kiste an der Wand fischte.

»Der Aufbau von diesem Discounter ist der Polizei gar nicht so unähnlich …« Alfred glaubte, seinen Augen nicht zu trauen, als die immer noch namenlose zweite Anwärterin auf einen Computer tippte und auf der Projektionsfläche hinter Herbert und Karla Neumann eine Art selbst gebasteltes Organigramm auftauchte. Das konnte unmöglich auf Ondraceks Mist gewachsen sein.

»Irgendwo gibt es eine Bundeszentrale, die interessieren sich aber nicht so sehr für das Alltagsgeschäft. Dann gibt es Regionalzentralen. Die richten sich im Gegensatz zu uns aber nicht nach den Bundesländern. Teilweise gibt es mehrere in einem Land, teilweise sind sie für mehrere zuständig, je nach der Anzahl der Märkte. Wir haben nun das Glück, dass die für den Großraum Nürnberg zuständige Regionalzentrale sich auch in der Nähe befindet. Dann gibt es verschiedene Bezirke – deutlich kleiner als unsere – zu denen eine bestimmte Zahl an Filialen gehört ...«

»Wie viele Filialen?«, fragte Karla.

»Das können sechs sein oder zwanzig«, antwortete Ondracek. »Wir sind noch nicht ganz dahintergekommen wonach sich das richtet. Für jeden Bezirk gibt es jedenfalls einen Bezirksleiter oder eine Leiterin, und die sind dafür verantwortlich, wie die einzelnen Läden laufen. In den Filialen gibt es dann halt noch die Filialleiter, Stellvertreter, sonstige Mitarbeiter und Lehrlinge ...«

»Entschuldigung, wenn ich mich fachfremd einmische«, tönte es aus Professor Unliebs Richtung. »Aber wozu soll diese Betriebssoziologie nun gut sein?«

»Die Wahrscheinlichkeit, dass der Täter mit der Seuche dem DISCO schaden wollte, ist sehr groß«, erklärte Karla sichtlich gereizt. »Daher sind wir relativ sicher, dass er dem Betrieb einmal angehört hat oder zumindest seinem nächsten Umfeld. Wir suchen also unter anderem in den Personalakten nach einem Gesicht, das diesem angeblichen Herrn Schmidt ähnlich sieht ...«

»Moment«, sagte Ondracek, und seine Azubine brachte binnen Sekunden das Phantombild und den unscharfen Ausschnitt des Regionalfernsehens an die Wand.

»Danke, Frau ... ähm.« Auch Karla schien bisweilen Probleme mit dem Namensgedächtnis zu haben.

»Ich wollte erläutern, wo wir bislang gesucht haben«, sagte nun wieder Ondracek. »Und zwar in der Regionalzentrale und bei den Bezirksleitern, demnächst fangen wir dann mit den Filialleitern an und arbeiten uns weiter nach unten. Das Problem ist, dass wir bei den älteren Mitarbeitern entweder gar keine Passbilder in den Akten haben oder halt sehr alte. Wenn die 1980 als Stifte angefangen haben, sehen sie mittlerweile ziemlich anders aus.«

»Ich gehe davon aus, dass Sie sich dann um aktuellere Fotos bemühen«, warf Karla ein.

»Klar machen wir das.« Ondracek lächelte und lehnte sich zurück. »Wir durchsuchen die Mitarbeiterzeitung und auch das Internet, zumindest, wenn es keine Allerweltsnamen sind, wie Hermann Schmidt.«

»Warum fahren Sie nicht hin und schauen sich die Leute an?«, fragte Professor Unlieb. »Würde das nicht schneller gehen?«

»Allerdings«, nickte Ondracek. »Wir haben aber die Anweisung, dass die Auswertung der Akten Vorrang hat ...«

»Es könnte ja auch ein Erpressungsfall vorliegen.« Karla sah sich genötigt, ihre Entscheidungen zum Personaleinsatz zu rechtfertigen, während Herbert Göttler schadenfroh grinste. »Und dann würden sich irgendwo in diesem Material Hinweise finden, die uns sehr schnell weiterbringen würden.«

»Gut, dazu ist zu sagen, dass wir bislang keinerlei Hinweise auf eine Erpressung gefunden haben«, beeilte sich Ondracek zu versichern. Es gibt durchaus Gesprächsnotizen und Protokolle von Bezirksleitersitzungen. Die sind auch ganz interessant, aber es war nie die Rede davon, dass jemand gedroht hat, die Waren zu vergiften.«

»Aber Sie sind ja noch lange nicht durch, oder?« Karla wollte sich nicht so schnell geschlagen geben.

»Das ist richtig«, brummte Ondracek.

»Wie viel von dem Zeug haben Sie denn mittlerweile durch?«, fragte nun Herbert, den Zahlen immer am meisten interessierten.

Ondracek blies heftig in seinen Bart. »Irgendwas zwischen einem Fünftel und einem Drittel ... bei oberflächlicher Prüfung«, schätzte er.

»Wie lange wird es dann noch dauern, bis Sie zumindest mit dem Personal ganz fertig sind?« Herbert schien einen konstruktiven Vorschlag machen zu wollen.

»Drei bis vier Tage«, sagte Ondracek. »Weniger sicher nicht!«

»Doch«, tönte es nun aus der Ecke, wo Rainer Maul saß.

»Herr Maul! Was haben Sie wichtiges beizutragen?«, fragte Karla giftig.

»Den Verdächtigen«, rief Maul und hielt einen aufgeschlagenen Ordner hoch.

Der Himmel über der Autobahn verfinsterte sich rasend schnell. Den ganzen Tag war es schon drückend schwül gewesen, sowohl in Nürnberg als auch zweihundertfünfzig Kilometer weiter südöstlich. Wolken waren aber lange keine zu sehen gewesen. Die Donaulandschaft links und rechts der A 3 hatte wie ein Postkartenmotiv gewirkt und auf Renans Laune gedrückt. Dagegen nahm sie nun die finsteren Wolkentürme und das in schmalen Streifen durchscheinende Licht als bizarre Schönheit war. Mindestens so bizarr wie diese Expedition, auf der sie sich am Mittag des nächsten Tages mit Rainer Maul wiederfand. Das Ganze war so wie immer in wichtigen und großen Fällen. Erst kam man tage- oder wochenlang nicht richtig weiter, und dann flammten binnen vierundzwanzig Stunden zwei große Spuren auf. Erst gestern hatte Rainer Maul den Verdächtigen in einer alten Personalakte des DISCO gefunden, zufällig zwar, aber immerhin. Der Mann hieß in Wirklichkeit Eberhard Angermann und war wohl Bezirksleiter beim DISCO gewesen. Heute war die Neumann zusammen mit Ondracek losgezogen, um die Chefetage des Discounters zu dem Mann zu befragen. Alfred und Woodstock mussten den Verdächtigen selbst suchen. Renan war etwas später zum Dienst erschienen und wollte sich an die Überprüfung der Alibis der BestTest Leute machen, obwohl sie keinerlei Lust dazu verspürte und sich ernsthaft mit dem Gedanken trug, mal wieder ein paar Tage in der dunklen Wohnung zu verbringen. Da war die Meldung der Kollegen aus Österreich eingetroffen. Bei einer Routinekontrolle an der Grenze zwischen Wien und Bratislava hatten Zöllner den zur internationalen Fahndung ausgeschriebenen rumänischen Saisonarbeiter Marian Cuprinsu aus einem Lkw gezogen. Normalerweise achtete der Zoll mehr auf die Ladung und Fahrtenschreiber der Fahrzeuge. Aber der Mann hatte sich wohl irgendwie verdächtig verhalten. Vielleicht hatte er versucht abzuhauen, jedenfalls hatten die Grenzer dann mal die aktuellen Fahndungsaufrufe durchgesehen. Nun war die Frage, wie man den Verdächtigen von Wien nach Nürnberg schaffte, und da war es nicht unüblich, sich die Arbeit zu teilen. Die österreichische Polizei verfrachtete ihn in einen Streifenwagen und fuhr ihn bis zur Grenze, wo er dann an die deutschen Behörden übergeben wurde. Natürlich war es nicht notwendig, dass zwei Beamte im Kommissarsrang so einen Flüchtling abholen, aber Rainer hatte die vorübergehende Vakanz in der Führung der Soko als Chance genutzt und sofort erklärt, dass er den Rumänen am Grenzübergang Passau-Suben abholen würde. Das war ein Einsatz nach Mauls Geschmack, er hatte einen Streifenwagen beschlagnahmt – nagelneuer BMW –, seinen Proviant eingepackt und wollte gerade los, als Renan auf den Hof radelte. Vielleicht hatte er keine Lust verspürt, einen ihm unbekannten Kollegen mitzunehmen, denn alleine durfte man so eine Aktion auf keinen Fall machen. Vielleicht war es auch nur aus einer Laune heraus. Jedenfalls hatte er Renan mehr befohlen als gebeten, ihn doch nach Passau zu begleiten. Renan hatte auch nicht lange darüber nachgedacht. Sie war heute ohnehin schlechter Stimmung, und bevor sie wieder der Neumann in die Arme lief ...

Auf der Autobahn hatte sie dann kurze Zeit mit Ihrer Entscheidung gehadert. Zwar kannte sie Rainer von einem früheren Fall, aber er war schon ziemlich daneben manchmal und legte bei seinen mündlichen Äußerungen meist mehr Wert auf Quantität denn auf Qualität. Sie wusste nicht, ob sie das einen Tag lang durchstehen würde. Wider Erwarten war Rainer aber relativ schweigsam gewesen auf der Hinfahrt, und was er sagte, sprach Renan fast aus der Seele. Er beschwerte sich über die drückende Sonne und zuckte mit keiner Wimper, als sich Renan kurz hinter Neumarkt die erste Zigarette anzündete.

»Mit diesen ganzen Scheintoten kann ich nichts anfangen«, erklärte Maul, als sie sich in halsbrecherischem Tempo Regensburg näherten.

»Wen meinst du jetzt genau?«, fragte Renan, ohne sich näher dafür zu interessieren.

»Na, die da im Präsidium, die den ganzen Tag Akten wälzen und die, die da auf der linken Spur fahren … nur mit 160!« Er fuhr bis auf einen halben Meter auf einen VW Passat auf und gab ihm die Lichthupe. Das Blaulicht hatte er nicht eingeschaltet. Dabei war vielleicht noch von Bedeutung, dass sie sich auf einem Abschnitt mit Begrenzung 120 befanden.

»Die sind doch tot im Kopf, machen jeden Tag das Gleiche ohne nachzudenken und fahren Auto ohne nachzudenken!!« Er fuhr auf gleiche Höhe mit dem VW, schaute den Fahrer an und deutete mit Zeige- und Mittelfinger auf seine Augen.

»Schauen Meister!«, rief er.

In ihrem früheren Leben hätte Renan ihn nachdrücklich aufgefordert, seinen Fahrstil zu mäßigen. Aber jetzt war ihr das egal. Es fühlte sich ein bisschen so an, wie auf einen wild um sich schießenden Gemüsebauern zuzugehen. Renan wurde klar, dass sie momentan solche Extreme brauchte, um sich besser zu fühlen.

»Die schlafen in ihrem Reihenhaus, das ist das erste Gefängnis«, führte Maul seinen Gedanken weiter. »Dann fahren sie arbeiten und sitzen im nächsten Gefängnis. Sagen wir 12 Stunden daheim, 9 Stunden Arbeit, macht 21 Stunden Gefängnis. Dazwischen sitzen sie in ihren Autos, fahren stupide geradeaus, ohne nach links und rechts zu schauen …«

»Nicht jeder kann es sich aussuchen, Rainer«, sagte Renan, während sie nachdenklich auf die dunklen Wolken blickte, die sich hinter dem Bayerischen Wald abzeichneten.

»Und das ist genau die falsche Einstellung!« Er sah ihr in die Augen und grinste leicht. »Man kann sich überall seine Nischen suchen. Schau mich an, mich sperrt keiner den ganzen Tag in ein Büro!«

»Na ja, wie oft wirst du so im Schnitt strafversetzt?« Renan konnte sich ein trockenes Lächeln nicht verkneifen.

»Das interessiert mich alles nicht«, erklärte Maul. »Die können mich so oft versetzen, wie sie wollen. Man kann es sich überall schön machen, wenn man es versteht zu leben ...«

»Warst du da eigentlich auch schon?« Renan deutete nach links auf die Ausläufer des Bayerischen Waldes.

»Vorletztes Jahr«, nickte Maul wie aus der Dienstwaffe geschossen. »Da habe ich zum Beispiel in einer uralten verhauten Bauernwirtschaft den besten weißen Presssack der Welt entdeckt. Das wäre mir nie vergönnt gewesen, wenn sie mich nicht dahin versetzt hätten.«

»Interessant«, murmelte Renan.

»Herrlich war das«, schwärmte Maul weiter. »In der Dämmerung bin ich stundenlang mit meinem Nero durch den Wald spaziert, ohne eine Menschenseele zu sehen! Aber um so was zu erkennen, braucht man Lebensweisheit, und das haben die alle nicht. Und am schlimmsten sind die Frauen!«

»Und warum?«

»Weil die mit nichts zufrieden sein können!«

»Du redest jetzt von deiner Frau, oder?«

»Von der ganz besonders.« Mauls Ton wurde nun leicht verhärmt.

»Warum lasst ihr euch nicht scheiden, wenn das so eine Tortur ist?«

»Na, wegen der Kinder.« Mauls Ton wurde weicher. »Ich werde meine Kinder nie verlassen und sie auch nicht ... dachte ich ... Jedenfalls läuft die Scheidung jetzt!«

»Wie, ist sie wohl ...?« Nolens volens spürte Renan den Hauch von einem Interesse aufflammen.

»Dass sie irgendwann im Frühjahr ihre Sachen gepackt hat

und verschwunden ist, hat mir nichts ausgemacht, im Gegenteil. Die Große ist im Haus geblieben, die Kleine hat sie mitgenommen, und jetzt kommen so Briefe von ihrem Anwalt, dass ich die Kinder nur noch alle vierzehn Tage am Wochenende sehen soll! Aber nicht mit mir! Der helf' ich in die Schlappen!«

»Wie hast du deine Kinder denn überhaupt gesehen, wenn du alle Jahre woanders warst?«

»Das ist doch kein Problem, wenn man nicht scheintot ist, muss man nur organisieren.« Er klang nun schulmeisterlich. »Ich habe meistens so Vier-Tage-Wochen gemacht. Hat ja eh keinen interessiert, wo ich war. Also 42 Stunden runtergerissen, von Montag bis Donnerstag, und dann ein verlängertes Wochenende daheim mit den Kindern. Herrlich war das, Ausflüge, Wanderungen, Thermalbäder, Kurzurlaube ... Manchmal waren es auch nur Drei-Tage-Wochen!«

»42 Stunden in drei Tagen?«

»Na ja, zumindest auf dem Papier.« Er grinste verschwörerisch.

»Verstehe!«

»Du darfst nicht glauben, dass dir das einer dankt, wenn du dir für die Polizei den Arsch aufreißt.« Mauls Augen ruhten einen Moment länger auf ihr, als notwendig gewesen wäre.

»Glaube ich auch nicht.« Sie sah schnell nach rechts aus dem Fenster.

»Warum bist du eigentlich so blass«, fragte er unvermittelt.

»Bin ich immer«, log sie.

»So? Also, ich war ja auch nicht immer so ein Lebensweiser. Aber wenn du dich fragst, was wirklich wichtig ist im Leben, dann solltest du Kinder kriegen.« Er lächelte, und Renan hatte das dumpfe Gefühl, dass dieser Egozentriker in ihr lesen konnte wie in einem Buch.

»Danke für den Tipp«, sagte sie.

10. Weißer Presssack

»Wir müssen mit der Frau sprechen«, seufzte Alfred, während er sich auf das Sofa sinken ließ.
»Du meinst mit der Exfrau«, präzisierte Woodstock, setzte sich ebenfalls und zündete sich eine Kippe an.
»Warum muss der auch geschieden sein«, haderte Alfred.
»Das passiert jeder zweiten Ehe.« Woodstock legte die Beine auf den billigen Couchtisch. »Somit standen unsere Chancen fifty-fifty.«
»Und wie sieht das bei dir daheim aus.« Alfred wusste, dass die Frage etwas indiskret war. Aber zum einen kannte er Woodstock ganz gut, zum anderen war er langsam einer der Dienstältesten im Dezernat und verspürte einen merkwürdigen Drang zu väterlicher Fürsorge.
»Anderes Thema, Kollege ... bitte.« Woodstocks Augen wurden etwas kleiner. Gleichzeitig bildeten sich Fältchen auf seiner höher werdenden Stirn.
»Kein Problem.« Alfred klopfte ihm auf die Schulter. »Immerhin haben wir ja noch einen Fall zu lösen.«
Sie befanden sich in einer Altbauwohnung in der Südstadt von Fürth, dem gemeldeten Erstwohnsitz des ehemaligen DISCO-Mitarbeiters Eberhard Angermann. Das Haus war gute hundert Jahre alt, weder besonders gut in Schuss noch vernachlässigt. Es befanden sich acht Parteien im Haus. Die Zweizimmerwohung befand sich im Dachgeschoss und kostete laut Vermieter nur 300 Euro Warmmiete. Einen Balkon gab es nicht und es war mächtig warm, weil es heute zur Abwechslung mal nicht zu kalt, sondern drückend schwül war. Offenbar war Herr Angermann schon länger nicht mehr hier gewesen, denn der Briefkasten quoll über und die Luft war stickig. Nachdem die Spurensicherung durch war, hatte Alfred erst mal alle Fenster geöffnet und sich mit Woodstock auf die Suche nach sachdienlichen Hinweisen gemacht.

Das Foto, welches Rainer Maul in einer beschlagnahmten Akte entdeckt hatte, war dreißig Jahre alt gewesen. Es stammte von einer Bewerbung um einen Ausbildungsplatz als Kaufmann im Einzelhandel. Danach war noch eines vorhanden, mit dem sich Angermann 1988 um die Stelle eines Marktleiters beworben hatte. Trotz der Jahre, die vergangen waren, konnte man das Gesicht relativ sicher als das identifizieren, das seit Tagen als ominöser deutscher Salatpflücker vom Stauderhof gesucht wurde. Aber da würden die Fingerabdrücke demnächst Sicherheit bringen.

Dass Angermann geschieden war, stand nicht in der Akte, die ohnehin einen merkwürdig unsortierten Eindruck gemacht hatte. Das hatten sie vom Vermieter erfahren, der ihnen aufgeschlossen hatte, als Alfred und Woodstock mit dem Durchsuchungsbefehl angerückt waren. Aber selbst, wenn er es ihnen nicht erzählt hätte, hätten sie es auf den ersten Blick erraten. Es war offensichtlich, dass hier jemand abgestiegen war, aus der Liga der halbwegs gut situierten Mittelschicht in die Regionalliga der Unterhaltspflicht. Sicher hatte die Familie Angermann einmal teure Möbel besessen, Kunstdrucke, eine schicke Einbauküche mit Espressovollautomat, Echtholzparkett und viel Edelstahl. Das befand sich aber nun offenbar alles bei der Gattin. Oder es war verkauft worden und Eberhard Angermann hatte sich dann bei IKEA neu einrichten müssen. Die Wohnung sah nicht armselig aus, aber doch eher wie eine Studentenbude ein Jahr nach den ersten regelmäßigen Gehaltseingängen.

»So, was haben wir denn hier?« Alfred nahm den Stoß Umschläge, die sie aus dem Briefkasten gezogen hatten. »ADAC, Kabel Deutschland, Infra… Moment, das sind doch die Stadtwerke hier…« Er riss das Kuvert auf und überflog dessen Inhalt.

»Okay, Androhung der Sperrung… Hat offenbar schon länger nicht mehr gezahlt.«

»Dito«, sagte Woodstock, der einen anderen Umschlag geöffnet hatte. »Ein Anwalt aus Frankfurt kündigt Klage an, wegen ausstehender Unterhaltszahlungen für die Kinder Olaf und Emily.«

»Gut, dann wissen wir schon mal, wo sich die Exfrau jetzt aufhält.« Alfred machte mit der Post weiter. »Da hätten wir noch die GEZ, das Autohaus Pillenstein und ... oha, das Jobcenter ...«

»Was ist denn ein Jobcenter?«, fragte Woodstock.

»Das, was früher die ARGE war«, erklärte Alfred, während er den Brief öffnete.

»Und was war die ARGE?«

»Na, das sind die, die sich um die Langzeitarbeitslosen kümmern sollen ... Aha, ›Mitwirkungspflicht‹ ... blabla, ›weisen wir Sie darauf hin, dass eine Kürzung der Leistungen‹ ...«

»Also das, was früher das Sozialamt war?« Woodstock schien in den letzten Jahren doch arg mit dem Umbau seines Eigenheims beschäftigt gewesen zu sein.

»So ungefähr. So wie es aussieht, ist er schon länger keiner geregelten Erwerbstätigkeit mehr nachgegangen.« Alfred faltete das Papier wieder zusammen und steckte es in den Umschlag zurück. »Also hat er tatsächlich nicht offiziell auf dem Stauderhof gearbeitet, aber das haben wir ja auch nicht wirklich geglaubt, oder?«

»Na ja.« Woodstock hatte den Brief wieder herausgezogen und begonnen, ihn zu lesen. »Wenn er sich dadurch hätte Ärger ersparen können, warum hat er es diesem ...«

»Jobcenter!«

»... nicht gemeldet? Offenbar werfen die ihm ja vor, dass er sich nicht ausreichend um eine neue Arbeit bemüht hat. Aber er hat ja gearbeitet, aus welchem Grund auch immer. Und da ist doch klar, dass er sich nicht irgendwo anders bewerben kann.«

»Ich glaube, wir dürfen nicht davon ausgehen, dass diesen Mann rationale Motive bewegt haben.« Alfred sah sich in dem kleinen Wohnzimmer um. »Aber vielleicht hat er irgendwo einen Ordner oder so was, mit dem gesamten Schriftwechsel zwischen ihm und dem Jobcenter. So könnten wir rauskriegen, wann er beim DISCO aufgehört hat, und vielleicht auch, warum.«

»Dafür befragt die Neumann doch gerade dort die Chefetage«, wandte Woodstock ein, der gerade nicht wusste, wohin mit seiner Kippe.«

»Und wenn die es nicht sagen wollen?«, fragte Alfred.

»Dann fragen wir eben seinen Sachbearbeiter bei diesem Jobcenter.« Woodstock erhob sich und ging mitsamt dem Brief zum Fenster, um den Stummel hinauszuwerfen.

»Bis man bei der Arbeitsverwaltung einen Termin bekommt, kann es etwas dauern«, grinste Alfred.

»Aber wir sind doch die Kripo!« Woodstock sah Alfred mit großen Augen an.

»Das hilft dir nicht unbedingt, Kollege, glaub mir. Renan und ich hatten vor ein paar Jahren mal mit denen zu tun.«
»Ach, die Geschichte mit der manipulierten Statistik?« Woodstock war schon dabei, die Nächste zu drehen.

Trotz intensiver Suche fanden sie nichts. Angermann hatte offenbar keinerlei Ablagesystem für amtliche Schreiben. Auch von Versicherungen oder Banken fanden sie keine Unterlagen. Gleiches galt für die Scheidung und alles, was damit zusammenhing. Was diese Wohnung anging, war Eberhard Angermann ein Mann ohne Vergangenheit, abgesehen von zwei Fotos im Schlafzimmer, die zwei Kinder zeigten, einmal in einem Planschbecken im Garten eines Eigenheims, einmal an einem Mittelmeerstrand. Von letzterem Bild war ein Drittel rechts abgeschnitten worden. Es bedurfte keiner großen Fantasie sich vorzustellen, dass sich dort ehemals die Mutter und Ehefrau befunden hatte. Also gingen sie dazu über, die alltäglichen Spuren in der Wohnung genauer zu betrachten und begannen routinemäßig in der Küche. In diesem Fall war dieser Raum ein kleiner Durchgang zwischen Flur und Badezimmer. Wie in Altbauten nicht ungewöhnlich, hatte es ursprünglich keinen Feuchtraum gegeben, sondern nur einen

Abort auf halber Treppe. Als Bäder in den Wohnräumen in Mode kamen, hatten sich die Hausbesitzer damit beholfen, einen Teil der Küche abzutrennen, und dort Klo, Waschbecken und Badewanne zu installieren. So gewann man ein Badezimmer, verlor aber fast die Küche. Das war durchaus funktional, zeugte aber nicht unbedingt von Lebensqualität nach heutigen Maßstäben.

»Ziemlich leer«, stellte Woodstock fest, als er den Kühlschrank geöffnet hatte.

»Was heißt ziemlich?«, fragte Alfred.

»Margarine, Ketchup, Senf, ein Glas schwarze Oliven und eine Aprikosenmarmelade ... das war's!«

»Sieht nicht gerade nach einer überstürzten Flucht aus, oder?« Alfred untersuchte die anderen Küchenschränke.

»Oder er war kein großer Koch«, gab Woodstock zu bedenken.

»Der arbeitet wochenlang auf Gemüsefeldern«, wandte Alfred ein. »Das macht hungrig. Er muss frühstücken und sich Brotzeit mitnehmen ... Ah, wenigstens Kaffee gibt's.«

»Das kann er sich auch auf dem Weg besorgt haben, manche Bäckereien machen schon um sechs auf.«

»Ja, aber das geht doch ins Geld.« Alfred war mit den Schränken durch und lehnte sich gegen die kurze Arbeitsplatte zwischen Herd und Kühlschrank. »Da kommt er mit 4,50 die Stunde nicht weit!«

»Irgendwie trostlos, oder?«, sagte Woodstock unvermittelt.

»Was?« Alfred hatte eine Flasche Cognac entdeckt, geöffnet und schnupperte daran.

»So ein Absturz. Der Mann hat alles gehabt: eine Frau, Kinder, Haus, Garten, guten Job. Wahrscheinlich jedes Jahr ein Urlaub am Meer ...«

»... und im Winter Skifahren«, ergänzte Alfred.

»Vermutlich auch das ... Und jetzt hockt er hier in diesem Loch ...« Woodstock ließ sich auf den Boden sinken und starrte auf die Herdklappe.

»Ja, dieser Angermann ist wahrscheinlich ein Irrer, der halb Nürnberg vergiftet hat.« Woodstock fuhr sich durch den wirren Haarschopf. »Aber er ist ja nur einer von vielen. Andere werden nicht straffällig und hausen trotzdem wie Handlungsreisende in schäbigen Pensionen ... So was macht mich fertig!« Er knurrte leicht und massierte sich die Schläfen.

Alfred fingerte zwei Gläser aus einem Oberschrank, nahm ebenfalls ächzend auf dem Boden Platz und schenkte ihnen beiden einen Cognac ein.

»Dann trinken wir jetzt erst mal einen.« Er hielt seinem Kollegen ein Glas hin und sah ihm dabei tief in die Augen.

»Du bist jetzt auch schon seit zwanzig Jahren dabei«, sagte Alfred, nachdem er sein Glas zur Hälfte geleert hatte. »Da sieht man so viel Elend, dass es einem nur noch was ausmacht, wenn ...«

»... man sich selbst damit identifiziert«, fuhr ihm Woodstock halb verärgert, halb erleichtert ins Wort.

»Na ja ...« Alfred rang nach der rechten Formulierung. »... irgendwie habe ich mir schon gedacht, dass dein Hausbau etwas arg lang dauert ...«

»Ich habe einfach Angst, dass alles vorbei ist, wenn wir erst mal fertig sind«, sagte Woodstock, nachdem er das Glas auf ex geleert hatte. »Wenn die Baustelle nicht wäre und der Kleine, würden wir über gar nichts mehr reden, glaube ich, ganz zu schweigen von ... du weißt schon!«

»Das sind so Phasen, die gibt's in jeder Ehe, vor allem, wenn Kinder da sind.« Alfred klopfte seinem Kollegen auf die Schulter. »Entweder man steht sie durch oder ...«

»Oder?«

»Oder nicht. Dazu gehören aber immer zwei ... Und irgendwann musst du dein Häuschen ja fertig haben. Rauszögern bringt nichts, glaub mir.« Er schenkte noch einen Cognac nach.

»Du musst es ja wissen. Bist ja schon das zweite Mal verheiratet.« Woodstock hielt sein Glas hoch und musterte die braune Flüssigkeit.«

»Meine Erste ist aber mit einem anderen durchgebrannt, als Willy sieben war.« Alfred streckte ächzend die Beine aus, was in der schmalen Küche nicht gänzlich möglich war. »Das war genau zu der Zeit, als sich die Routine einstellte. Willy in der Schule, ich viel im Dienst ...«

»Du machst mir ja Mut.« Woodstock ließ den Zigarettenstummel in das leere Glas fallen. »Vielleicht sollte ich mal fragen, ob die Wohnung noch zu haben ist.«

»Aber im Nachhinein betrachtet, war es besser so. Brenda war psychisch krank.« Alfred legte die Stirn in Falten. »... Das hat der andere aber zu spät bemerkt ...«

»Ein ehemaliger Mitarbeiter Ihres Unternehmens vergiftet ein ganzes Feld Salatköpfe, das für Ihre Märkte bestimmt ist, und Sie wollen uns erzählen, dass Sie nicht die geringste Ahnung haben, warum er das tut?« Karla Neumann war kurz davor, die Fassung zu verlieren.

»Ich bin erst seit zwei Jahren beim DISCO.« Herold tat unschuldig. »Und dieser Herr ...«

»Angermann«, half Karla.

»Hat uns wohl schon vorher verlassen. Daher kann ich Ihnen leider keine Auskünfte geben.«

»Wenn Sie uns nicht sämtliche Akten und Speicher entwendet hätten, könnten wir Ihnen vielleicht helfen, aber so ... Sie haben den Weg umsonst gemacht, fürchte ich«, ergänzte Lauschner, der Justiziar, mit Leichenbittermiene.

Karla seufzte und tat so, als machte sie Notizen. Vielleicht war diese Befragung etwas unvorbereitet, aber wenn man plötzlich so einen Treffer gelandet hatte, musste man die Herren doch zur Rede stellen. Insgeheim glaubte sie ja immer noch, dass Erpressung im Spiel war. Sie war mit Ondracek gefahren, weil Staatsanwalt Klatte den ganzen Tag eine wichtige Verhandlung führen musste. Ondracek hatte den größten Einblick in die Daten des Discounters, aber gegen diese zwingende Logik wusste er auch erst einmal nichts zu sagen. Sie saßen im Büro des Geschäftsführers. Karla war in guter alter Überrumpelungstaktik mit gezücktem Dienstausweis sowie mit Ondracek und zwei uniformierten Kollegen im Schlepptau erst am Empfang und dann an Herolds Sekretärin vorbeigerauscht. Der Geschäftsführer hatte seine Einrichtung wieder vervollständigt. Zumindest lagen reichlich Papiere auf seinem Schreibtisch, und einen Computer hatte er auch wieder. Aber das war kein Wunder, schließlich bot der DISCO in schöner Regelmäßigkeit die Dinger als Sonderaktion zum Kauf an. Herold hatte darauf verzichtet, den Empörten zu spielen. Stattdessen hatte er rasch seinen Rechtsbeistand holen lassen und scheinheilig gefragt, was er denn für die Polizei tun könne. Auf die Entdeckung des ehemaligen Mitarbeiters hatte er mit Interesse reagiert und sich sogleich den Namen aufgeschrieben. Der Gipfel der Scheinheiligkeit, wie Karla fand.

»Wie lange sind Sie denn schon dabei?«, wandte sich Ondracek schließlich an Lauschner.

»Etwas länger als Herr Herold, aber diese Personalie sagt mir nichts ... Wann hat er uns verlassen?« Der Justiziar saß ebenfalls auf der Gegengeraden des Chefschreibtisches und hatte einen kleinen Taschencomputer in der Hand, auf dem er gelegentlich mit einem Stift herumtippte.

»Das wissen wir nicht«, antwortete Ondracek.

»Ich denke, Sie haben die Personalakte?« Lauschner zog die Augenbrauen hoch.

»Nein, wir haben Teile seiner Personalakte in einem Ordner gefunden, der noch andere Unterlagen enthielt«, erwiderte Karla.

»Das ist ... ungewöhnlich!« Herold runzelte die Stirn und griff nach der Espressotasse, die zu seiner Rechten auf der Lebensmittelzeitung stand.

»Seit wann sind Sie denn nun dabei?«, hakte Ondracek in Lauschners Richtung nach.

»Dreieinhalb Jahre ... ziemlich genau.«

»Und Sie wissen nichts von Herrn Angermann und den Umständen, unter denen er die Firma verlassen hat?«, bohrte Karla nach.

»Tut mir leid ... In welcher Funktion war er bei uns tätig?« Lauschner blickte von seinem Mini-Computer auf.

»Wir haben eine Bewerbung für den Posten als Bezirksleiter gefunden«, sagte Ondracek.

»Aber ob er es geworden ist, wissen Sie nicht?«

»Wie gesagt, wir haben bislang nur eine unvollständige Akte.« Karla biss sich auf die Zähne, um nicht laut zu werden.

»Gut, dann war er vielleicht nur Filialleiter«, meldete sich nun Herold. »Davon haben wir etwa vierhundert in unserer Region, Bezirksleiter sind es momentan 23.«

»Und davon hören viele schnell wieder auf. Den Job packt nicht jeder«, grinste Lauschner. »Wenn er uns zu meiner Zeit verlassen hat, dann ohne arbeitsrechtliche Schritte. Daran würde ich mich erinnern.«

»Vielleicht sollten wir uns mal bei einigen Ihrer Mitarbeiter umhören«, schlug Ondracek vor.

»Wenn Sie meinen, uns noch nicht genug geschadet zu haben«, seufzte Herold.

»Das gesamte Personal schiebt gerade Überstunden ohne Ende, weil wir den Betrieb wieder zum Laufen kriegen müssen, und das ohne Akten und EDV-Speicher«, erklärte Lauschner. »Da sind einige gerade nicht gut auf die Polizei zu sprechen.«

»Das lassen Sie mal unsere Sorge sein«, lächelte Ondracek.

»Nun, bisher haben Sie ja nicht gerade große Effizienz bei der Aufklärung dieser Angelegenheit bewiesen, wenn ich das so sagen darf!« Herold grinste und leerte seine Espressotasse.

»Wir sind halt immer auf die Kooperation der anderen Beteiligten angewiesen«, erwiderte Ondracek süß-säuerlich.

»Ist Ihnen klar, dass der Täter mit einiger Sicherheit wieder zuschlagen wird?«, fragte Karla spitz.

»Wir sind nach wie vor der Meinung, dass dieser Anschlag nicht uns galt.« Lauschner lehnte sich zurück und strich seine Krawatte glatt. »Aber selbstverständlich lassen wir nun jede Lieferung Frischware lebensmitteltechnisch überprüfen. Zusätzlich zu den Stichproben, die wir sowieso machen.«

»Und was ist mit dem Rest?«, fragte Ondracek.

»Welchem Rest?« Herold zog die Stirn in Falten.

»Konservendosen, Milch, Senf, Öl, Essig, Limo, Wasser«, zählte Ondracek auf.

»Diese Plastikflaschen sind doch so weich, da sticht jemand problemlos mit einer Kanüle durch ... Und ich wäre mir nicht so sicher, ob er sich beim nächsten Mal lange mit eher harmlosen Salmonellen aufhält.« Karla lehnte sich ebenfalls zurück und musterte die beiden Gesprächspartner eingehend.

»In unser Zentrallager kommt kein Unbefugter rein, da kann ich Sie beruhigen.« Herold stand auf, um seinen Besuchern zu signalisieren, dass er das Gespräch nun für beendet hielt.

»Und die Filialen?«, fragte Karla.

»Das Personal ist aufwendigst geschult.« Herold ging um seinen Schreibtisch herum in Richtung Bürotür. »Unser größtes Problem ist momentan kein ominöser Attentäter, sondern die Polizei, wenn Sie mir die Offenheit gestatten.«

Zu Beginn war er noch ängstlich, aber dann hatte Marian sich geärgert, weil er nicht besser aufgepasst hatte. Ausgerechnet kurz vor der Grenze bei Wien war er eingeschlafen, und Rado, der Fahrer, hatte ihn nicht wecken wollen. Aber wenn er besser aufgepasst hätte, hätte er auch die schlechten Reifen des Lkw bemerken müssen, mit einem Profil, das sich nur noch erahnen ließ. Aber als sie ihn dann zurück zur deutschen Grenze fuhren, war er wieder ruhiger geworden. Die Polizei wusste nichts von Laura, und so lange das so blieb, hatte er nichts zu befürchten. Die Jungs vom Stauderhof würden nichts sagen, da war er sich sicher. Wenn es ihnen überhaupt aufgefallen war. Und das entscheidende Beweisstück hatte er verschwinden lassen, und zwar so restlos, dass er fast ein wenig stolz darauf war. Dazu kam, dass die deutsche Polizei so furchtbar korrekt war. Nicht einmal eine Ohrfeige durften die einem Verbrecher geben, hieß es. Von daher hatte er vielleicht sogar Glück gehabt, dass sie ihn nun nach Nürnberg zurückbrachten. Wenn sie es irgendwie geschafft hätten, die Kripo in Rumänien einzuschalten und sie ihn in Timisoara verhört hätten, wäre er wirklich in Schwierigkeiten gewesen.

Die beiden Polizisten, die ihn abgeholt hatten, schienen ihm zwar auch etwas merkwürdig, aber er ging davon aus, dass sie harmlos waren. Die Frau mit den Augenringen kannte er schon. Sie sah zwar aus wie ein Geist, aber er hatte sie fast nur schweigend erlebt. Auch heute sprach sie nur wenig. Dafür redete der große Kerl mit der Brille, der neben ihm auf der Rückbank saß, umso mehr. Marian verstand Deutsch besser als er es sprechen konnte, und er war sich nicht sicher, ob er alles richtig mitbekam. Aber es kam ihm so vor, als redete der Mann hauptsächlich von sich selbst, und vom Essen. An Marian hatten sie außer einer knappen Begrüßung und der Ermahnung, keinen Unsinn zu machen, noch kein Wort gerichtet. Es kam ihm nur etwas seltsam vor, dass der Mann die Frau ungefähr auf der halben Strecke zurück nach Nürnberg von der Autobahn herunter und dann eine halbe Stunde lang über Landstraßen dirigierte, die immer schmaler wurden. Schließlich kamen sie in ein kleines Dorf und hielten auf dem Marktplatz vor einer Gastwirtschaft.

»Dimpfel!«, rief Maul. »Hallo!!«

»Rainer, da ist geschlossen.« Renan deutete auf ein Schild an der Tür. »Ruhetag«

»Ja, das hängt er immer raus, wenn er zu faul ist.« Maul klopfte rabiat an ein Fenster. »Hallo!!«

Sie befanden sich in Wöhr, einer ehemaligen Einsatzstelle von Hauptkommissar Maul, beziehungsweise einem kleinen Dorf im Gebiet der Kriminaldirektion Schwandorf, in das Maul vor noch nicht allzu langer Zeit auch einmal strafversetzt worden war. Wie es seine Art war, hatte er die Gastronomie im Direktionsbezirk einer kritischen Prüfung unterzogen und war voll Entzücken auf den Metzgerei-Gasthof *Dimpfel* in der aussterbenden Gemeinde Wöhr gestoßen, wo er den besten weißen Presssack seines Lebens vorgefunden hatte. Nun, da er wieder in der Gegend war, hatte er beschlossen, die Gelegenheit beim Schopf zu packen und war bei Renan auf keine nennenswerte Gegenwehr gestoßen. Sie hatten erst gar keinen Versuch unternommen, den Rumänen schon während der Fahrt zu befragen. Man musste kein Hellseher sein, um zu ahnen, dass er behaupten würde, kein Wort zu verstehen.

Schließlich wurde die Tür langsam geöffnet und ein hutzeliges kleines Männchen kam zum Vorschein. Nicht sehr groß, mindestens fünfundsiebzig Jahre alt, mit Glatze und listigen Augen unter schwarzen Augenbrauen. Er murmelte etwas, was wie die »Die Straf' von unserm Herrgott« klang, und humpelte zurück ins Innere des Gebäudes, wobei er die Tür hinter sich offen ließ. Maul folgte ihm mit leuchtenden Augen und den Worten »Also kennst du mich noch!«

»Moment«, rief Renan. »Was machen wir mit *ihm*?« Sie deutete auf den Rumänen im Fond des Dienstfahrzeugs.

»Mitnehmen und anketten«, sagte Maul, bevor er ganz im Dunkel der Wirtschaft verschwand.

Schließlich fanden sie sich in einem schummerigen Gastraum wieder, der aus einem Ausschank und weiteren fünf Tischen bestand, deren Alter Renan auf mindestens sechzig Jahre schätzte. Licht war nur über den Zapfhähnen und über ihrem Tisch gemacht worden. Den Rumänen hatte Maul auf einen Stuhl in der gegenüberliegenden Ecke gesetzt und mit den Handschellen an ein Heizungsrohr fixiert. Maul hatte sich menschlich gezeigt, und für den Mann ein Wasser bestellt, woraufhin ihm der Wirt ein Bier brachte.

»Hey, ich habe Wasser gesagt«, rief Maul. »Der Kerl steht unter Mordverdacht!«

»Das ist schon ein Wasser«, konterte der Wirt und verschwand wieder in der Küche.

»Ah! Mmmh! Oh«, grunzte Maul, während er sich tief gebeugt über die Presssackplatte hermachte. »Das ist der beste weiße Presssack auf der Welt. Da musste ich 45 werden, bis ich den gefunden habe.«

»Na, Mahlzeit«, sagte Renan und nahm einen Schluck von dem Bier, das ihr der Wirt ebenso wie ihrem Kollegen ungefragt hingestellt hatte. In ihrem früheren Leben hatte sie so etwas überhaupt nicht angerührt. Alkoholmäßig gab es höchstens mal ein Glas Wein, wenn er nicht zu sauer war. Aber nachdem sie nun schon das Rauchen angefangen hatte, wogegen hier angesichts der Aschenbecher auf den Tischen auch nichts sprach, konnte sie es ja auch mal mit dem hiesigen Gerstensaft probieren – und siehe da, das schmeckte gar nicht so schlecht, vor allem zur Zigarette. Nur eine zweite Presssackplatte hatte sie dankend abgelehnt. So weit war ihre Selbstaufgabe offenbar noch nicht gediehen. Während Maul schmatzte, mehr Senf forderte und einen Vortrag darüber hielt, dass der Dimpfel die Metzgerei vor zehn Jahren geschlossen hatte und seitdem noch einmal im Monat eine Sau schlachtete, die dann eine hervorragende Schlachtschüssel abgab, blätterte Renan in den Berichten, die ihr die österreichischen Kollegen mitgegeben hatten, zusätzlich zum sichergestellten Gepäck des Rumänen, das sich nun im Kofferraum ihres Streifenwagens befand.

»Das ist merkwürdig«, sagte sie, als Maul den halben Presssack bereits vertilgt hatte.

»Mmmh. Ah … was?«

»Unser Gefangener hatte ein Mobiltelefon bei sich …«

»So? Das hat heute doch jeder!«

»Ja, aber in diesem befand sich keine SIM-Karte.« Renan blätterte noch einmal zurück und zündete sich die zweite Zigarette an.

»Dann wird er es wahrscheinlich geklaut haben«, folgerte Maul. »Das machen die doch alle!« Er drehte sich um und sah den Gefangenen prüfend an. Der Rumäne schaute schnell weg.

»Moment.« Renan wand sich aus der Bank hinter dem Tisch heraus, verließ den Raum und kam kurz darauf mit der Reisetasche des Rumänen zurück, was dieser neugierig zur Kenntnis nahm.

»Hier.« Sie hielt das Corpus Delicti in einer durchsichtigen Plastiktüte hoch.

»Ja, und?« Maul quetschte den letzten Rest Senf aus dem kleinen Tütchen.

»Das ist noch älter als meins«, erklärte Renan. »Hat noch nicht mal ein Farbdisplay, von Internetzugang ganz zu schweigen. Wer so was klaut, der muss über die Maßen dumm sein. Da muss er noch was dafür bezahlen, wenn er es loswerden will!«

»Vielleicht nicht in Rumänien … Dimpfel, mehr Senf«, rief Maul in Richtung Küche.

»Die wissen dort mittlerweile auch, was ein Smartphone ist, glaub mir.« Renan öffnete das Gerät und überzeugte sich, dass wirklich keine SIM-Karte darin war.

»Ich weiß das jedenfalls nicht«, erwiderte Maul mit unschuldigem Blick.

»Außerdem, wenn du in einem fremden Land monatelang arbeitest, dann hast du doch heutzutage ein Handy dabei, um mit daheim zu telefonieren.« Renan musterte den Häftling kurz und blätterte wieder in den Papieren. »Und nachdem sie nur dieses hier gefunden haben, wette ich eine Stange Kippen, dass es seins ist.«

»Ich rauche nicht«, sagte Maul. »Also fast nicht. Und wenn, dann erst nach Einbruch der Dunkelheit!«

»Egal.« Renan klappte die Mappe zu. »Fragt sich nur, warum er die SIM-Karte verschwinden ließ.«

»Wahrscheinlich waren Nummern drauf, die wir nicht wissen sollen.« Maul leerte sein Bierglas, während ihm der Wirt ein neues brachte, aber keinen Senf.

»Es war überhaupt *die* Nummer drauf«, schloss Renan. »Ohne die Karte wissen wir nicht, welche Rufnummer er hatte. Und ohne seine Rufnummer können wir nicht rauskriegen, mit wem er in den letzten Wochen telefoniert hat.«

»Na ja, dass er was zu verbergen hat, ist eh klar.« Maul sah sich hilflos um.

»Wahrscheinlich.« Renan nahm einen Schluck Bier. »Aber wo ist die Karte dann geblieben?«

»Die hat er verschwinden lassen, kurz bevor die Ösis ihn geschnappt haben«, spekulierte Maul, während er aufstand und in Richtung Küche ging.

»Ja, aber wo?« Renan blätterte wieder. »Er hat anscheinend geschlafen, deswegen hat er ja bis zur Grenze nichts gemerkt. Den Lkw haben die Kollegen gefilzt, ebenso das nähere Umfeld …«

»Vielleicht hat er sie dem Fahrer gegeben«, vermutete Maul, als er zurückkam.

»Vielleicht. Wenn er ihm so weit vertraut hat.« Renan biss sich auf die Unterlippe. »Kein Senf?«

»Ist angeblich aus«, seufzte Maul. »Aber jetzt probier doch mal ein Stück. Das ist echt eine Offenbarung!« Er schnitt eine Ecke ab und hielt sie Renan hin.

»Puh, Rainer …« Sie rümpfte die Nase.

»Na los, so was kriegst du in Nürnberg nicht mehr!«

»Also gut …« Renan nahm das Stück. Der Geschmack war gar nicht so schlimm, aber die Konsistenz kitzelte ihren Brechreiz.

»Buuaah, Rainer, das kriegt man ja kaum runter.« Renan würgte den Presssack in die Speiseröhre und musste husten.

»Meinst du, er ist zu trocken?« Maul zog fragend die Augenbrauen zusammen.

»Moment …« Renan blickte den Rumänen an und stand langsam vom Tisch auf. Der Häftling bemerkte das und nahm eilig einen Schluck Bier.

»Es roch nach faulen Eiern?«, fragte Karla noch einmal. Am späten Nachmittag war die Soko wieder zu einer Lagebesprechung zusammengekommen, zumindest der Teil der Soko, der nicht unablässig Akten und Computer durchforstete.

»Auf dem Speicher«, bestätigte Alfred, der sich eingestehen musste, ob der unerwarteten Information etwas nervös geworden zu sein. Langsam kam so ein Kribbeln auf, das er früher immer verspürt hatte, wenn ein Fall in die entscheidende Phase kam.

»Und ihr seid sicher, dass der Gestank aus seinem Teil vom Speicher kam?«, fragte Ondracek mit zusammengezogenen Augenbrauen.

»Die Nachbarin hat das jedenfalls behauptet«, nickte Woodstock.

Als sie gerade Angermanns Wohnungstür geschlossen und wieder versiegelt hatten, war eine jüngere Frau die Treppe heraufgekommen. Das war die direkte Nachbarin im Dachgeschoss. Nach Eberhard Angermann befragt, gab sie an, ihn schon länger nicht mehr gesehen zu haben. Im Nachsatz machte sie deutlich, dass sie darüber alles andere als betrübt war. Seine Ignoranz bezüglich der Hausordnung wäre ja noch zu verschmerzen gewesen, aber vor ein paar Monaten hatte es angefangen, aus seinem Verschlag im Dachboden bestialisch zu stinken. Irgendwann war es ihr nicht mehr möglich gewesen, auf dem Dachboden Wäsche aufzuhängen. Sie hatte Angermann mehrfach darauf angesprochen und ihn aufgefordert, was immer er da anstellte, gefälligst zu unterlassen. Doch der Nachbar hatte geleugnet, dass der Geruch aus seinem Teil des Speichers kam und behauptet, es lägen tote Mäuse unter dem Dielenboden. Das zu beseitigen, wäre Sache des Hausbesitzers.

Alfred und Woodstock hatten daraufhin den Speicher in Augenschein genommen. Es war die übliche Szenerie: Das Geschoss teilte sich in einen größeren Bereich, über den Wäscheleinen gespannt waren, der Rest war mit Latten in mehrere Kammern unterteilt. Diejenige von Angermann war von außen nicht einsehbar, weil sie hinten links an die Wand grenzte und die Tür von innen mit Pappe verkleidet war. Woodstock hatte den Beschlag des Schlosses mit seinem Schweizer Messer abgeschraubt, und sie hatten eine relativ ordentliche Kammer vorgefunden, die durch ein kleines Dachfenster beleuchtet war. Neben drei Kartons, die alte Schallplatten und Bücher sowie ein paar Brettspiele enthielten, gab es noch einen Gitarrenkoffer, einen Tapeziertisch und zwei alte Stühle. Sie hatten schließlich auch das Abteil versiegelt und beschlossen, morgen noch einmal die Spurensicherung vorbeizuschicken.

»Haben noch andere diesen Gestank wahrgenommen?«, fragte Karla.

»Im zweiten Stock haben wir ein älteres Ehepaar angetroffen.« Alfred blätterte in seinem Notizblock. »Herr und Frau Dörfler. Die Frau hat ebenfalls faule Eier gerochen, war aber nicht so oft oben. Im dritten Stock war leider keiner da.«

»Das passt jedenfalls zu dem, was der Leichenfledderer gesagt hat«, brummte Ondracek.

»Sie meinen Professor Unlieb«, korrigierte Karla.

»Eben den.« Ondracek grinste schief. »Ein paar Eier aufschlagen, an einem warmen Ort stehen lassen und man hat eine Salmonellenfarm.«

»Und jetzt, im Sommer, ist es gut warm auf so einem alten Dachboden«, bestätigte Alfred.

»Ein Ex-Mitarbeiter des DISCO rächt sich, indem er ganze Salatfelder mit Salmonellen verseucht.« Karla kaute auf ihrer Unterlippe. »… Nur wofür?«

»Wofür?«, wiederholte Alfred.

»Wofür will er sich rächen?«, fuhr Karla fort.

»Diese Discounter waren ja in den letzten Jahren öfter in den Schlagzeilen, weil sie Betriebsräte verhindern oder diejenigen mobben, die sich für Betriebsräte aufstellen lassen«, sagte Woodstock.

»Oder weil sie älteren Mitarbeitern wegen eines Pfandbons für dreißig Cent gekündigt haben«, ergänzte nun Karina.

»Richtig«, nickte Woodstock.

»Aber Angermann war kein Betriebsrat«, gab Karla zu bedenken. »So viel wir wissen, war er mindestens Filialleiter ...«

»Entschuldigung, Frau Neumann«, räusperte sich nun Ondracek.

»Ja ...«

»Irgendwer hat mittlerweile irgendwo gelesen, dass er doch Bezirksleiter war.« Er hielt ein kopiertes Blatt hoch.

»Wer?« Karlas Ton wurde lauter und schärfer.

»Angermann«, antwortete Ondracek unschuldig.

»Nein, wer hat diese Information gefunden und wo?«, fragte die Kriminalrätin mit deutlich erhobener Stimme.

»Keine Ahnung.« Ondracek zuckte mit den Schultern. »Da liegt eine Liste auf meinem Tisch: Bezirksleiterkonferenz am 25.07.2008. Und darunter 20 Namen, der von Angermann ist gelb markiert.«

»Also über die Kommunikationskultur in dieser Direktion müssen wir bei Gelegenheit noch einmal ...«

»... kommunizieren?«, grinste Woodstock.

»Sehr richtig, Herr Hasselt.« Karla bückte sich und fummelte an ihren Schuhen herum. »Und nachdem Sie das so gut können, würde ich vorschlagen, dass Sie morgen mal ein paar DISCO-Filialen abklappern und die Mitarbeiter zur Person von Eberhard Angermann befragen. Wenn die Führung dieses Unternehmens nichts von ihm wissen will, dann müssen wir eben das Fußvolk fragen.«

»Gute Idee«, lobte Ondracek.

»Danke!« An einem leichten Poltern glaubte Alfred zu erkennen, dass Karla sich nun ihrer Schuhe entledigt hatte. »Idealerweise hat dieses Phantom von Kollege oder Kollegin bis dahin auch herausbekommen, für welchen Bezirk Angermann zuständig war. Das dürfte Ihnen die Kommunikation erleichtern.«

»Wir sehen, was sich machen lässt«, grinste Ondracek, dessen Abneigung gegen die neue Chefin anscheinend langsam nachließ.

»Fantastisch«, seufzte Karla. »Kommen wir nun zu diesem flüchtigen Rumänen. Wie Sie wissen, ist er an der österreichisch-slowakischen Grenze gefasst worden. Ich weiß zwar nicht, wer das angeordnet hat, aber wie es aussieht, sind Herr Maul und Frau Müller heute früh los, um ihn am Grenzübergang Suben in Empfang zu nehmen … Warum sie noch nicht wieder zurück sind, weiß ich leider auch nicht.«

»Fragt sich, ob wir mit dem Rumänen nicht unsere Zeit vergeuden, wo jetzt so viel auf Angermann hindeutet«, gab Alfred zu bedenken.

»Immerhin ist er getürmt«, widersprach Ondracek.

»Und er wurde nachts um vier unweit der Stelle gesehen, wo der Bauer Stauder ermordet wurde«, ergänzte Karla.

»Es ist ja immer noch möglich, dass die Salmonellenvergiftung und der Mord nicht auf das Konto desselben Täters gehen«, traute sich nun Karina wieder an eine Wortmeldung.

»Frau Welker.« Karla schien sie vorher nicht bemerkt zu haben.

»Ja, ähm.« Karina wurde unter dem blassen Make-up leicht rot im Gesicht. »Also, ich habe noch mal weiter recherchiert, wegen des hölzernen Pfahls in der Brust des Toten.«

»Sehr gut!« Karla wandte sich nun ganz in Karinas Richtung. »Wir hören!«

»Es gibt zwar diese Geschichte, dass man damit einen Vampir töten kann, der Hintergrund ist aber ein etwas anderer. Und dieses Ritual wird auch heute noch praktiziert in einigen Teilen von Rumänien …«

»Wie, da werden heute noch Menschen gepfählt?« Woodstock sah ungläubig von der Produktion einer Zigarette auf.

»Nein, es geht um Rituale, wenn die Menschen gestorben sind.« Karina hatte Unterlagen vor sich, brauchte aber nicht hineinzusehen.

»Es gibt den Aberglauben, dass manche Seelen nach dem Tod nicht zur Ruhe finden und deswegen nicht in den Himmel kommen. Besonders gefährdet sind Menschen, die kein gottgefälliges Leben geführt haben. Diese Toten suchen dann als Untote ihre Angehörigen heim ...«

»Also als Vampire?«, fragte Alfred.

»Nein, als Geister oder Erscheinungen. Mit Vampiren hat das nichts zu tun. Bram Stoker, der Autor von Dracula, hat sich durch diesen starken Aberglauben nur inspirieren lassen.«

»Gut.« Karla lehnte sich zurück. »Das heißt, wenn ich jetzt aus so einem Dorf in Rumänien komme und es stirbt ein Mensch, von dem zu befürchten steht, dass seine Seele keine Ruhe findet, dann ramme ich ihm zur Vorsicht einen Pfahl ins Herz?«

»Sie können ihm auch heiße Nadeln in die Ohren stechen.« Man merkte, dass die Anwärterin nun mutiger wurde. »Oder die Toten mit Knoblauch einreiben – auch das kommt aus dem Aberglauben. Es soll aber auch erst in letzter Zeit wieder vorgekommen sein, dass Leichen wieder ausgegraben und ihnen die Herzen herausgerissen wurden. Die muss man dann auf eine Heugabel spießen und verbrennen ...«

»Gut, das reicht jetzt, denke ich.« Karla richtete sich wieder auf und griff zum Wasserglas.

»Aber selbst wenn unser Rumäne aus so einem Dorf kommt und Wert auf derartige Rituale legt, fragt sich, wo sein Motiv war. Was kümmert es ihn, wenn der Bauer als Untoter bei seinen Angehörigen spukt?«, dachte Alfred laut nach.

»Das sollten wir ihn fragen.« Karla machte Anstalten aufzustehen. »Sofern sich Frau Müller und Herr Maul nicht mit ihm nach Transsilvanien abgesetzt haben.«

11. Da tanzen die Preise

Am nächsten Nachmittag stand Alfred mit seinem Alfa auf dem Parkplatz einer DISCO-Filiale im Norden von Fürth. Es war einer jener Neubauten, die man seit etlichen Jahren kannte. Irgendwann hatten die Aldis, Normas und DISCOS ihre winkligen, engen und oftmals ranzigen Filialen in den Innenstädten aufgegeben und dann große Märkte mit ebensolchen Parkplätzen in die Peripherie gestellt. Das war gut für die pendelnde erwerbstätige Bevölkerung und schlecht für alte Omas, die keinen fahrbaren Untersatz hatten. Er und Woodstock wollten sich je zehn der Niederlassungen vornehmen. Er hatte hier schon in aller Frühe um halb neun vorgesprochen. Die Öffnungszeit hatte gerade erst begonnen, und es waren nur wenige Kunden da. Die Angestellten waren damit beschäftigt, Regale einzuräumen oder Fenster zu putzen. Die Filialleiterin war alles andere als auskunftsfreudig.

»Wir haben strikte Anweisung, auf keinen Fall über diese Sache zu sprechen«, hatte sie kurz angebunden erklärt, während sie einen neuen Werbeprospekt in den Schaukasten neben dem Eingang hängte. »DISCO – Da tanzen die Preise.« lautete der Werbeslogan über den Angeboten.

»Sie meinen über die Salmonellenepidemie«, konkretisierte Alfred.

»Das haben jetzt Sie gesagt«, knurrte sie und machte sich wieder auf den Weg in das Innere des Gebäudes. »Als ob es vorher nicht schon schlimm genug gewesen wäre!«

»Ich will ja auch gar nicht über die Salmonellen mit Ihnen reden, sondern über einen ehemaligen Kollegen, Eberhard Angermann. Kennen Sie den?« Alfred folgte der Frau. Da sie vor ihm lief, konnte er ihr Gesicht nicht sehen, aber es schien ihm, als zuckte sie bei dem Namen kurz zusammen.

»Wir dürfen nicht über Firmenangelegenheiten mit Leuten von außen reden.« Sie zückte einen Schlüsselbund und sperrte eine unscheinbare Tür hinter der letzten Kasse auf. »Und mit der Polizei schon dreimal nicht!«

»Was ist denn da hinter der Tür?« Alfred schielte neugierig über den Kopf der Frau.

»Mein Büro und die Personalräume.« Sie trat zweimal kräftig gegen die Tür, als sie sich trotz des Schlüssels nicht so recht öffnen wollte, und stellte sich ihm entschlossen in den Weg. »Und wenn Sie nicht wollen, dass ich meine Arbeit verliere, dann gehen Sie jetzt … bitte!«

Alfred musterte die Marktleiterin. Sie mochte Mitte bis Ende vierzig sein. Blond mit einem deutlich dunkleren Haaransatz, kurzer Pferdeschwanz. Sie trug die übliche DISCO-Uniform. Grünes Poloshirt und darüber einen ebensolchen Kittel mit Namensschild: Frau Kürschner. Sie machte nur teilweise einen ängstlichen Eindruck. Offenbar waren die DISCO-Mitarbeiter daran gewöhnt, von oben kurzgehalten zu werden. Mindestens zur Hälfte war die Frau sehr resolut und Alfred hatte eine leise Ahnung, dass er doch noch ein oder zwei Mal mit ihr sprechen würde. Ein kurzer Blick in die grünen Augen verriet ihm, dass es in ihr gärte wie in einer Sektflasche. Und genau wie beim Schaumwein würden die entstehenden Bläschen den Korken irgendwann herausdrücken. Fürs Erste wollte er es aber nicht übertreiben.

»Gut, mit wem kann ich denn dann reden, wenn man es Ihnen verboten hat«, fragte er direkt.

»Ich gehöre zum Fußvolk, Herr Kommissar. Ich kann Ihnen gar nichts sagen, selbst wenn ich wollte. Glauben Sie nicht, dass mir irgendjemand was erzählt in der Firma. Sie können es ja einmal bei unserem Bezirksleiter probieren.« Ein schrilles Piepen lenkte sie kurz ab.

»Wie heißt der Herr und wo finde ich ihn?«, fragte Alfred, seinen Notizblock zückend.

»Herr Reiter.« Sie ließ ihren Blick suchend durch die Gänge schweifen. »Und ich fürchte, dass er heute Nachmittag hier auftaucht … Regina, der Pfandautomat«, rief sie in die Tiefe des Raumes.

»Und wann ungefähr?«

»Wahrscheinlich so ab 15 Uhr … Das wissen Sie aber nicht von mir!«

Alfred hatte darauf verzichtet, sich Herrn Reiter beschreiben zu lassen. Hin und wieder packte ihn doch noch so ein alter Bullen-Ehrgeiz. Jedenfalls dachte er, wenn er nicht mehr in der Lage wäre, so einen Vorgesetzten zu erkennen, sollte er sich wirklich frühpensionieren lassen. Er suchte nach einem Herren, der wahrscheinlich in einem der üblichen Firmenwagen vorfuhr, das hieß, 3er BMW, Mercedes C-Klasse, Audi A4 oder – wenn DISCO sparen wollte – ein VW Passat. Wahrscheinlich in schwarz. Außerdem würde Herr Reiter sicher einen Anzug tragen, eine Aktentasche oder so was Ähnliches mit sich führen und er würde es eilig haben. Vor allem aber würde er ganz sicher keinen Euro aufwenden, um einen Einkaufswagen auszulösen.

Alfred war schon um viertel drei wieder auf dem Parkplatz eingetroffen, nachdem sich drei weitere Filialleiter genauso verhalten hatten wie Frau Kürschner. Allerdings war keiner von ihnen so kooperativ, ihm zu sagen, wann und wo er den Bezirksleiter denn tatsächlich sprechen könnte. Gerade mal eine Mobilnummer konnte Alfred ergattern, und da ging natürlich keiner hin. Also hatte Alfred beschlossen, die Sache sportlich zu nehmen und musterte seit einer Stunde alle männlichen Kunden dieser Filiale kritisch vom Behindertenparkplatz unweit des Eingangs aus. Einmal wäre er fast schon ausgestiegen. Alles stimmte: 3er BMW in schwarz, Business-Outfit, gestresster Gesichtsausdruck, kein Einkaufswagen … Aber dann war der Mann noch einmal umgekehrt und hatte eine Tüte mit leeren Plastikflaschen aus dem Kofferraum geholt. Ansonsten war die männliche Kundschaft kaum verdächtig. Unter die vorherrschenden Rentner und Jugendlichen mischten sich nur ein paar offensichtliche Alkoholiker, die auch keinen Einkaufswagen benötigten. Hin wieder kam noch ein Familienvater mit einem Van oder Kombi.

Dann um halb vier war es endlich soweit. Ein Mann im Anzug ohne Krawatte und einer Aktenmappe entstieg einem A4, den er neben Alfred auf dem zweiten Behindertenparkplatz abgestellt hatte. Er war etwa Mitte dreißig, groß und schlank. Die schütteren blonden Haare waren mit reichlich Gel in Form gebracht. Er wirkte gehetzt, blieb aber kurz stehen, um einen prüfenden Blick über den Parkplatz schweifen zu lassen. Auf dem Weg zum Eingang inspizierte er zuerst den Schaukasten mit der Werbung und dann den Mülleimer. Schließlich bückte er sich und hob kurz vor der Tür noch ein gebrauchtes Taschentuch vom Boden auf.

»Herr Reiter, wie ich annehme«, rief Alfred von hinten. Der Mann fuhr herum und blickte sich verwundert um.

»Hauptkommissar Albach, Kriminalpolizei. Haben Sie zehn Minuten Zeit für ein paar Fragen?« Alfred zückte seinen Dienstausweis und ging gemessenen Schrittes auf den Bezirksleiter zu.

»Um Gottes willen, müssen Sie so brüllen?« Reiter drückte die Hand mit dem Dienstausweis hektisch nach unten.

»Keineswegs«, lächelte Alfred. Ihm war klar, dass der Bezirksleiter genauso wenig mit ihm reden wollte wie die Filialleiterin. Daher hatte er beschlossen, sanften Druck auszuüben, denn im Gegensatz zu heute Morgen war der Markt nun reichlich frequentiert, und ein Besuch der Polizei konnte reichlich Aufmerksamkeit erregen – negative Aufmerksamkeit wohlgemerkt.

»Wenn Sie bereit sind, mir ein paar Auskünfte zu geben, können wir das in aller Diskretion erledigen.«

»Also, in Gottes Namen, dann gehen wir da rüber.« Reiter zeigte auf eine verlassene Ecke des Parkplatzes.

»Ich würde mich lieber in Ihrem Hinterzimmer unterhalten.« Alfred war immer noch neugierig, was sich hinter der unscheinbaren Tür verbarg.

»Tut mir leid, aber da kann ich Sie wirklich nicht reinlassen.« Man konnte meinen, dass der DISCO in seinen Personalräumen an der Erforschung des Higgs-Teilchens arbeitete.

»Und ich kann Ihnen leider nicht garantieren, dass ich unter freiem Himmel ausreichend leise sein kann«, sagte Alfred finster und setzte noch nach: »Polizisten reden gerne laut!« Er machte wieder Anstalten, seinen Dienstausweis zu zeigen.

»Wollen Sie wohl die Klappe halten«, flüsterte Reiter ärgerlich.

Gehetzten Schrittes lief der Bezirksleiter an den Kassen vorbei. Als er die Filialleiterin sah, rief er »Frau Kürschner« und schnippte mit den Fingern. »Ich brauche kurz Ihr Büro!«

Als er die unscheinbare Tür aufsperrte, schien sie zu klemmen. Er drückte mit der Schulter dagegen und schob sie auf.

»Kannten Sie einen gewissen Eberhard Angermann?« Alfred hielt schon mal das Fahndungsfoto griffbereit.

»Angermann?«, wiederholte Reiter. »Ja, ja, ich glaube schon.«

Karla Neumann hatte gerade ihr Frühstück ausgepackt. Zu Hause reichte es immer nur für einen schnellen Kaffee, weil sie eigentlich eine Langschläferin war und trotzdem zwischen sieben und acht im Präsidium sein musste. Nun wollte sie sich gegen zehn Uhr endlich das Bauernbrot und den Presssack schmecken lassen, den sie aus einer geheimen Quelle in ihrer unterfränkischen Heimat bezog. Ihr war klar, dass diese kulinarischen Vorlieben so gar nicht zu einer weiblichen Führungskraft passten, noch dazu im zweiten Jahrzehnt nach dem Millenium. Nur Fett, Nitritsalz und Kohlenhydrate. Aber es schmeckte so gut, und in diesem Job brauchte man zumindest einmal am Tag einen Lichtblick.

Da traf es sich schlecht, dass kurz darauf das Telefon klingelte und Staatsanwalt Klatte sich daran machte, den Tag gleich wieder zu verfinstern.

»Sie haben doch gestern diesen flüchtigen Bulgaren zurückgeholt?«, fragte Klatte nach einer kurzen Begrüßungsformel.

»Rumänen! Ja, Frau Müller und Herr … Maul haben das übernommen.« Karla nahm schnell noch einen Bissen vom Presssack, denn ihr schwante Böses.

»Und wissen Sie auch, wo der Häftling sich jetzt gerade befindet?« Klattes Tonfall blieb höflich, hatte aber so einen merkwürdigen Unterton.

»Soviel ich weiß, hat man ihn noch nicht vernommen. Daher wird er wohl in der Fürther Straße in der U-Haft sein.« Karla ahnte, dass dem nicht so war.

»Soviel ich weiß, hatte ich gerade einen Anruf vom Nordklinikum«, schnarrte Klatte.

»Jetzt sagen Sie nicht, dass der Mann verletzt wurde«, rief Karla. »Ist er wenigstens vernehmungsfähig?«

»Der Mann ist okay«, beruhigte Klatte, nur um gleich darauf mit erhobener Stimme fortzufahren: »Das Problem ist nur, dass Ihr Mitarbeiter, Herr Maul, verlangt, dass man ihm den Magen auspumpt – gegen seinen Willen!«

»Wer? Herr Maul?« Karla wurde bleich.

»Ihnen ist schon klar, dass wir dafür eine richterliche Anordnung brauchen, wenn wir überhaupt nur an so etwas denken wollen, oder?«

»Ja, natürlich, Herr Staatsanwalt.« Karla nahm einen großen Schluck Kaffee.

»Dann wüsste ich nun gerne, mit welcher Begründung ich damit zum Richter soll!«

Zwei Stunden später kam es zum Gipfeltreffen in der Inneren Abteilung des Nordklinikums. Karla fand Maul in einer *Nürnberger Zeitung* blätternd vor, wo er offenbar die wöchentliche DISCO-Werbung studierte, während er den Häftling bewachte, der sich in einem Behandlungszimmer befand. Auf dem Stuhl neben ihm lagen ein aufgeschlagener Terminkalender und ein Kugelschreiber.

»Der DISCO hat nächste Woche endlich wieder die extragroße Tiefkühlrösti-Tüte im Angebot«, sagte Maul ungefragt.

»Dann gibt's am Dienstag keinen Lauchkuchen, sondern marinierte Lendchen auf einem Speck-Zwiebel-Pfifferling-Bett mit geschmolzenen Kirschtomaten und Prinzessbohnen, dazu die Rösti, ein Traum!« Er nahm den Terminkalender und strich etwas durch.

»Herr Maul«, presste Karla um Fassung bemüht hervor. »Warum gehen Sie nicht an Ihr Mobiltelefon?«

»Was?« Maul schien sie erst jetzt wahrzunehmen. »Mein Handy? Da gehe ich schon lange nicht mehr hin, wenn ich die Nummer nicht kenne. Am Ende ist es nur wieder meine Frau mit neuen Unterhaltsforderungen ... Ich bin nämlich jetzt endlich bald geschieden, wissen Sie.«

»Und Frau Müller?«, fragte Karla. »Die ist doch bestimmt auch hier. Im Präsidium ist sie jedenfalls nicht!«

»Die Renan ist eine rauchen gegangen, glaube ich.« Maul sah immer noch nicht von seiner Zeitung auf. »Weiß ich nicht, ob die ein Handy dabei hat.«

»Sie können jedenfalls schon einmal Ihre Koffer packen«, zischte Karla. »Morgen sind Sie wieder in München, dafür werde ich sorgen!«

»Das müssen Sie mit meinem Chef in München klären.« Maul grinste verschmitzt.

»Das werde ich, verlassen Sie sich darauf.« Karla nahm Maul energisch die Zeitung aus der Hand. »Und jetzt sagen Sie mir gefälligst, warum diesem Rumänen der Magen ausgepumpt werden soll. Ich hatte gerade ein hochnotpeinliches Telefonat mit Staatsanwalt Klatte.«

»Also eigentlich ist die Renan draufgekommen. Ich will mich ja nicht mit fremden Federn schmücken, das habe ich nämlich nicht nötig, wissen Sie.« Maul schien den Verlust der Zeitung nicht weiter krummzunehmen und lümmelte sich in seinen Stuhl zurück.

»Auf was ist Frau Müller gekommen?« Karla spürte, wie ihre Nerven dünn wurden.

»Die hätte nur nicht so schnell die Konsequenzen gezogen

und wäre mit ihm hierher.« Maul beugte sich etwas in Karlas Richtung und senkte die Stimme. »Der geht's nämlich gerade nicht so gut.«

»Was Sie nicht sagen!«

»Ja, jedenfalls ein Glück, dass ich mit meiner Lebensweisheit dabei war. Weil, wenn wir uns jetzt nicht schicken, dann ist das Ding nicht mehr im Magen sondern im Darm ...«

»Ja, was denn für ein Ding um Himmels willen?«

»Eine SIM-Karte?« Klatte hatte extra um eine Verhandlungspause bitten müssen, als sein stumm geschaltetes Handy unter der Robe vibrierte.

»Es ist nur ein vager Verdacht.« Karla stand mittlerweile neben Renan in der Raucherecke.

»Das heißt, es gibt keinerlei Hinweise, dass sich diese Karte in dem Häftling befindet?«

»Die österreichischen Kollegen haben bei ihm ein Mobiltelefon sichergestellt, das keine Karte enthielt. Der Verdächtige behauptete, es wäre nicht seines. Allerdings wurde auch kein zweites gefunden. Daher ist schon davon auszugehen, dass es ihm gehört ...«

»Vielleicht hat er diese Karte aus dem Fenster geworfen oder sonst wo verschwinden lassen.« Klatte zog noch nicht so recht und Karla konnte es ihm nicht verdenken.

»Laut Bericht haben die Kollegen sowohl den Lkw als auch die nähere Umgebung gewissenhaft abgesucht.« Karla wedelte mit der Akte, die ihr Renan übergeben hatte.

»Und wenn er es gestohlen hat?«

»Es ist ein sehr altes Modell.«

»Dann befragen Sie doch seine Kollegen bei diesem Bauern«, schlug Klatte vor. »Die müssen doch wissen, ob er ein Handy hatte und wie es ausgesehen hat.«

»Da gibt es leider ein gewisses Zeitproblem«, gab Karla mit tief gefurchter Stirn zu Bedenken.

»Ach ja? Welches?«

»Wenn wir noch ein paar Stunden warten, ist die SIM-Karte nicht mehr im Magen, sondern ...«

»Verstehe«, seufzte Klatte. »Aber am Ende hat er sie gar nicht verschluckt. Wissen Sie, wen wir dann alles am Hals haben, wenn das publik wird?«

»Ich verstehe Ihre Bedenken ... Moment ...« Sie stellte sich Renan in den Weg, die sich gerade wieder verdrücken wollte. »Sie bleiben hier, Frau Müller!«

»Wie bitte? Frau Neumann, ich müsste schon wieder in meiner Verhandlung sein!«, Klatte musste niesen.

»Aber wenn wir diese SIM-Karte kriegen, dann wüssten wir seine Mobilnummer und könnten herausfinden, mit wem er in den letzten Wochen telefoniert hat. Womöglich können wir sogar ein Bewegungsprofil erstellen.«

»Die Chance ist gering, wenn Sie mich fragen.« Karla spürte fast, wie dem Staatsanwalt übel wurde.

»Aber der Mann ist hochgradig verdächtig, das muss man auch sehen.« Sie gestikulierte mit zwei Fingern vor dem Mund in Renans Richtung.

»Also gut, dann faxen Sie den Antrag eben an den Ermittlungsrichter«, stöhnte Klatte. »Vielleicht hat er ja einen guten Tag.«

»Vielen Dank, Herr Staatsanwalt.« Karla klappte ihr Handy zu. »So, und jetzt brauche ich auch eine Zigarette, Frau Müller!«

Alfred stand am Abend wieder auf dem DISCO-Parkplatz. Es war nun drei viertel acht und der Markt würde bald schließen. Das Gespräch mit dem Bezirksleiter Reiter hatte nicht lange gedauert. Er war aber der Erste, der nicht völlig die Aussage verweigerte und gab an, dass Angermann bis vor drei oder vier Jahren ebenfalls Bezirksleiter bei dem Discounter gewesen war. Reiter wollte ihn nur flüchtig gekannt haben, versicherte aber, dass es sich bei Angermann um einen tüchtigen Mitarbeiter gehandelt hatte, der jedoch schließlich ein

Alkoholproblem von solchen Ausmaßen bekam, dass er seinen Job verlor. Ob er freiwillig gegangen war oder gekündigt wurde, wusste Reiter nicht zu sagen. Alfred hatte sich am späteren Nachmittag mit Woodstock im Präsidium getroffen. Der wiederum hatte eine andere Bezirksleiterin in Nürnberg aufgespürt und in etwa die gleiche Geschichte zu hören bekommen, nachdem sonst kein Filialleiter auch nur einen Mucks gemacht hatte.

»Die sind instruiert worden, jede Wette«, schloss Woodstock messerscharf.

»Wenn die in der Chefetage beim DISCO nicht völlig zurückgeblieben sind, können die sich doch denken, dass wir irgendwann in den einzelnen Märkten auftauchen und Fragen stellen!«

»Da ist was dran«, grübelte Alfred und fragte sich dabei, warum es immer noch keine Kaffeemaschine in der operativen Einsatzzentrale gab. »Und weil man das Risiko einer undichten Stelle minimieren will, verpasst man den Filialleitern einen Maulkorb und gibt den Bezirksleitern eine dünne fiktive Geschichte vor. Das sind deutlich weniger, und die haben deutlich mehr zu verlieren ...«

»Je nachdem«, sagte Woodstock und drehte sich eine Zigarette. »Man müsste einen von den unteren Dienstgraden zum Reden bringen. Einen, der lange genug dabei ist, dass er Angermann gekannt haben kann.«

»Der Gedanke ist mir auch schon gekommen ... Wollen wir in die Kantine gehen?« Alfred brauchte jetzt dringend eine Dosis Koffein.

»Unbedingt!« Woodstock sprang auf. »Aber die waren alle so richtig eingeschüchtert, wenn du mich fragst. Da hast du die blanke Angst gespürt ... Die Chefs haben ihre Leute echt im Griff in dem Laden!«

»Was man von unseren ja zum Glück nicht sagen kann«, lächelte Alfred. »Aber ich glaube, ich habe da heute den Ansatz einer undichten Stelle gefunden.«

Und so wartete Alfred nun auf Frau Kürschner. Kurz nach acht schloss ein Mitarbeiter die Eingangstür ab. Dann waren noch etwa zwanzig Minuten lang zwei Putzkräfte zugange. Währenddessen verließen die Angestellten nach und nach den Markt durch einen Personaleingang. Schließlich gingen die Lichter aus und die Filialleiterin erschien auf dem Parkplatz. Es stand noch ein Ford Fiesta in einer weiter entfernten Ecke, doch sie steuerte zu Fuß auf die Ausfahrt zu. Alfreds Auto beachtete sie dabei nicht.

»Frau Kürschner, einen Moment bitte«, rief Alfred, als sie den Parkplatz schon fast verlassen hatte und er auf etwa zehn Meter aufgeschlossen hatte.

»Um Gottes willen!« Sie fuhr herum. »Müssen Sie mich so erschrecken?«

»Verzeihung, das lag nicht in meiner Absicht.« Er lächelte und musste sich eingestehen, dass die kurze Laufstrecke ihn schon reichlich ins Schnaufen gebracht hatte.

»Was lag denn dann in ihrer Absicht?«, fragte sie trocken.

»Da Sie zu Fuß unterwegs sind, wollte ich Ihnen anbieten, Sie nach Hause zu fahren.«

»So?« Sie glaubte ihm kein Wort.

»Betrachten Sie es als eine kleine Steuerrückzahlung.«

Frau Kürschner ließ sich nicht lange bitten. Das lag vermutlich daran, dass sie in der Nürnberger Gartenstadt wohnte, und sich damit eine mindestens sechzigminütige Fahrt mit dem ÖPNV aus dem Fürther Norden ersparte. Auf der Fahrt ließ sie durchblicken, dass Sie ihren Führerschein vor einiger Zeit hatte abgeben müssen und sich bislang noch nicht dem »Deppentest« hatte unterziehen wollen, um ihn zurückzukriegen. Alfred war sich sicher, dass die Frau nicht dumm war. Ihr musste klar sein, dass er den Fahrdienst nicht ohne Hintergedanken leistete, und dennoch war sie eingestiegen. Also brachte er das Gespräch noch einmal in die gewünschte Richtung, als sie sich bereits dem Plärrer näherten.

»Ich wollte noch einmal auf diesen Herrn Angermann zurückkommen«, sagte er möglichst unschuldig.

»Nein«, rief sie mit gespielter Empörung. »Und ich habe schon gedacht, Sie wollten auf schnellsten Wege mit mir ins Bett!«

»Das darf ich leider nicht, weil Sie eine potenzielle Zeugin sind«, parierte Alfred lächelnd.

»Faule Ausrede!«

»Keineswegs. Wohingegen das Sammeln von Informationen über Herrn Angermann zu meinen vornehmsten Dienstpflichten zählt.«

»Was Sie nicht sagen«, erwiderte sie ohne Verbitterung. »Und warum glauben Sie, dass ich Ihnen jetzt was über ihn sage? Nur weil es dunkel ist und Sie mich heimchauffieren?«

»Aber nein.« Er druckste etwas herum. »Ich habe nur eine lebhafte Fantasie und kann mir vorstellen, dass es in einem Unternehmen wie dem DISCO ähnlich zugeht wie bei uns?«

»Meinen Sie?«, fragte sie mit sarkastischem Unterton.

»Ja, schon. Ich kann mir vorstellen, dass Sie strenge Hierarchien haben und dass Ihre Chefetage vorgibt, was jemand sagen darf und was nicht, ansonsten gibt's Ärger.«

»Das liegt im Bereich des Möglichen.«

»Sehen Sie.« Alfred ordnete sich nach dem Opernhaus rechts ein. »Und ich kann mir weiterhin vorstellen, dass Sie zu intelligent sind, um solche … Weisungen nicht dann und wann zu hinterfragen.«

»Wollen Sie sich einschleimen?«

»Ein bisschen«, gab er zu.

»Wenigstens ehrlich!«

»Wenn wir gerade bei Ehrlichkeit sind.« Alfred verspürte jetzt ein unbändiges Verlangen nach einem Bier. »Dann sagen Sie mir doch mal, ob Sie wirklich glauben, dass es mit dieser einen Attacke auf den DISCO getan ist.«

»Na ja, wenn es einer auf uns abgesehen hat, dann wahrscheinlich nicht.« Sie öffnete ihre Handtasche und kramte darin herum.

»Wir sind uns sicher, dass der Anschlag dem DISCO galt.« Alfred fiel auf, dass er seit nunmehr sieben Stunden auch nichts mehr gegessen hatte. »Und solange der Täter – oder die Täterin – nicht gefasst ist, steht zu befürchten, dass er oder sie wieder zuschlägt und dann vielleicht nicht mit so was Harmlosem wie Salmonellen. Da gibt's noch ganz andere Kleinstlebewesen.«

»So genau habe ich darüber noch nicht nachgedacht.« Sie hatte eine Schachtel Kaugummis gefunden und steckte einen in den Mund. Es waren Dragees, in Blister verpackt, wie Tabletten. Alfred meinte, bislang nur Zahnpflege- und Nikotinkaugummis in solchen Verpackungen gesehen zu haben.

»Jedenfalls, wenn er oder sie wieder zuschlägt, dann läuft das Geschäft noch einmal schlechter, und dann muss der DISCO vielleicht Leute entlassen oder Filialen schließen …«

»Was anderes wird denen sicher nicht einfallen«, nickte Frau Kürschner.

»Genau.« Alfred bog auf die Allersberger Straße ein. »Und daher würden Sie einen Beitrag zum Erhalt Ihres Arbeitsplatzes leisten, wenn Sie mir ein paar Auskünfte geben würden.«

»Das heißt also im Klartext, Sie verdächtigen den Angermann, dass er den Salat vergiftet hat?« Sie konnte eine gewisse Neugierde nun nicht mehr verbergen.

»Da ich Sie für eine intelligente Frau halte, bin ich mir sicher, dass Sie die Antwort kennen«, lächelte Alfred.

»Wenn ich wirklich so schlau bin, dann weiß ich auch, dass ich ebenso gut meinen Job verlieren könnte, wenn ich mit Ihnen rede«, konterte sie.

»Wir wissen unsere Informanten zu schützen«, entgegnete er.

»Ach, kriege ich dann einen neuen Namen, eine neue Wohnung in einer anderen Stadt und ein lebenslanges Gehalt?«

»Das ist eigentlich nur bei Mafiaorganisationen oder ehemaligen Terroristen notwendig.« Alfred schielte in Richtung Beifahrersitz. »Ist der DISCO etwa eine Mafiaorganisation?«

»Halten Sie hier an«, befahl Frau Kürschner, als sie sich der Frankenstraße näherten.

»Entschuldigung, ich wollte niemanden ...«, stammelte Alfred.

»Kennen Sie den Griechen da?«, fragte Frau Kürschner und deutete auf eine Eckkneipe, etwa zwanzig Meter entfernt.

»Äh, zu meiner Schande, nein.« Dabei war Alfred ein großer Freund griechischer Eckkneipen, aber es war unmöglich, in einer Stadt wie Nürnberg alle zu kennen.

»Wenn ich mich schon um Kopf und Kragen reden soll, dann will ich dafür wenigstens ein gescheites Abendessen.«

»Nun, das ist äh ...« Alfred sah sich nach einem wenigstens halb legalen Parkplatz um.

»Ich habe eine pubertierende Tochter daheim und keine Lust, ihr unangemeldeten Herrenbesuch zu erklären«, gab Frau Kürschner zu Protokoll. »Und um das alles im Auto zu erzählen, dafür ist die Geschichte zu lang, glauben Sie mir!«

»Weiß jemand, wo Herr Albach steckt?«, fragte Karla Neumann halb streng, halb verzweifelt, als sie am nächsten Morgen die Lagebesprechung eröffnete.

Betretenes Schweigen.

»Herr Hasselt, Sie waren doch gestern gemeinsam im Außendienst«, hakte Karla nach.

»Nein.« Woodstock sah sich gezwungen, eine etwas aufrechtere Sitzhaltung einzunehmen. »Wir haben uns aufgeteilt, sonst wären wir ja nicht rumgekommen mit diesen Filialen.«

»Gut.« Karla warf einen Seitenblick auf Kriminaldirektor Göttler, der neben ihr saß und sich eines Kommentars enthielt. »Dann lassen Sie uns doch einmal wissen, was Sie herausgefunden haben in Bezug auf diesen Eberhard Angermann.«

»Bis zum Abend nicht sehr viel …« Woodstock gab eine kurze Schilderung der Aussagen der beiden Bezirksleiter wider und beeilte sich anzufügen, dass sowohl er als auch Alfred die Aussagen für falsch hielten.

»Aber der war beim DISCO«, gab Ondracek zu bedenken. »Daran besteht kein Zweifel.«

»Daran nicht«, sagte Woodstock. »Aber ob er dort wirklich Bezirksleiter war und ob er nur wegen eines Alkoholproblems den Laden verlassen hat oder verlassen musste, das ist schon arg fraglich. Immerhin suchen wir nach einem Motiv für eine Vergiftung von Lebensmitteln im großen Stil.«

»Na ja. Wenigstens haben sie nicht geleugnet, dass dieser Angermann einmal bei der Firma war«, murmelte Karla.

»Und was ist nun mit Herrn Albach«, meldete sich Göttler zu Wort.

»Der wollte einen der Filialleiter noch einmal nach Feierabend befragen.« Woodstock zuckte mit den Schultern. »Er hat geglaubt, dass er da was rauskriegen kann, was wirklich los war mit diesem Angermann.«

»Unwahrscheinlich, wenn diese Leute sich alle ausgeschwiegen haben«, wiegelte Karla ab. »Wie Sie ja schon sagten, ist da ganz sicher Druck gemacht und gedroht worden. Wer redet, fliegt, oder so ähnlich.«

»In der freien Wirtschaft sind vielleicht nicht alle Untergebenen so folgsam wie bei der Polizei«, grinste Woodstock.

»Hört, hört«, lachte Ondracek.

»Dafür können Untergebene in der freien Wirtschaft gefeuert werden, was bei uns leider nicht möglich ist«, schoss Karla mit einem Seitenblick auf Rainer Maul zurück, was ihr ein anerkennendes Nicken von Kriminaldirektor Göttler einbrachte.

»Na gut«, sagte Karla, nachdem sich die Soko wieder beruhigt hatte. »Dann berichten wir jetzt zum aktuellen Stand, was unseren Rumänen betrifft. Marian Cuprinsu. Frau Müller, wenn Sie so freundlich wären?«

»Was soll ich jetzt dazu sagen?«, fragte Renan trotzig, während sie die Kriminalrätin Neumann innigst zum Teufel wünschte.

»Sie sollen Ihren Kollegen hier den aktuellen Stand der Ermittlungen mitteilen, falls Sie sich dazu in der Lage fühlen.« Karlas Ton wurde nun mütterlich scharf.

»Das kann Rainer viel besser erklären«, trotzte Renan weiter.

»Ich habe aber Sie gebeten … Sind wir denn hier im Kindergarten?« Karla war nun sichtlich um Fassung bemüht.

»Der flüchtige Rumäne wurde uns am Grenzübergang Passau-Suben übergeben.« Renan reflektierte in unübertroffener Einsilbigkeit. »Wir haben dann festgestellt, dass er ein Handy bei sich hatte, aber keine SIM-Karte. Nachdem wir zu der Auffassung gelangt waren, dass es sich um sein Gerät handeln muss, haben wir überlegt, wo die Karte sein könnte. Schließlich kam uns der Verdacht, dass er sie vielleicht verschluckt haben könnte …«

»Wie kommt man denn darauf?« Karinas Augen wurden groß.

»Laut den österreichischen Kollegen wurde trotz intensiver Suche keine solche Karte im oder in der Nähe des Lkws gefunden, mit dem er unterwegs war. Außerdem hat dieses Versteck für ihn den Vorteil, dass er die Karte zu gegebener Zeit wiederbekommt und dafür nicht einmal nach Österreich muss.«

»Genial«, entfuhr es Karina.

»Bitte weiter«, mahnte Karla.

»Wir haben den Mann dann ins Nordklinikum zur Untersuchung gebracht. Wie sich nach ersten Untersuchungen herausstellte, befand sich keine solche Karte in seinem Magen, wobei die Ärzte meinten, nach zwei Tagen müsste sie schon weitergewandert sein …«

»Uh, jetzt wird's aber langsam unappetitlich.« Woodstock verzog das Gesicht.

»Solange Sie nicht unsachlich werden, sehe ich hier kein Problem«, erwiderte Karla und wandte sich wieder Renan zu.

»Sie haben dann also seinen Darm untersucht und tatsächlich so ein Teil darin gefunden«, fuhr Renan ungerührt fort.

»Und wie?«, fragte Karina.

»Was wie?«

»Wie haben Sie das gefunden?«

»Keine Ahnung, geröntgt, glaube ich … Hat mich nicht interessiert, ehrlich gesagt.« Sie machte sich nicht die Mühe, in ihren Unterlagen nachzusehen. »Kann uns ja auch egal sein.«

»Und ist sie schon, ich meine, haben sie das Ding schon … Also, ähm …« Nun war auch Herbert Göttlers Interesse erwacht. »Also, steht uns das Beweisstück denn schon zur Verfügung?«

»Noch nicht«, antwortete nun Maul, nachdem Renan keine Anstalten machte, auf die Frage einzugehen. »Sie wollten ihm irgendwas zum Trinken geben, damit er Dünnschiss kriegt. Als er das nicht schlucken wollte, haben sie gemeint, wir müssten uns jetzt wirklich was genehmigen lassen, damit sie ihm einen Einlauf verpassen können …«

»Eingriff in die körperliche Unversehrtheit heißt das, Herr Maul«, ergänzte Karla.

»Echt?« Maul machte ein ehrlich erstauntes Gesicht. »Na ja, jedenfalls habe ich ihm dann die Alternative mit dem Einlauf erklärt, und dann hat er das Zeug doch getrunken …«

»Und wie lange dauert das dann, bis wir diese Karte kriegen?«, fragte Göttler.

»Das kommt drauf an, wo im Darm sie steckt.« Maul zog die Augenbrauen zusammen und versuchte, sich zu erinnern. »Spätestens heute Abend, glaube ich …«

»Und wer macht das dann?« Woodstock konnte nicht umhin, ein paar Details zu hinterfragen.

»Wer macht was?«

»Also, die sperren ihn jetzt in ein Krankenzimmer, verschließen das Klo und stellen ihm einen Eimer hin, oder so ähnlich?«

»Keine Ahnung, wahrscheinlich ...« Maul lehnte sich zurück und schürzte die Lippen.

»Wenn sie in einem normalen Klo landet, ist sie jedenfalls verloren«, fuhr Woodstock fort. »Also frage ich mich, wer jetzt den Eimer nach der Karte durchsuchen muss.«

»Sie werden schon irgendwelche Hilfsarbeiter haben, die noch nichts geleistet haben im Leben ...« Maul blickte sich um. Als er kein Interesse an seiner Gesellschaftstheorie wahrnehmen konnte, sagte er nur noch: »Wir jedenfalls nicht!«

»Das wollte ich wissen«, seufzte Woodstock erleichtert.

»Dann können wir uns ja wieder ermittlungsrelevanten Fragen zuwenden«, übernahm Karla wieder das Wort. »Was sagt denn die Kriminaltechnik? Können wir mit dem Ding überhaupt noch was anfangen? Sind die Daten noch da? Wer weiß, was die Magensäure davon übrig gelassen hat.«

»Das müssen wir abwarten.« Renan zuckte mit den Schultern.

»Wenn wir nur seine Nummer wissen, dann können wir die einzelnen Verbindungen auch so rauskriegen«, sinnierte Karla. »Das wird jetzt schon interessant, was er mit dieser Karte vor uns verbergen wollte.«

»Entschuldigung«, meldete sich Karina vorsichtig zu Wort.

»Frau Welker?« Karla erteilte ihr mit einem kurzen Heben des Kinns Sprecherlaubnis.

»Wäre es nicht auch möglich, die Nummer über seinen Mobilfunkanbieter herauszufinden?«

»Nun ja«, lächelte Karla milde, nachdem die meisten der Anwesenden dicke Backen gemacht hatten. »Es steht ja zu befürchten, dass es sich um einen rumänischen Anbieter handelt, nicht wahr?«

»Also, wenn das ein Sprachproblem ist, dann kann ich es gerne probieren«, bot Karina an.

»Das weniger. Aber wie Sie ja sicher gelernt haben, müssen wir dazu den Dienstweg gehen, das heißt über das BKA an Europol, die fragen dann in Rumänien an und retour. Das dauert etwas zu lange, zumal zweifelhaft ist, ob überhaupt etwas dabei herauskommt.«

»Verstehe.« Karina schien etwas enttäuscht.

»Und dann muss das Ding ja nicht über ihn oder seinen richtigen Namen laufen«, fügte Maul an. »Diese Russen sind doch mit allen Wassern gewaschen!«

»Bulgaren«, korrigierte Göttler.

»Rumänen«, stöhnte Karla.

12. Ouzo, Retsina & Aspirin

»Also, du bist jetzt normale Mitarbeiterin in so einer Filiale.« Alfred warf zwei Aspirin in ein Glas Wasser, während Renan, Woodstock, Karina und Maul teils neugierig (Woodstock, Karina), teils belustigt (Maul) und teils abwartend (Renan) um ihn herum saßen.

»Du hast einen Arbeitsvertrag über 40 Stunden.« Alfred schluckte die Medizin und fuhr fort. »Und die hast du zum Beispiel am Donnerstagabend abgeleistet, weil der Markt jeden Tag von 8 Uhr bis 20 Uhr geöffnet hat. Also hättest du den Freitag und den Samstag frei. Dann kriegst du aber am Freitagmorgen um 7 einen Anruf, dass du trotzdem zu erscheinen hast, weil die Filiale chronisch unterbesetzt ist, und wenn nur eine Aushilfe ausfällt, bricht alles zusammen. Wenn du nicht kommen kannst, weil du zum Beispiel bereits im Kurzurlaub bist oder auf ein Kind aufpassen musst, erhältst du eine Abmahnung wegen Arbeitsverweigerung. Dann schreibst du die Überstunden auf, aber die sind dann irgendwann in der Zeiterfassung wieder verschwunden. In den Kassen befindet sich immer eine fixe Menge an Wechselgeld. Wenn du also in der Früh als Erster deine Kasse eröffnest und das nicht nachzählst, kann es dir passieren, dass du am Abend auch eine Abmahnung ausgehändigt bekommst, weil nämlich drei Euro mehr Wechselgeld drin waren und du das nicht gemeldet, somit unterschlagen hast. Dann gibt es natürlich Testkäufe, um zu sehen, ob du die Kunden auch immer schön aufforderst, ihre Taschen im Einkaufswagen hochzuheben. Nach Feierabend bekommst du den Auftrag, noch alle festgetretenen Kaugummis vom Boden zu kratzen oder irgendwelche Regale umzubauen. Wenn du dringend wegmusst, zum Beispiel weil du ein Kind zu versorgen hast oder sonst wie verabredet bist, gibt es …«

»… eine Abmahnung«, tippte Woodstock.

»Ganz genau.« Alfred wandte sich nun der Cola zu, deren Kohlensäure er während der letzten fünfzehn Minuten mit einem Kaffeelöffel herausgerührt hatte. »Wenn du deinen Arbeitsplatz abends verlässt, kann es vorkommen, dass man deine Taschen durchsucht. Sollte sich ein DISCO-Produkt darin befinden, musst du damit rechnen, dass du wegen Diebstahls abgemahnt wirst. Wenn du krank bist, solltest du dich darauf einstellen, dass es an deiner Tür klingelt und der Bezirksleiter davorsteht, um sich von deiner Arbeitsunfähigkeit selbst zu überzeugen …«

»Okay.« Renan hob die Hand und stoppte Alfreds Redefluss. »Ich glaube, wir haben verstanden, um was es geht. Gehe ich recht in der Annahme, dass du uns soeben die Arbeitsweisen eines gewissen Herrn Angermann beschrieben hast?«

»Ich habe dich schon immer wegen deines Scharfsinnes geschätzt.« Alfred brachte ein Lächeln zustande, lehnte sich ächzend zurück und massierte sich die Schläfen.

»Wohl ein bisschen spät geworden, gestern«, sagte Maul ohne Mitleid.

»War gar nicht so spät, aber einfach ein paar Tropfen zu viel Retsina oder Ouzo oder beides!«

»Das nenne ich vollen Einsatz für Recht und Gesetz.« Woodstock klopfte Alfred auf die Schulter.

Alfred hatte die Kollegen per SMS ins Brozzi bestellt, um ihnen seine neuesten Ermittlungsergebnisse mitzuteilen. Das alternative Tagescafé befand sich in der Nähe des Präsidiums und war seit Langem eine geschätzte Außenstelle für die Mordkommission. Er fühlte sich nicht in der Lage, an diesem Tag ins Präsidium zu kommen, nachdem der Abend mit der guten Frau Kürschner etwas ausgeufert war. Zwar war die Frau trockene Alkoholikerin, wie sie alsbald zugab, aber die anwesenden griechischen Stammgäste schienen sie alle gut zu kennen und ließen es sich nicht nehmen, an ihrer Stelle ihren Begleiter mit griechischer Gastfreundschaft in Form von mehreren Gläsern Ouzo und einer Flasche Wein gratis zu überschütten. Da Alfred keinen internationalen Eklat provozieren wollte – die deutsch-griechischen Beziehungen waren seit der drohenden Staatspleite schon angespannt genug – leerte er tapfer ein um das andere Glas Ouzo und lernte zu guter Letzt sogar noch Sirtaki tanzen.

»Riechst aber schon noch etwas streng, Kollege.« Woodstock konnte sich diesen Kommentar offenbar nicht verkneifen.

»Gut.« Renan war noch weit von ihrem früheren Temperament entfernt, schien aber trotzdem in der Sache weiterkommen zu wollen. »Dieser Angermann war also ein Drecksack, der seine Mitarbeiter drangsaliert hat. Dann frage ich mich aber, warum nicht einer der Mitarbeiter den Angermann mit Salmonellen vergiftet hat, sondern der Angermann die DISCO-Kunden. Wenn, dann hätte doch einer seiner Mitarbeiter ein Motiv, ihm zu schaden, aber nicht er der Firma!«

»Da hat sie recht«, nickte Woodstock anerkennend. »Wo ist dann sein Motiv?«

»Dass er was werden wollte, und die haben ihn fallen lassen.« Maul hatte als einziger kein Getränk vor sich stehen, sondern ein selbst mitgebrachtes Brötchen mit einer selbst mitgebrachten Stadtwurst verspeist.

»Genau ... Danke«, stöhnte Alfred.

»Wie?« Karina sah fragen in die Runde.

»Wenn du eine Ahnung vom Leben hast, ist das doch völlig klar.« Maul legte seinen Terminkalender weg, in dem er wieder an seinem Speiseplan getüftelt hatte.

»Du musst immer das große Ganze sehen.« Maul kam ins Dozieren. »Dieser Angermann war Chef von soundso vielen Filialen ...«

»20«, präzisierte Alfred.

»Also 20. Aber der hat ja auch einen Chef und der Chef hat wieder einen Chef. Der Angermann wollte auch endlich mehr als dreieinhalbtausend im Monat verdienen und ein Porsche Cabrio fahren und eine Stufe höher klettern zum Platz an der

Sonne. Und nachdem er jahrelang die Drecksarbeit gemacht hat, haben sie ihn wahrscheinlich fallen lassen. Haben ihn nicht zum Chef-Chef gemacht ... Bumm, alles umsonst!«

»Enttäuschter Ehrgeiz?« Renans Stimme kam fast wieder zur gewohnten Lautstärke. »Der vergiftet Hunderte von Menschen, weil er nicht befördert wurde?« Sie sah Alfred bohrend an.

»Das sagt Gabi ... und ich glaube ihr. Ein besseres Motiv haben wir bislang nicht, oder?« Alfred biss nun in die Butterbreze, die ihm Karina mitleidig besorgt hatte.

»Gabi?«, fragte Renan mit einer gewissen Schärfe.

»Gabriele Kürschner. Ihres Zeichens seit zehn Jahren Filialleiterin beim DISCO und damit eine der wenigen, die Herrn Angermann persönlich gekannt haben beziehungsweise bereit sind, dies zuzugeben.«

»Immerhin ist es ein Motiv«, sagte Karina. »Bis jetzt haben wir ja nur rätseln können, was den Mann dazu getrieben hat.«

»Und warum vergiftet dann kein Polizeibeamter den Großraum mit Salmonellen?«, fragte Woodstock. »Es gibt auch bei uns viele, die noch was werden wollen und nicht zum Zug kommen. Da wird dieser Angermann beim DISCO auch nicht der Einzige gewesen sein. Ich bin mir nicht sicher, ob das als Motiv ausreicht.«

»Das kommt natürlich auf das Psychogramm des Täters an«, zitierte Karina das kriminalistische Schulbuch.

»Und auf das System«, ergänzte Alfred. »Wenn du bei der Polizei was werden willst, musst du in die richtige Partei eintreten, dich anständig anziehen und ansonsten vor allem deinen Mund halten. Nur immer schön Ja und Amen sagen. Beim DISCO reicht das nicht, da musst du eine echte Drecksau sein. Du musst Menschen zusetzen, die dir nichts getan haben. Du musst lügen und betrügen. Du musst die Zahlen liefern, die dein Chef sehen will, ansonsten bist du selber dran. Und wenn du das alles jahrelang machst, nur weil du die Aussicht hast, irgendwann Verkaufsleiter zu werden, was die Vorstufe zum Regionalgeschäftsführer ist, wenn du alle Vorgaben und Erwartungen übertriffst und dann doch übergangen wirst, dann kannst du schon mal ausrasten.«

»Hat gar keinen Sinn, sich selbst auszubeuten«, sagte Maul. »Das dankt dir keiner, nirgends!«

»Aber es gibt doch viele von diesen ...« Renan sah Karina an.

»Bezirksleitern?«

»Genau. Die sind alle für zwanzig Filialen oder so verantwortlich. Und die stehen alle unter demselben Druck, und die wollen alle noch was werden, wie hieß das wieder?«

»Verkaufsleiter.« Alfred unterdrückte einen Rülpser und hielt sich den Magen.

»Und von denen gibt es wie viele?«, fragte Renan.

»2 pro Regionalgesellschaft.«

»Also liegt es ja in der Natur der Sache, dass 18 nicht zum Zuge kommen. Und dann müssen wir uns schon fragen, warum gerade dieser eine sich rächt und nicht die 17 anderen oder die hundert anderen, die es sonst noch in Deutschland gibt und die auch irgendwo Verkaufsleiter werden wollen.« Renan hatte sich zu einem Schwarztee hinreißen lassen und leerte die Tasse nun in einem Zug. Eine Minute lang herrschte nachdenkliches Schweigen.

»Da hat sie nicht ganz unrecht«, sagte Maul schließlich.

»Zumal diese Praktiken anscheinend so einzigartig nicht sind.« Woodstock blätterte in seinem Notizbuch. Das Prinzip der Discounter ist ja überall fast gleich. Und viele waren da ja auch schon negativ in den Schlagzeilen. Ich kann mich zum Beispiel an Lidl erinnern ...«

»Ich an Schlecker«, ergänzte Karina.

»Das müssten wir vielleicht noch mal nachprüfen, aber vom DISCO hat man da ja in der ganzen Zeit nie was Schlechtes gehört. Und das spricht wiederum dagegen, dass die Mitarbeiter dort derart behandelt werden.«

»Da hängen doch immer so Plakate, wenn die Azubis suchen«, sagte Karina. »Wenn du siehst, was die schon in der

Ausbildung verdienen, dann fragst du dich schon, ob du die richtige Berufswahl getroffen hast!«

»Ihr habt recht«, meldete sich nun wieder Alfreds leicht belegte Stimme. »Der DISCO zahlt seinen Leuten mehr als die anderen und hat deswegen fast keine Probleme mit seinen Mitarbeitern, weil die nämlich 100 Euro mehr im Monat zu verlieren haben als die anderen. Aber deswegen wird der Umgang mit den Leuten nicht besser, und wenn sich dann doch mal in einem Bezirk Widerstand regt, dann brauchst du einen richtigen Ausputzer.

»Aber es gab beim DISCO noch keine Bagatellkündigungen«, beharrte Woodstock. »Ich rufe auch gerne mal beim Arbeitsgericht an und prüfe das nach.«

»Wie gesagt, normalerweise muckt da auch keiner auf. Aber wenn's drauf ankommt, dann hat der DISCO auch gar nicht wegen irgendwelchen Kleinigkeiten kündigen müssen, weil nämlich jeder der Mitarbeiter bereits drei bis vier Abmahnungen an der Backe hat und nach der dritten Abmahnung in derselben Sache kannst du jeden kündigen, ohne eine Schutzklage fürchten zu müssen. So wie ehedem im Bezirk 19!«

»Bezirk 19?«, wiederholte Woodstock.

»Da, wo wir gestern unterwegs waren ... Nürnberg und Fürth.« Alfred erhob sich und wankte in Richtung Herrenklo.

»Ich fass das immer noch nicht, dass wir diesen Angermann vielleicht noch gar nicht kennen würden, wenn Rainer nicht zufällig den richtigen Ordner herausgezogen hätte«, sagte Karina, als sie zusammen mit Renan und Maul auf dem Fußweg zurück zum Präsidium war. Woodstock war bei Alfred geblieben, weil er ihn noch zu seinem Auto zurückfahren und vorher noch einen weiteren Kaffee konsumieren wollte.

»Das kommt daher, dass ich auf der Sonnenseite der Straße stehe«, erklärte Maul.

»Man braucht öfter die Hilfe von Kommissar Zufall, als wir öffentlich zugeben«, erwiderte Renan.

»Ich bin aber nicht Kommissar Zufall«, beharrte Maul. »Ich bin auch nicht einer von vielen, ich bin …«

»Einer von einem?«, fragte Karina rhetorisch.

»Genau.« Maul strahlte. »Siehst du, jetzt hast du es auch kapiert.«

Sie überquerten den Ring unweit des Plärrers und legten den Rest der Strecke schweigend zurück. Als sie in der operativen Einsatzzentrale ankamen, war keiner da. Wahrscheinlich Mittagspause. Maul wollte sich auf den Weg zu seinem Lieblingsmetzger und dann in die Klinik machen, um die Arbeit an der »Hebung« der SIM-Karte gegebenfalls zu beschleunigen, doch Renan hielt ihn zurück.

»Moment noch, Rainer.« Sie stand an ihrem Schreibtisch und blickte mit zusammengekniffenen Augen in das Rauminnere zum Besprechungstisch.

»Was ist?«

»Wo warst du noch mal gesessen, als du diesen Ordner gefunden hast?«

»Keine Ahnung …« Maul blies die Backen auf. »Da, glaube ich.« Er deutete auf den Platz, der Renans Tisch am nächsten war.

»Das stimmt«, sagte Karina. »Du warst genau gegenüber von der Neumann.«

»Weil ich möglichst weit weg sein wollte von der Krautschachtel!«

»Okay.« Renan schlich wie eine Wildkatze um ihren Schreibtisch. »Aus welcher Kiste hast du dann diesen Ordner gezogen?«

»Öhm, ja …« Maul blickte hilflos auf eine Gruppe von vier Kartons, die an der Stirnseite von Renans Schreibtisch standen. »Wahrscheinlich aus dem da.« Er deutete auf den äußersten rechten.

»Unmöglich«, meldete sich wieder Karina. »Die vorderen beiden stehen erst seit gestern da.«

»Wer hat denn Zeit, auf so was zu achten?«, fragte Maul.

»Ich habe an Renans Platz gearbeitet, die letzten Tage.« Karina wirkte fast, als wollte sie sich entschuldigen. »Da blendet die Sonne nicht so.«

»Gut.« Renan schob die vorderen beiden Kartons weg. »Also, Rainer, wo greifst du spontan rein? Rechts oder links?«

»Rechts natürlich. Ich bin ja auch Rechtshänder, wie sich das gehört!«

»Sicher?«

»Ich kenne mich jetzt seit 47 Jahren!«

»Ha.« Renan setzte sich auf ihren Platz, legte die Füße auf den Tisch und kaute an ihrem Daumennagel.

»Was?«, rief Karina schließlich, nachdem Maul achselzuckend den Raum verlassen hatte.«

»Das ist keine Kiste vom DISCO«, sagte Renan und nahm die Füße wieder runter.

»Nicht?« Karina bückte sich und sah genauer hin.

»Denk mal scharf nach.« Renan lehnte sich zurück und verschränkte die Arme über der Brust. »Die hast du hier reingeschleppt, und zwar als wir ...«

»... zum zweiten Mal bei der Witwe Unger waren.« Karina sprang mitsamt dem Karton auf. »Das ist aus dem Arbeitszimmer vom Unger.«

Karla Neumann kannte Max Loibl um ein paar Ecken. Wenn man dreißig Dienstjahre bei der bayerischen Polizei auf dem Buckel hat, davon zehn in leitender Funktion und in etwa gleich alt ist, dann lernt man sich früher oder später kennen. Loibl war eine Stufe höher gestiegen – kein Wunder, er war ja auch ein Mann. Als Leiter der Kriminalpolizei in München wartete er nun gediegen auf seine Pension, die ihm mit etwas Glück in fünf Jahren ins Haus stehen würde. Und er war ein Schlitzohr. Ein Hund, ein recht ein verreckter, wie man in Oberbayern zu sagen pflegte, aber er war Karla im Prinzip nicht unsympathisch. Trotzdem hatte sie nun ein Hühnchen mit ihm zu rupfen und war gerade dabei, am Telefon Schiffbruch zu erleiden.

»Tut mir wirklich leid, Kollegin Neumann«, brummte Loibl maliziös in den Hörer. »Aber wenn Sie einen Personalnotstand haben, dann dürfen Sie eben nicht wählerisch sein.«

»Das bin auch wirklich nicht.« Karla rieb sich mit der freien Hand die Augen. »Mit Frau Kammerer und Herrn Rupertinger bin ich auch sehr zufrieden, die leisten sehr gute Arbeit bei der Auswertung der Computerdaten ...«

»Na, also ...«

»Jetzt tun Sie nicht so, Max! Sie wissen doch genau, was Sie mir mit Herrn Maul für ein Ei ins Nest gelegt haben!«

»Er ist manchmal etwas eigen.« Man hörte Loibl förmlich am anderen Ende der Leitung grinsen. »Aber er ist gut. Der hat hier auch schon für ein paar Überraschungen gesorgt ...«

»Das glaube ich Ihnen sofort«, seufzte Karla. »Und ich kann auch irgendwie nachvollziehen, dass man jede Chance ergreift, sich so eines Mitarbeiters zu entledigen. Aber wir haben hier wirklich eine ganz heikle Sache in den Griff zu kriegen. Der Giftmischer läuft immer noch frei herum und wird höchstwahrscheinlich wieder zuschlagen. Da kann ich keinen politisch unkorrekten Querulanten mit narzisstischer Persönlichkeitsstörung in meiner Soko brauchen. Das verstehen Sie doch sicher!«

»Na ja. Wie ich gehört habe, seid ihr ja durch Herrn Mauls Hilfe endlich auf einen vielversprechenden Verdächtigen gestoßen ...« Wie gut, dass anscheinend jeder in Bayern über alle Interna der Soko Kopfsalat Bescheid wusste. Karla überlegte fieberhaft, wer da wohl die Heimatdirektion auf dem Laufenden hielt, Maul oder einer der beiden anderen?

»Das war nur ein Zufallstreffer«, erklärte Karla nach drei tiefen Atemzügen. »Wir wären bei der Sichtung der Akten auch nicht viel später darauf gestoßen.«

»Jetzt sind Sie aber schon ein bisserl undankbar, Frau Kollegin.« Loibls Ton wurde schulmeisterlich. »Wir haben hier auch keinen Personalüberschuss!«

»Also nehmen Sie Herrn Maul nicht zurück?«, brachte Karla ihr Anliegen auf den Punkt.

»Doch, freilich ...«

»Was, tatsächlich?« Sie glaubte, ihren Ohren nicht zu trauen.

»Aber nur mit den anderen zwei. Entweder sie nehmen alle oder keinen!«

»Ich werde es mir überlegen«, presste Karla hervor und knallte den Hörer auf die Gabel. Im gleichen Moment wurde die Tür aufgerissen und Pit von der Kriminaltechnik, dessen Nachnamen sie bis heute nicht kannte, stand im Raum.

»Frau Neumann«, meldete er aufgeregt. »Wir haben den SIM-Chip, und er ist noch lesbar!«

Renan hatte sich nicht darum gerissen, die Witwe Stauder zu vernehmen. Aber da sowohl Alfred als auch Woodstock nicht in der Nähe waren, Maul aus bekannten Gründen ausschied und Karina noch Anwärterin war, blieben nur noch Renan oder Karla Neumann übrig. Und nachdem eine Dezernatsleiterin auch noch andere Dinge zu tun hatte, war es eben an Renan hängen geblieben, der Bäuerin am späten Nachmittag ein paar pikante Fragen zu stellen. Karina saß daneben, um etwas zu lernen, und die Neumann – da war sich Renan sicher – stand hinter dem venezianischen Spiegel und hörte zu. Renan hatte das Verhör wie üblich mit der Feststellung der Personalien eröffnet und sich dann mit verschränkten Armen der Frau gegenübergesetzt. Der von Cuprinus Darm wieder freigegebene SIM-Chip lag in einer Plastiktüte auf dem Tisch, sein Inhalt stand transkribiert in der Akte, die vor Renan auf dem Tisch lag.

»Was soll dieses Spiel? Ich muss heute Abend wieder zu Hause sein«, sagte die Frau schließlich ungehalten. »Meine Kinder sind alleine!«

»Sie sehen, was hier auf dem Tisch liegt«, sagte Renan langsam.

»Ja, und?«

»Und Sie wissen, dass wir Ihren flüchtigen Saisonarbeiter geschnappt und verhaftet haben!«

»Ja ... und?« Womöglich wusste sie es doch noch nicht.

»Dann könnten Sie uns allen doch jetzt Zeit und Ärger ersparen, oder?« Renan lehnte sich wieder zurück.

»Himmel, jetzt sagen Sie mir endlich, was Sie wollen?« Die Witwe wurde laut. »Ich frage mich eh, was hier für Menschen bei der Polizei arbeiten. Sie sind doch ... Also gesund sind Sie bestimmt nicht!«

»Herr Cuprinsu hatte diese SIM-Karte aus seinem Handy kurz vor seiner Festnahme verschluckt.« Renan reagierte nicht auf die Provokation, sondern zündete sich eine Zigarette an.

»Aha.« Die Bäuerin kniff die Augen zusammen und wedelte den Rauch vor Ihrer Nase weg.

»Mittlerweile wissen wir auch, warum.« Renan zog die Akte heran.

»So, wissen Sie das, Frau ...«

»Müller«, half ihr Karina auf die Sprünge. »Kriminalkommissarin Müller.«

»Also gut.« Renan schlug die Akte auf. »Sie hätten es auch einfacher haben können. Aber wenn Sie darauf bestehen, werde ich Ihnen die SMS zwischen Ihnen und Herrn Cuprinsu eben vorlesen!«

Die Frau atmete einmal tief durch und setzte sich aufrecht in den Stuhl.

»Tun Sie, was Sie nicht lassen können«, sagte sie schließlich, die Augen zu Schlitzen verengt.

»Mach du das.« Renan schob Karina den Papierstapel hinüber.

»Okay.« Die Anwärterin räusperte sich. »Am Tag nach seinem Verschwinden haben Sie geschrieben: ›Warum bist du weg? Hast du Johann umgebracht?‹ Darauf hat er offenbar nicht reagiert, vielleicht hat er die Nachricht auch gar nicht so schnell gelesen, weil er das Handy ausgeschaltet hatte, aus Angst, dass man ihn orten könnte.«

»Und was passt Ihnen nicht an dieser SMS?« Die Bäuerin faltete die Hände unter dem Kinn.

»An der SMS ist erst einmal nichts auszusetzen«, erwiderte Renan. »Es wäre nur hilfreich gewesen, wenn Sie uns darüber informiert hätten, dass Sie die Mobilnummer von Herrn Cuprinsu haben. Dann hätten wir ihn vielleicht doch orten können.«

»Entschuldigung, dass ich daran nicht denke, wenn ich gerade erst meinen Mann verloren habe«, antwortete die Frau scharf.

»Einen Tag später haben Sie es noch einmal versucht«, übernahm Karina wieder das Wort. »Warst du es, oder nicht? Die Frage bringt mich um. Melde dich!«

»Können Sie sich nicht vorstellen, dass ich es wissen will, ob er meinen Mann ermordet hat?« Die Witwe lehnte sich nun wieder zurück und blickte Renan und Karina herausfordernd an.

»Haben Sie von allen Ihren Arbeitern die Mobilnummern?«, fragte Renan.

»Ja ... wenn sie sie uns geben ... natürlich.«

»Und warum? Die sind doch immer in der Nähe.«

»Wir erfassen eben die Daten.« Die Frau zuckte mit den Schultern. »Das machen Arbeitgeber so.«

»Da werden wir die Männer mal fragen.« Renan gab Karina einen Wink weiterzumachen.

»Eine Antwort von Herrn Cuprinsu haben wir nicht gefunden. Aber es ist ein Anruf auf Ihre Mobilnummer verzeichnet, und zwar am Abend vor seiner Festnahme. Wahrscheinlich hatte er Schwierigkeiten, sich schriftlich zu verständigen und hat Sie deswegen angerufen ...«

»Was, was ist?«, rief die Witwe, nachdem Renan und Karina sie geraume Zeit schweigend taxiert hatten.

»Wollen Sie uns vielleicht mitteilen, was er gesagt hat«, forderte Renan schließlich.

»Er hat nichts gesagt, weil er mich nicht erreicht hat. Mein Akku war wohl leer.« Sie blickte zwischen Renan und Karina hin und her.

»Dafür hat das Gespräch aber ganz schön lange gedauert.« Karina tippte auf eine Liste. »Immerhin hat die Verbindung 2 Minuten und 23 Sekunden lang bestanden.«

Die Bäuerin atmete einmal tief durch, sagte aber nichts.

»Also, entweder hat der Mann so lange auf ihre Mobilbox gesprochen, was ich mir nur schwer vorstellen kann, da er kein Deutsch spricht und Sie kein Rumänisch– zumindest soviel wir wissen.« Renan öffnete nun eine Wasserflasche und nahm einen winzigen Schluck. »Oder Sie lügen uns an, und er hat Sie doch erreicht. In beiden Fällen würden wir jetzt gerne wissen, was er gesagt hat!«

»Ich sage ab sofort nichts mehr … ohne Anwalt«, trotzte die attraktive Witwe.

»Wie Sie wollen, dann wird es eben doch noch etwas länger dauern, bis Sie wieder nach Hause kommen.« Renan tat unbeteiligt und blickte zu Karina hinüber.

»Also brechen wir ab und machen morgen weiter?« Karina spielte das Spiel mit und machte Anstalten, die Blätter wieder zusammenzusammeln.

»Wenn Sie keine Angaben zur Sache mehr machen will, dann werden wir nun eben Herrn Cuprinsu befragen«, sagte Renan, ohne sich von der Stelle zu rühren.

»Also soll ich die noch älteren SMS nicht mehr vorlesen?«, fragte Karina.

»Macht Ihnen das eigentlich Spaß?« fragte die Frau schließlich. »Finden Sie das lustig, wenn meine Kinder heute Nacht alleine sind und vor Angst nicht schlafen können? Ihr Vater ist ermordet worden, können Sie sich halbwegs vorstellen, was das für die Kleinen bedeutet?«

»Es macht uns keinen Spaß.« Renan beugte sich nach

vorne und sah der Frau in die Augen. »Genauso wenig wie es uns Spaß macht, von Ihnen für dumm verkauft zu werden. Hier sitzen drei mindestens durchschnittlich intelligente Menschen, würden Sie das bitte zur Kenntnis nehmen?«

»Wenn Sie wünschen.«

»Wunderbar. Dann hören Sie auf, hier Märchen zu erzählen. Was soll das bringen? Sie wissen doch, dass wir alle Verbindungsdaten der Handys haben. Wenn Sie heute noch heim wollen, dann erzählen Sie uns nicht, dass es kein Gespräch gab, obwohl wir schwarz auf weiß haben, dass es zwei Minuten gedauert hat ...« Renan breitete die Hände aus und sah ihr Gegenüber offen an.

Die Frau antwortete nicht. Stattdessen begann sie, den Kopf zu schütteln und heftig zu atmen.

Renan drückte ihre Zigarette aus und nickte Karina kaum merklich zu.

»›Komm heute um 12 ins Lager. TI. Laura‹«, zitierte die Anwärterin. »Oder: ›Um zehn an der Küchentür. Johann ist im Schützenverein. TI. Laura.‹«

Sie machte eine Pause, in der die Witwe leise zu schluchzen begann.

»Was heißt denn ›TI‹?«, fragte Renan.

»Das könnte die Kurzform von ›Te Iubesc‹ sein«, sagte Karina, während die Bäuerin ihr erschrocken den Blick zuwandte. »Das heißt ›Ich liebe dich‹ auf Rumänisch.«

»Frau Welker hat rumänische Wurzeln«, erklärte Renan.

»Teilweise folgen auf die deutschen Botschaften noch einmal französische«, fuhr Karina fort. »›Aujourd'hui á 12 heure dans le depot.‹ Oder ›Tu me manque tellement‹ ... Das heißt, glaube ich ›Du fehlst mir so sehr‹ ... Es sieht so aus, als ob Sie sich mit Französisch beholfen hätten, weil es dem Rumänischen ähnlich ist ...«

»War Herr Cuprinsu also vielleicht doch kein Arbeiter wie alle anderen?«, fragte Renan.

13. Rouladen & Rattengift

»Dann haben die von der Versicherung doch die Wahrheit gesagt.« Alfred tunkte das letzte Stück Krokette in die Bratensoße.

»Da müssen wir jetzt Kotau machen«, nickte Ondracek. »Wenn auch nur unter uns.«

»Eindeutig identifiziert?«, wandte sich Alfred an Maul.

»Wie könnt ihr so was essen?«, fragte Maul. »Das ist doch minderwertiges Fleisch und Päcklas-Soße!«

»Es gibt eben nichts anderes«, sagte Woodstock, während sich die Kantine langsam leerte.

»Was ist denn das für ein Argument?« Maul hatte je eine aufgerissene Bäcker- und Metzgertüte vor sich liegen. »Man muss das doch nicht essen, nur weil es die Kantine macht. Hier …« Er raschelte mit den Tüten. »Die Laugenstangen vom Bäcker Roggenkorn, und dazu die halbdunkle Stadtwurst aus der Metzgerei *Teufel* in der Fürther Südstadt. So kann der Tag weitergehen!«

»Und wenn ich mal was Warmes will?«, nölte Woodstock.

»Dann gehst du eben in die Teeküche und kochst selber«, erklärte Maul.

»Wie?« Nun war auch Ondraceks Neugier geweckt. »Mittagessen kochen? In der Teeküche?«

»Da gibt's zwei Kochplatten und eine Mikrowelle«, erklärte Maul. »In München mache ich das mindestens zwei Mal die Woche. Musst du natürlich planen und vorbereiten!«

»Das klappt doch nie.« Ondracek schüttelte heftig den Kopf.

»Das klappt, wenn man nur will«, beharrte Maul. »Passt auf …« Er blätterte in seinem Terminkalender. »Übermorgen koch ich für uns vier in der Teeküche marinierte Lendchen auf einem Speck-Zwiebel-Pfifferling-Bett mit geschmolzenen Kirschtomaten und Prinzessbohnen mit Rösti!«

»Da nehm ich dich beim Wort«, grinste Ondracek.

»Gegen Unkostenbeitrag!« Maul hob den Zeigefinger. »Ich muss nämlich noch Unterhalt zahlen!«

»Kein Problem, solange es nicht teurer wird als hier!«

»Ich unterstütze den Antrag ebenfalls«, meldete sich nun wieder Alfred. »Aber ich wollte noch wissen, ob die Witwe Unger den Angermann wirklich einwandfrei identifiziert hat.«

»Absolut.« Maul legte seinen Terminkalender weg. »Und wenn sie gelogen hätte, hätte ich das an ihren Augen gesehen.« Maul war am Vormittag noch einmal bei der Witwe Unger gewesen, um Eberhard Angermann als den ominösen Versicherungsdetektiv von ihr identifizieren zu lassen. Somit war Karla Neumanns Wunsch Genüge getan und es war nicht mehr zu leugnen, dass ein Zusammenhang zwischen Ungers Tod und dem Salmonellenanschlag bestehen musste.

»Das hättest du aber auch etwas früher bemerken können«, tadelte Alfred in Ondraceks Richtung. »Du hast dem Angermann doch eine gelangt, wie er sich bei der Unger als Versicherungsdetektiv ausgegeben hat!«

»Na ja« Ondracek lehnte sich zurück und grinste schräg. »Normalerweise brauche ich ja nicht mehr groß nachdenken, weil die junge Generation das besser kann. Da brauche ich dann ein bisschen, um wieder warm zu werden … Außerdem hatte er als falscher Detektiv auch die Haare nach hinten geschleimt und einen Schnurrbart.«

»Und die Fahndungsfotos waren nicht die Besten«, gab Woodstock zu bedenken.

»War ja auch nicht so gemeint«, entschuldigte sich Alfred. »Aber nachdem wir jetzt wissen, dass Eberhard Angermann als falscher Versicherungsdetektiv bei der Witwe Unger war und dort Zugang zum Arbeitszimmer haben wollte, ist doch eines klar: Er wusste, dass Unger seine Personalunterlagen entwendet hatte. Von wem konnte er das wissen?«

»Natürlich nur von Unger selbst.« Woodstock zuckte mit den Schultern, während er das letzte Stück Krokette verspeiste.

»Genau! Somit ist Unger entweder ein Komplize oder er hat den Braten gerochen und Angermann die Unterlagen ...«

»... zum Kauf angeboten?«, vollendete Ondracek sinnierend.

»Ist nicht so unwahrscheinlich, oder?« Alfred blickte in die Runde.

»Da braucht man keine Lebensweisheit«, meldete sich Maul, der die letzten Minuten intensiv mit seiner dunklen Stadtwurst beschäftigt gewesen war. »Der Kerl hat ein Haus gebaut und den Arsch voll Schulden. Jetzt verliert der seinen Job ...«

»Oder befürchtet, ihn zu verlieren«, schob Ondracek ein. »Wir müssen bedenken, dass das alles innerhalb von nur zwei Tagen passiert sein muss.«

»Ich habe ja auch nicht gesagt, dass er dumm war«, erwiderte Maul. »Er konnte nur nicht mit Geld umgehen, sonst hätte er eine clevere Finanzierung gemacht, so wie ich damals ... Jedenfalls, wenn der jetzt glaubt, dass er genau weiß, wer der Täter war, dann wittert er seine Chance und organisiert sich schnell ein paar Akten aus der Personalabteilung.«

»Zumal durch die Kündigung die Kacke eh am Dampfen ist«, sagte Woodstock. »Das muss nicht mal kriminelle Energie gewesen sein, das war eher eine Verzweiflungstat.«

»Dann sollten wir uns auch den Bamberger Fall noch einmal genauer anschauen«, schloss Alfred mit einem tiefen Seufzer. »Wenn der Unger den Angermann in irgendeiner Form erpresst hat, war es womöglich doch kein Selbstmord ...«

»Die Leichenfledderer haben aber keine Beweise für eine Fremdeinwirkung gefunden«, gab Woodstock zu bedenken.

»Das ist nichts Neues, und wenn sie dann noch einmal genauer nachschauen, ist doch plötzlich was da.« Alfred legte sein Besteck mit Nachdruck auf dem Teller ab.

»Auch wieder wahr!«

»Aber wir haben jetzt keine Zeit, auch noch den Bamberger Fall in den Akten zu lösen.« Ondraceks Tonfall verriet einen Hauch von Panik. »Wir brauchen diesen Angermann hier, und dann soll er gestehen. Das ist das Einfachste!«

»Was uns zu der Frage zurückbringt, wo der Kerl steckt.« Woodstock begann, sich eine Kippe zu drehen.

»Haben die Frankfurter Würstchen sich immer noch nicht gemeldet?«, fragte Ondracek in Alfreds Richtung. »Die sollten doch seine Exfrau befragen!«

»Öhm … nein. Wobei ich zugeben muss, dass ich mein Handy nach der griechischen Nacht noch nicht wieder eingeschaltet habe«. Alfred barg das Gerät aus der Innentasche seines Jacketts und setzte es in Betrieb. »Oh, drei Anrufe in Abwesenheit, mit 069 als Vorwahl!«

Ein Außenstehender hätte die Szenerie wahrscheinlich einer Geisterbahn zugeordnet. Gegenüber der aschfahlen Renan mit großen Augenringen und ungewaschenen Haaren saß ein elend aussehender Rumäne, der in den letzten achtundvierzig Stunden allerhand körperliche Torturen über sich hatte ergehen lassen müssen. Cuprinsu wirkte schwach, das hagere Gesicht war von einem schwarzen Fünftagebart eingerahmt. Das Karohemd hing wie ein Büßergewand an seinem Oberkörper. Seine Lippen waren aufgesprungen und die Fingernägel abgekaut. Die blass geschminkte Karina mit der schwarzen uniformartigen Jacke war ja schon ein gewohntes Bild, dazu kam aber noch der rumänische Dolmetscher. In der Eile hatte die Verwaltung wohl nur einen jener halbseidenen Muttersprachler auftreiben können, die sich aufgrund irgendwelcher halblegaler Verstrickungen in der Datenbank der Polizei befanden. Höchstwahrscheinlich war er mal beim Kiffen erwischt worden oder betrunken am Steuer. Jedenfalls schien der Bursche in seinem verschwitzten Guns'n Roses T-Shirt und den fettigen langen Haaren weder den beiden Ermittlerinnen noch dem Verdächtigen vertrauenswürdig.

Da war Renan ganz froh, dass Karina zumindest über rudimentäre Sprachkenntnisse verfügte, als sie Cuprinsu nach

Feststellung der Personalien mit den Verdachtsmomenten gegen ihn konfrontiert hatten. Die Bäckereiverkäuferin, der er mit der Autopanne geholfen hatte, hatte ihn am Nachmittag bei einer Gegenüberstellung zweifelsfrei identifiziert, der SMS-Verkehr mit der Bäuerin sowie seine Flucht sprachen eine deutliche Sprache, und dann waren da noch die DNS-Spuren, die an dem hölzernen Pfahl gefunden worden waren und mit den Erbinformationen des Rumänen übereinstimmten. Offenbar hatte er sich an einem Spreißel leicht verletzt, sodass ein kleiner Tropfen Blut auf das Holz gelangt war. Es sah nicht gut aus für Cuprinsu.

»Er sagt, er war es nicht«, übersetzte der Dolmetscher zum zehnten Mal.

»Das erklärt aber die erdrückenden Indizien nicht«, erwiderte Karina, nachdem Renan es mittlerweile aufgegeben hatte.

»Er sagt, er ist in der Nacht nur spazieren gegangen, weil er nicht schlafen konnte.« Der Dolmetscher zog lautstark den Rotz in der Nase hoch.

»Nach zwölf Stunden Feldarbeit hat man natürlich massive Schlafstörungen.« Renan kaute an ihrem Bleistift. »Und wenn man sich dann alle paar Tage noch zum erotischen Stelldichein mit der Chefin treffen muss, ist man ganz sicher nicht mehr müde!«

»Er fragt, was Sie in der Nacht machen«, sagte der Dolmetscher, nachdem er ein paar unverständliche Laute mit Cuprinsu gewechselt hatte. »Sie sehen nämlich so aus, als wenn Sie seit einem Monat nicht mehr geschlafen haben!«

»Nachdem meine DNS nicht an dem Holzpfahl im Herzen des Bauern Stauder war, tut das nichts zur Sache«, entgegnete Renan ohne Groll. »Aber meine Chancen auf Nachtruhe würden erheblich steigen, wenn Herr Cuprinsu sich endlich dazu durchringen könnte, die Wahrheit zu sagen. Wir wissen, dass er eine sexuelle Beziehung zu Frau Stauder hatte. Er braucht die Frau nicht aus falsch verstandener Ritterlichkeit zu schützen ... Übersetzen Sie das!«

»Er sagt, das hat mit der Sache nichts zu tun. Sie sollen nicht mehr davon reden.« Der Dolmetscher grinste schräg, während der Verdächtige Renan eindringlich musterte.

»Was?« Nun war es sogar mit Renans Leidenschaftslosigkeit vorbei. »Diese Beziehung zu Frau Stauder stellt ein klassisches Mordmotiv dar. Man könnte auf den Verdacht kommen, dass Sie einen Rivalen aus dem Weg räumen wollten. Wir wissen, dass Frau Stauder mit ihrer Lebenssituation nicht mehr glücklich war, da stand dann nur noch dieses dumme Ehegelübde im Weg ...«

»Dazu kommt, dass Sie mehrmals mit dem Bauern wegen der Arbeitsbedingungen in Streit geraten waren.« Auch Karina wandte sich nun direkt an den Häftling.

»Er bestreitet das nicht«, erklärte der Dolmetscher nach einem Wortwechsel mit Cuprinsu. »Aber er hat den Bauern trotzdem nicht ermordet.«

»Die Indizien sagen da aber etwas anderes.« Renan bemühte sich, ihre Lautstärke wieder zu mäßigen. »Das langt jetzt schon für eine Verurteilung, dazu brauchen wir gar kein Geständnis mehr. Sie könnten aber das Strafmaß deutlich verringern, wenn Sie gestehen und mit uns kooperieren ...« Renan machte eine Pause und öffnete dann eine andere Akte.

»Was dann aber noch kommt, ist ja die Sache mit der Salmonellenverseuchung. Auch dafür hätten Sie die gleichen Motive, und wir gehen momentan davon aus, dass der Bauer von diesem Täter umgebracht wurde, als er ihn auf frischer Tat bei einem neuen Versuch ertappte. Somit kämen zu dem Mord beziehungsweise Totschlag noch mehrere Hundert Fälle von gefährlicher Körperverletzung, in einem Fall mit Todesfolge ...«

Renan kam nicht zum Ausreden, weil Cuprinsu, kurz nachdem der Dolmetscher zu übersetzen angefangen hatte, aufsprang und einen rumänischen Wortschwall ausspie. Gleichzeitig warf er seinen Stuhl gegen den Venezianischen Spiegel, sodass sich erst Karina, dann Renan und schließlich auch noch der Übersetzer auf ihn warfen.

»Bärengesees«, sagte Alfred. »Habe ich noch nie gehört …«

»Weil du nicht weißt, wo es gute Rouladen gibt«, blökte Maul vom Rücksitz aus.

»Also gibt's da eine Wirtschaft«, stellte Woodstock fest.

»Na ja, das ist mehr so das Wohnzimmer von einem Bauern. Die kochen immer nur sonntags, und ohne Voranmeldung kriegst du nichts … wobei ich ja jetzt auch schon fünf Jahre nicht mehr da war …«

Sie befanden sich auf dem Weg in die Fränkische Schweiz. Irgendwo im Landkreis Forchheim stand ein halb verfallenes Haus, das einer Großtante von Eberhard Angermann gehörte. Die alte Dame war wohl seit einem Jahr dement, hatte aber noch vorher ihren Großneffen damit betraut, die Immobilie zu verkaufen. Dies war bis heute nicht passiert, und somit bot sich für den ehemaligen DISCO-Mitarbeiter hier ein guter Unterschlupf, nachdem er damit rechnen musste, dass die Kripo seine eigentliche Wohnung längst gefunden und auf den Kopf gestellt hatte. Diese und einige andere Informationen hatte die Soko Kopfsalat von den Kollegen aus Frankfurt bekommen, die freundlicherweise die Exfrau Angermanns befragt hatten. Die Frau war immer noch nicht gut auf ihren Verflossenen zu sprechen, war aber so ehrlich zuzugeben, dass er kein Alkoholproblem gehabt hatte. Auch war er nach ihren Angaben nicht vom Unternehmen gekündigt worden, sondern hatte den Job von sich aus aufgegeben, als es »nicht so lief, wie er wollte«. Auf die Frage, ob sie ihrem Exgatten die Verursachung einer Salmonellen-Epidemie zutrauen würde, hatte sie geantwortet, dass ihm grundsätzlich alles zuzutrauen sei. Mit der Materie schien er einigermaßen vertraut zu sein, weil er geraume Zeit der Hygienebeauftragte der Regionalgesellschaft gewesen war. Als solcher hatte er an verschiedenen Fortbildungen zur Entstehung und Bekämpfung von Krankheitserregern teilgenommen.

Nun blieb zu hoffen, dass Angermann sich tatsächlich in Bärengesees versteckt hielt. Alfred wollte erst einmal nicht mit einem SEK anrücken. Am Ende wohnte vielleicht eine alte Uroma in dem Häuschen, und da wollte er nicht schuld sein, wenn die angesichts eines Dutzends schwarzer Kämpfer mit Helmen und Gewehren einen Herzinfarkt bekäme. Das war alles schon mal passiert. Stattdessen hatten sie vom Hausmeister des Präsidiums zwei graue Kittel und einen Werkzeugkoffer ausgeliehen.

Bärengesees war ein Weiler mit drei Bauernhöfen, einer Kapelle, einem Feuerwehrhaus und einer Milchhausruine. Dann waren da noch fünf andere Häuschen, die mehr oder weniger bewohnt aussahen. Dasjenige der Großtante sollte sich etwas abseits am nördlichen Ortsausgang befinden. Frau Angermann glaubte sich zu erinnern, dass es einmal ein Jagdhaus gewesen war. Jedenfalls hatte sie sich immer geweigert, dort Wochenenden oder gar Urlaube zu verbringen. Zum einen gab es kein WC und kein warmes Wasser, zum anderen hatte der Schimmel in den letzten zehn Jahren wohl sehr stark um sich gegriffen, und überhaupt lag das Anwesen die meiste Zeit im Schatten. Als sie schließlich das geduckte Gebäude gefunden hatten, war schon von Ferne zu erkennen, dass die Exfrau nicht übertrieben hatte. Bärengesees lag in einem tief eingeschnittenen Tal, hinter dem Haus lief ein Bach und gleich dahinter stieg der Hang steil an. Das Dach stand kurz vor dem Einsturz und die Fensterscheiben der einzigen Dachgaube waren eingeschlagen. Von der Straße aus erreichte man die Immobilie über einen nur schwer erkennbaren Wiesenweg.

»Kabel Deutschland – du bist doch nicht ganz knusper«, maulte Woodstock, während er sich in den grauen Kittel zwängte, der ihm deutlich zu klein war.

»Was sollen wir denn sonst sagen.« Alfred entledigte sich seines Sakkos und streifte den zweiten Kittel über. »Postboten nimmt er uns erst recht nicht ab, Gas gibt es keines und die Wasserversorgung scheint aus einem Bach zu bestehen.«

»Kabelfernsehen gibt es hier aber sicherlich auch nicht.« Woodstock lud seine Dienstwaffe durch und steckte sie hinten in den Hosenbund. »Und zieh deine Krawatte aus, das stinkt doch sonst hundert Meter gegen den Wind.«

»Dann sagen wir eben, dass ein Kabel verlegt werden soll und wir dabei sind, den Bedarf hier im Tal zu erheben.« Alfred beugte sich in den Fond des Dienstwagens, zog ein Klemmbrett heraus und setzte sich zu guter Letzt noch eine Baseballkappe und eine Sonnenbrille auf. Da Angermann ihn ja schon einmal auf dem Stauderhof gesehen hatte, wollte er kein Risiko eingehen.

»Mich braucht ihr dabei ja nicht, oder?« Maul war ebenfalls aus dem Auto geklettert, streckte sich und sah sich prüfend um.

»Du bleibst hier und holst Verstärkung, wenn er uns über den Haufen schießen sollte.« Alfred blickte etwas verunsichert in Richtung des Hauses.

»Gut, aber dann gehe ich zu meinem Rouladenbauern und frage, ob er die Wirtschaft noch hat«, erwiderte Maul todernst.

»Dann ist ja alles klar«, seufzte Woodstock. »Gehen wir!«

Natürlich gab es keine Klingel. Die schmale Haustür war verschlossen und durch die blinden Fensterscheiben konnte man nicht viel erkennen.

»Hallo«, rief Alfred und klopfte. »Hallo, ist jemand zu Hause? Kabel Deutschland, wir wollten fragen, ob Sie Interesse an einem Kabelanschluss haben.«

»Du bleibst jetzt mal im Hintergrund«, flüsterte Woodstock. »Wenn er dich schon mal gesehen hat, ist das zu riskant!« Er ging auf die Rückseite des Hauses, um nach einem Hintereingang zu suchen, fand aber nur ein Klo-Häuschen vor. Alfred suchte derweilen die vordere Front nach einem Schlüssel ab.

»Ist da wer?«, rief Woodstock laut, bevor er die Tür des Plumpsklos aufstieß, in dem sich aber nur ein Schwarm Mücken befand.

»Gut, unser Vogel ist ausgeflogen«, sagte er, als die beiden sich auf der Vorderseite wieder trafen.

»Wenn er jemals da war.« Alfred zog die Stirn in Falten. »Sieht irgendwie gar nicht danach aus.«

»Das glaube ich schon, denn wenn das Scheißhaus länger nicht mehr benutzt worden wäre, würden sich nicht so viele Mücken dafür interessieren.«

»Zwingende Logik«, sagte Alfred. »Und wie kriegen wir jetzt die Tür auf?«

»Da wird sich schon was finden.« Woodstock öffnete den Werkzeugkasten und kramte darin herum. Er machte sich mit einer Zange an einem kleinen Schraubenzieher zu schaffen und hatte nach weniger als drei Minuten die Türe geöffnet.

Im Haus erwartete sie eine Wand aus feuchter, stockender Luft. Sie zückten die Waffen und warteten eine Minute, bis sich die Augen an die Düsternis gewöhnt hatten. Viel zu sichern gab es dann nicht. Die Tür führte in einen schmalen Hausgang, von dem zwei Zimmer und eine Treppe abgingen. Links befand sich die Küche, rechts die gute Stube des Hauses. Die zwei Räume im Obergeschoss waren komplett leer und tatsächlich seit Jahren nicht mehr betreten worden. Wohingegen das Erdgeschoss einen halbwegs bewohnten Eindruck machte. In der Küche befanden sich ein Campingkocher nebst Campinggeschirr und eine Dose löslicher Kaffee. Dann noch drei leere Bierflaschen und eine leere Wurstdose. Im anderen Zimmer stand ein antikes, wenn auch arg mitgenommenes Sofa mit zwei Sesseln und einem niedrigen Tisch. Die Wände zierten mehrere Geweihe unterschiedlicher Größe mit reichlich Spinnweben zwischen den Enden. Auf dem Sofa lag ein moderner Schlafsack. Auf dem Tisch stand ein Transistorradio.

»Er war hier«, stellte Alfred fest und steckte die Pistole zurück ins Halfter. »Eindeutig.«

»Vielleicht ist er ja auch nur mal kurz weg und kommt gleich wieder.« Woodstock hatte sich daran gemacht, die Küche mit einer Taschenlampe näher zu untersuchen.

»Darüber machen wir uns später Gedanken.« Alfred blickte sich ebenfalls um und zückte sein Handy. »Jetzt sollten wir erst einmal rauskriegen, ob er sich hier nur versteckt oder ob er wieder Salmonellen gezüchtet hat … Oh, oh, kein Netz.«

»Das nenne ich ein glückliches Dorf.« Woodstock durchsuchte die Original-Kücheneinrichtung, eine Steinerne Spüle mit Kaltwasserhahn, ein mit Holz zu befeuernder Küchenherd, ein langes Tellerboard und ein Buffet.

»War ihm wohl zu aufwendig, sich seinen Kaffee auf dem alten Herd zu kochen«, mutmaßte Alfred, während er an dem Campingkocher schnüffelte.

»Na klar«, lachte Woodstock. »Bis da das Wasser kocht, ist es Abend, und außerdem hätte dann das ganze Dorf gemerkt, dass er hier ist. Wahrscheinlich wollte er das auch nicht.«

»Ich schaue jetzt mal, wo ich Netz kriege und rufe die Spurensicherung.« Alfred wandte sich zur Ausgangstür. »Vielleicht finden wir ja wieder Spuren von Salmonellen.«

»Oder auch was Schlimmeres«, erwiderte Woodstock, der den Backofen geöffnet hatte und einen Fetzen dünne Pappe in der Hand hielt.

»Rattengift!«

Eine Stunde später waren sowohl die Kriminaltechnik als auch das Landesamt für Gesundheit vor Ort. Auch Kommissar Dotterweich war erschienen. Da sie sich hier im Zuständigkeitsgebiet der Bamberger Kripo befanden, hatte Alfred die Kollegen informiert. Dotterweich hatte selbstverständlich nichts dagegen, dass die Nürnberger Soko hier Spuren sicherte, fühlte sich aber doch irgendwie verpflichtet, auch mal vorbeizuschauen. Maul war, kurz nachdem Alfred und Woodstock das Haus wohlbehalten verlassen hatten, verschwunden.

»Das Rattengift kann natürlich auch nur für den Gebrauch im Haus bestimmt gewesen sein … also, rein theoretisch«, sagte Woodstock, als sie alle im Halbkreis um den VW-Bus der Kriminaltechnik herumstanden.

»Dann hätten wir aber mehr Reste davon im Haus finden müssen und vor allem auch an Stellen, wo Ratten normalerweise fressen.« Pit zog die Stirn in Falten und machte Notizen auf einem Klemmbrett.

»Und – nicht zu vergessen – hätten wir dann auch ein paar tote Ratten finden müssen. Aber da haben wir auch Fehlanzeige.«

»Also hat er wieder was zusammengemischt«, folgerte Alfred.

»Davon müssen wir auf jeden Fall ausgehen«, erklärte Dr. Achenleitner, der sich offenbar mittlerweile auch der Soko zugehörig fühlte.

»Wie gefährlich ist das denn?«, erkundigte sich Dotterweich, der bereits wieder eine rauchende Pfeife im Mundwinkel hängen hatte.

»Wir müssen feststellen, was es für ein Wirkstoff ist.« Achenleitner schnüffelte an einer der Tüten, die kleine blaue Krümel enthielt, und musterte dann den Papprest aus dem Ofen.

»Die Verpackung sieht relativ neu aus. Leider ist kein Teil erhalten, der die Inhaltsstoffe angibt. Aber ich würde mal davon ausgehen, dass es sich um ein herkömmliches Cumarin-Derivat handelt. Das sind Blutgerinnungshemmer. Die Tiere sterben Stunden oder Tage nach der Aufnahme durch inneres Verbluten.«

»Und wie gefährlich ist das für Menschen?« Alfred hatte die Tüte mit dem Papprest an sich genommen und hielt ihn hoch.

»Das kommt auf die Dosis an und auf den Menschen, wie immer«, seufzte Achenleitner. »In der Regel ist es nicht tödlich. Wenn man einen Verdacht hat, kann man das Gift durch Vitamin K neutralisieren. Es kann aber im ungünstigsten Fall durchaus tödlich ausgehen, etwa bei einem geschwächten Organismus oder wenn es sich um einen Patienten handelt, der bereits mit blutverdünnenden Medikamenten therapiert wird. Da kommt es dann sozusagen zu einer Überdosierung.«

»Wie lange braucht ihr, um den Wirkstoff festzustellen«, wandte sich Alfred an Pit.

»Im Labor haben wir das sofort, kein Problem.«

»Gut, dann brauchen wir jetzt nicht alle Baumärkte zu überprüfen, wo es Rattengiftpackungen gibt, die mit diesem Rest übereinstimmen.«

»Nein, ihr solltet lieber zusehen, dass ihr den Kerl findet, bevor … na ja«. Pit drehte sich um und ging auf den zweiten VW-Bus zu. »Ich fahre jedenfalls schon mal vor und untersuche eine der Proben, dann haben wir das Ergebnis in höchstens zwei Stunden.«

»Was macht er jetzt mit dem Zeug?«, fragte Alfred in die Runde. »Wie kriegt er es in die Lebensmittel und in was für welche?«

»Ich nehme an, dass er das Rodentizid in Wasser gelöst hat«, antwortete Achenleitner. »Das kann er dann anderen Flüssigkeiten, zum Beispiel Getränken, beimischen, oder er spritzt es über Obst und Gemüse. Das würde aber wenig bringen, weil einfaches Abwaschen das Gift dann auch entfernt.«

»So clever wird er schon sein, dass er das weiß«, brummte Woodstock.

»Also sind jetzt die Getränke dran«, folgerte Alfred. »Und nachdem die heute nur noch in Plastikflaschen verkauft werden, hat er auch kein Problem, das Zeug da reinzukriegen. Eine normale Spritze reicht aus.«

»Ganz genau«, nickte Achenleitner. »Und ich würde sagen, dass er sich erst mal möglichst kleine Flaschen vornimmt. Wie gesagt, die Dosis ist entscheidend.«

»Dann stellt sich als Nächstes die Frage, ob er schon zugeschlagen hat, und wenn ja, wo.« Alfred sah sich um. An der Straße hatte sich eine kleine Versammlung aus Dorfbewohnern gebildet. Zwar hatten sie bewusst darauf verzichtet, Streifenwagen auffahren zu lassen, aber der Rummel hatte sich bei einer Gemeinde dieser Größe dennoch nicht verbergen lassen. Neben einem Bauern auf seinem Traktor waren noch zwei ältere Damen in Kittelschürzen und zwei Frauen mittleren Alters zu sehen. Außerdem noch ein alter Mann und die markante Figur von Rainer Maul. Letzterer löste sich gerade von der Gruppe und kam auf den VW-Bus zu.

»Und? Weiß jetzt das ganze Dorf, dass wir ihn suchen?«, fragte Woodstock.

»Keine Ahnung.« Maul zog die Augenbrauen zusammen. »Ich habe ihnen gesagt, dass wir vom Gesundheitsamt sind und dass von dem Haus eine Seuchengefahr ausgeht. Wahrscheinlich Pest ...«

»Wie bitte?« Achenleitners Stimme überschlug sich.

»Und?«, fragte Alfred, während Woodstock krampfhaft ein Lachen unterdrückte. »Hat ihn jemand hier gesehen?«

»Der Alte auf dem Bulldog hat ihn heute früh noch gesehen«, erwiderte Maul. »Hat einen großen Rucksack dabeigehabt. Der Alte hat sich nur gewundert, dass er nicht mit dem Auto da war. Ist mit dem Bus in Richtung Forchheim gefahren.«

»Dann könnte er heute Nacht schon zuschlagen.« Achenleitner blickte immer noch fassungslos in Mauls Richtung.

»Und wo?«, fragte Woodstock.

»Wie wär's mit dem Zentrallager?«, schlug Alfred vor.

Marian fühlte sich elend, zumindest von der Brust abwärts. Die Behandlung im Krankenhaus hatte nahezu den ganzen Unterleib in Mitleidenschaft gezogen. Abwechselnd zog, zwickte oder juckte es, je nachdem, auf welchen Körperteil er sich konzentrierte. Dazu kam eine anhaltende Übelkeit. Gegen die Bauchschmerzen hatten sie ihm im Krankenhaus Tabletten mitgegeben. Die steckten nun in der Brusttasche seines Hemdes und er kam nicht ran, weil die Polizisten ihm die Hände mit Handschellen hinter dem Rücken gefesselt hatten. Gegen die Übelkeit hätte er sich einen starken schwarzen Tee gewünscht, bezweifelte aber, dass man ihm diesen Wunsch erfüllen würde, nachdem er den Stuhl durch den Raum geschleudert hatte. Er wollte ja auch niemandem etwas tun, nur der Vorwurf, er hätte die Salaternte vergiftet und damit Tausende von Menschen in Gefahr gebracht, ganz zu Schweigen von Laura und den Kindern, die dadurch ihre Lebensgrundlage verloren, hatte ihn kurz die Beherrschung verlieren lassen. Sie hatten ihn in dem kargen Verhörzimmer sitzen lassen, wahrscheinlich standen sie hinter dem Spiegel und beobachteten ihn. Vor ihm stand ein Glas Wasser, aber er kam ja nicht ran. Theoretisch hätte er schon seinen Kopf in die Nähe des Glases bringen können, dann den Rand zwischen die Zähne klemmen und hoffen, dass ein kleiner Teil des Wassers in seinen Mund lief. Aber dieses Schauspiel wollte er den Leuten hinter dem Spiegel nicht bieten. Ebenso wenig würde er darum bitten, eine der Tabletten nehmen zu dürfen. Also versuchte er, möglichst aufrecht zu sitzen, gleichmäßig zu atmen und nicht an seinen Körper zu denken.

Er erinnerte sich an das letzte Jahr auf dem Stauderhof und die Umstände, die ihn und seine Chefin einander näher gebracht hatten. Es war in einer der Mittagspausen gewesen. Während die anderen sich nach dem Essen schleunigst auf ihre Pritschen warfen, um eine Mütze voll Schlaf zu kriegen, war Marian etwas spazieren gegangen. Er konnte in so kurzer Zeit nicht einschlafen, egal wie hart die Arbeit war. Auf der Straße, etwa fünfhundert Meter vom Hof entfernt, entdeckte er Flori, den kleinen Stauder-Sohn, der in diesem Jahr in die Schule gekommen war. Er war von vier größeren Kindern umringt, die sich etwas zuwarfen, das Flori verzweifelt zu fangen versuchte. Bei dem Gegenstand handelte es sich um die Armbanduhr, die der Kleine zum Schulanfang bekommen und die er stolz auf dem ganzen Hof herumgezeigt hatte. Einer von ihnen, ein segelohriger Schlacks mit Sommersprossen, drohte gerade, die Uhr kaputt zu treten, wenn Flori sie nicht spätestens beim dritten Wurf fangen würde, als ihn Marian von hinten am Arm packte.

»Der Kleine hat euch nichts getan, also lasst ihn in Ruhe«,

rief Marian auf Rumänisch und fügte auf Deutsch an: »Das nächste Mal gibt Schläge!« Zur Bestärkung gab er dem Bürschlein einen Klaps auf den Hinterkopf.

Der verweinte Flori sagte nur ganz kurz »Danke«, nahm dann die Uhr und lief in Richtung Hofeinfahrt. Marian dachte sich nichts weiter dabei, sondern rauchte seine Zigarette weiter und setzte seinen Spaziergang fort. Am Abend dann rief ihn die Bäuerin ins Haus. Sie setzte ihm ein fürstliches Abendessen vor und bedankte sich hundert Mal, dass Marian dem Kleinen so toll geholfen hatte. Mit der Verständigung war es am Anfang etwas schwierig, bis sie bemerkten, dass beide gut französisch sprachen. Laura war Fremdsprachenkorrespondentin gewesen, bevor sie den Stauder geheiratet hatte, und Marian hatte die Sprache noch auf der Oberschule gelernt. Nach der verhassten ersten Fremdsprache – Russisch – hatten sie zwischen Englisch und Französisch wählen können und Französisch war meist die bevorzugte Wahl, weil es dem Rumänischen ähnlich war und man damit eine schlechte Russischnote ausgleichen konnte.

Laura erzählte, dass Flori große Schwierigkeiten hatte, seit er in die Schule gekommen war. Er war der Kleinste und Schwächste in der Klasse, und die anderen ärgerten ihn oft, sodass er schon gar nicht mehr in die Schule gehen wollte und seine Leistungen auch dauernd schlechter wurden. Sie hatte schon mit der Lehrerin gesprochen, die aber nur meinte, das wären Eingewöhnungsprobleme, die sich spätestens im nächsten Jahr geben würden. Marian hatte dann angeboten, Flori in der nächsten Zeit von der Schule abzuholen, wenn der Bauer ihn weglassen würde. Laura war ganz gerührt und bedankte sich, aber das wollte sie ab sofort selbst machen, es war eh ein Schande, dass Floris Vater sich nicht mehr um ihn kümmerte. Marian versuchte dann, seiner Chefin zu erklären, dass Jungs sich von Frauen nicht einschüchtern lassen würden und Flori auch in den Pausen und im Sportunterricht zum Opfer werden konnte, aber das verstand sie nicht.

»Dann kriegt er jetzt von mir ein Training zur Selbstverteidigung«, sagte Marian auf Französisch. »Drei Mal in der Woche. Dann tut ihm in zwei Monaten keiner mehr was!«

Laura lachte. »Schauen wir mal«, sagte sie und sah ihn dabei so komisch an. »Warum willst du das alles für den Jungen tun?«

Marian erklärte, dass er Flori einfach gerne mochte. Eigentlich mochten ihn alle Arbeiter, weil er ein liebenswertes und offenes kleines Kerlchen war. Er kam oft zu ihnen in den Container und zeigte ihnen Schiffe oder Männchen, die er gerade geschnitzt hatte, oder Bogen und Pfeile, die er gebastelt hatte. Die Männer plauderten dann in ihren Sprachen mit ihm, während Flori deutsch sprach, aber das störte keinen. Manchmal zeigten sie ihm auch Tricks beim Schnitzen oder wie er Federn an den Enden seiner Pfeile befestigen konnte, damit die besser flogen. Endgültig hatte Flori die Herzen der Männer erobert, als sie wieder einmal bei der Tomatenernte im Verzug waren und Hans einen Wutanfall hatte. »Heute macht keiner Feierabend, bis die letzte Staude leer ist«, brüllte er gerade, als Flori mit seinem Fahrrad um die Ecke kam. Daraufhin war der Junge sofort abgesprungen und hatte begonnen, ebenfalls Tomaten zu ernten.

Jedenfalls brachte Marian Flori dann nach Feierabend und am Wochenende ein paar Ringer-Techniken bei. Er war zu seiner Schulzeit in einer Leistungsauswahl gewesen und hätte es vielleicht sogar einmal zu den Olympischen Spielen geschafft, wenn sein Staat nicht 1990 zusammengebrochen wäre. Danach war nichts mehr so wie früher, zumindest nicht für die kleinen Leute. Und Laura hatte ihm zum Dank Nachhilfestunden in Deutsch gegeben. Rumänien war jetzt EU-Land, und wenn einer gut Deutsch konnte, hatte er gute Chancen, hier eine bessere Arbeit zu finden. Zumindest dann, wenn er wie Marian eigentlich gelernter Elektrotechniker war.

So kam eines zum anderen im letzten Jahr, und schließlich hatten sie sich nicht mehr zurückhalten können. Marian hatte nicht groß darüber nachgedacht, als sie ihn eines Abends nach der Deutschstunde ins Gästezimmer gezogen und die Tür verriegelt hatte. Er war schon einmal geschieden, in Rumänien. Die Ehe war auch nach fünf Jahren noch kinderlos geblieben, und das ging in einer traditionellen Gesellschaft wie der rumänischen überhaupt nicht. Seine Frau hatte ihm die Schuld daran gegeben und sich verschiedene Liebhaber gesucht, um ihm zu beweisen, dass sie recht hatte. Wie auch immer, schwanger war sie nicht geworden, aber die Ehe war kurz darauf geschieden worden. Marian arbeitete in Deutschland hauptsächlich, um seine Mutter zu unterstützen, die nach dem Tod des Vaters kaum Rente bekam und teure Medikamente wegen einer Nervenkrankheit brauchte, die sie am ganzen Körper zittern ließ.

Nun, im Jahr darauf hatte Flori tatsächlich keine Probleme mehr in der Schule, sondern war sogar zum zweiten Klassensprecher gewählt worden. Marian hatte während des Winters regelmäßig mit Laura E-Mails geschrieben und wusste, dass sie ihn immer noch wollte. Das war zwar nicht der Hauptgrund, dass er wieder nach Deutschland zum Gemüseernten ging, er hatte aber auch nichts dagegen gehabt. Was daraus werden sollte, hatte ihn kaum interessiert, und Laura, so glaubte er zu wissen, auch nicht. Sie wollte vor allem wiederhaben, was ihr Mann ihr offenbar seit Jahren nicht mehr geben konnte. Nicht, dass Marian danach gefragt hätte, aber manchmal erzählte sie von sich aus, dass er fast jeden Abend entweder im Schützenverein oder beim Kartenspielen war, wenn er nicht noch arbeitete. Dann kam er mit acht Bier beladen wieder heim und weckte sie durch lautes Schnarchen. Ihr Job war es, den Schreibkram zu machen, die Kinder zu erziehen, zu kochen, die Wäsche zu waschen und einmal in der Woche die Beine breit zu machen. Öfter schaffte Johann es nicht mehr, aber das verweigerte sie ihm nun immer öfter. Marian dachte bei sich, dass dieses Leben in ungefähr dem Wunschtraum seiner Exfrau entsprochen hätte. Wobei er als

Vater sich mehr um seine Kinder gekümmert hätte, vor allem um den kleinen Flori.

Marian wurde grob aus seinen Erinnerungen gerissen, als die Tür aufging und die Polizistin mit den Augenringen den Raum betrat. Sie stellte ihm eine Tasse schwarzen Tee auf den Tisch und schaute ihn mit ihren dunklen Augen durchdringend an. Schließlich begann sie, betont langsam zu sprechen:

»Wenn Sie keine Dummheiten mehr machen, nehme ich Ihnen die Handschellen wieder ab.«

»Ich will mit Laura sprechen«, sagte Marian.

»Das ist nicht Ihr Ernst«, schimpfte Karla Neumann.

»Wo ist das Problem«, fragte Renan und sah ihre Chefin mit müden Augen an.

»Sie können die beiden doch nicht alleine in den Raum lassen. Der Mann ist bereits einmal gewalttätig geworden!«

»Haben Sie eine bessere Idee?« Renan griff zu ihrer Teetasse und nippte daran.

»Natürlich, die beiden werden separat weiter verhört, und zwar so lange, bis sie auspacken.«

»Das haben wir schon probiert«, meldete sich Karina. »Sie scheint wirklich nicht zu wissen, ob er es war oder nicht, und er ... Bis der eine brauchbare Aussage macht, können noch Monate vergehen.«

»Glauben Sie.« Karla stemmte die Arme in die Hüften und beobachtete Cuprinsu durch den Spiegel.

»Osteuropäer haben ein anderes Verhältnis zur Zeit«, erklärte Karina.

»Und sobald wir die Witwe Stauder zu ihm lassen, wird er reden wie ein Wasserfall?« Karla wandte den Blick immer noch nicht vom Spiegel ab.

»Ja«, sagten Karina und Renan nach kurzem Zögern unisono.

»Und warum?«

»Weil er ihr etwas zu sagen hat, im Gegensatz zu uns. Wir sind ihm doch egal, aber die Frau liebt er.« Renan setzte sich auf den kleinen Besprechungstisch und hob die Füße auf den nächsten Stuhl.

»Und wir nehmen das ganze Gespräch dann auf«, sagte Karina. »Mit Bild und Ton.«

»Das ist doch nicht vor Gericht verwendbar, das sollten Sie mittlerweile gelernt haben, Frau Welker.« Karla drehte sich nun wieder um.

»Ich weiß, aber wenn wir einmal wissen, was los war, kriegen wir ihn auch dazu, uns das im Verhör zu bestätigen.«

»Und was, wenn er die Frau da drin als Geisel nimmt?« Karla nahm Renan die Teetasse aus der Hand und trank einen Schluck.

»Er liebt sie«, wiederholte Renan leicht verdutzt. »Und ich kann Ihnen auch gerne eine eigene Tasse Tee machen.«

»Nicht nötig, war nur gegen die trockene Kehle.«

»Die Kollegen haben doch heute das Versteck von diesem Angermann gefunden«, meldete sich nun wieder Karina. »Seitdem steht ja endgültig fest, dass er es war, der die Salmonellenepidemie verursacht hat. Jetzt wäre es schon hilfreich zu wissen, ob er den Bauern auch erschlagen hat oder ob das Cuprinsu war. Je nachdem geht ja ein anderes Gefährdungspotenzial von Angermann aus.«

»Bei der erdrückenden Indizienlage glaube ich kaum, dass Cuprinsu aus der Mordsache rauskommt.« Karla kaute an ihrem rechten Daumennagel. »Ich wüsste nicht, wie.«

»Dann lassen Sie es uns probieren«, bat Karina noch einmal.

»Also gut«, seufzte Karla. »Aber vorher werden sowohl der Mann als auch die Frau noch einmal leibesvisitiert und in dem Raum bleibt nichts, was man als Waffe verwenden könnte, keine Tasse, keine Flasche, kein Löffel. Der Mann bleibt in Handschellen. Und dann stehen hier zwei Beamte in Alarmbereitschaft vor der Tür!«

»Selbstverständlich«, sagte Renan und hielt ihre Teetasse schützend mit zwei Händen fest.

»Ich verlasse mich auf Sie«, mahnte Karla, während sie sich anschickte, den Beobachtungsraum zu verlassen. »Ich muss jetzt nämlich zum DISCO ins Zentrallager.«

14. Bezirk 19

»Ja, meine Herren, da müssen wir Ihnen vielmals danken.« Herold wirkte tatsächlich etwas mitgenommen, nachdem Alfred und Woodstock ihn über die neuesten Entwicklungen des Falles informiert hatten.

»Und Sie bleiben weiterhin dabei, dass Sie Herrn Angermann nicht kennen?«, fragte Woodstock, der sich genüsslich, und ohne daran gehindert zu werden, im Chefbüro der DISCO-Zentrale eine Kippe angezündet hatte.

»Ich, ähm, kam von meinem letzten Posten in einer Regionaldirektion im Sauerland vor zwei Jahren hierher und … ich habe mich mittlerweile erinnert, dass mein Vorgänger bei der Übergabe den Fall kurz erwähnt hat …«

»›Mittlerweile erinnert‹ … ›Kurz erwähnt‹«, wiederholte Alfred zweifelnd. Wie Woodstock schwankte er etwas zwischen Empörung und Belustigung ob der Salamitaktik des Geschäftsführers.

»Ähm, ja. Und ich habe es geschafft – unter größten Schwierigkeiten, wie ich anmerken möchte –, mir einen Einblick in die alten Personalunterlagen zu verschaffen. Es befanden sich digitale Kopien in einem Sicherungsarchiv.«

»Sehr gut«, lächelte Alfred. »Dann können Sie uns vielleicht sagen, warum Herr Angermann so einen Groll gegen Ihr Unternehmen hegt.«

»Ja, ähm.« Er schob verlegen ein paar Blätter auf seinem Schreibtisch hin und her. »Es sieht so aus, als ob es sich um einen tragischen Fall von Übereifer gehandelt hat …«

»Herr Angermann war übereifrig und will daher jetzt der Firma schaden?« Alfred stellte sich dumm.

»Es gab vor ein paar Jahren einen etwas … problematischen Bezirk hier«, fuhr Herold fort. »Das war der Bezirk 19, Nürnberg Nord und Fürth. Da kam es gehäuft zu Schwierigkeiten mit Teilen des Personals.«

»Was für Schwierigkeiten?«, fragte Woodstock.

»Verschiedenes.« Herold schluckte und schob wieder etwas Papier herum. »Es ging zum Teil um Umsatzzahlen, Krankenstand, Personalpolitik, vereinzelt auch um Fragen der betrieblichen Mitbestimmung.«

»Also doch die Nummer mit den Betriebsräten«, seufzte Woodstock enttäuscht.

»Nein, also, das ist bei uns nicht so wie bei anderen Ketten«, stimmte Herold ein Verteidigungsplädoyer an. »Wenn die Belegschaft bei uns einen Betriebsrat wünscht, dann wird er auch gewählt, da gibt's gar kein Wenn und Aber, das ist ja geltendes Recht.«

»Und trotzdem haben Sie kaum Betriebsräte«, stellte Alfred fest.

»Ja, weil unsere Mitarbeiter glücklich und zufrieden sind«, erwiderte Herold.

»Da haben unsere Aktenauswerter aber was anderes herausgefunden«, konterte Woodstock. »Ich habe da irgendwas von bundesweiter Versetzung im Ohr!«

»Das muss ich entschieden von mir weisen.« Herold hatte einen guten Teil seiner Fassung wieder. »Bei uns werden keine Mitarbeiter drangsaliert. Im Gegenteil, wir bezahlen besser als die Konkurrenz, und wir bieten eben gerade bessere Arbeitsbedingungen. Deswegen werden Sie von uns auch nie etwas Negatives in der Presse finden!«

»Wir sollten bei unserem Fall bleiben«, lächelte nun Alfred großzügig. »Wenn ich Sie recht verstehe, bestand nun im Bezirk 19 Gefahr, dass genau das passieren würde. Unzufriedene Mitarbeiter, schlechte Publicity, Schädigung des Rufes und damit des Erfolges.«

»Wie gesagt, es muss eine unglückliche Häufung von unzufriedenen Mitarbeitern gewesen sein. Sie werden mir sicher zustimmen, dass es in jedem Betrieb immer einzelne Querulanten geben wird, auch bei der Polizei …«

Alfred hob die Schultern und atmete einmal tief aus.

»Ich werte das als Zustimmung«, lächelte Herold. »Nun, es gab wohl offensichtliche Defizite, was die Ordnung in den Märkten betraf, den Umgang mit den Kunden, die Fehltage, die mehrfache Nichterreichung der Umsatzziele. Herr Angermann hatte daraufhin gebeten, die Verantwortung für diesen Bezirk übertragen zu bekommen. Er wollte die Situation wieder bereinigen.«

»Die Situation bereinigen?«, wiederholte Alfred und sah den Geschäftsführer auffordernd an.

»Ja, natürlich ging die Geschäftsführung davon aus, dass er das mit den Mitteln einer guten Führungskraft machen würde. Also den Dialog mit den Mitarbeitern suchen, Motivation fördern, Konflikte moderieren.«

»Aber Angermann hat sich eines etwas anderen Repertoires bedient, wenn man das so sagen kann«, folgerte Alfred.

»Er hat wohl sehr stark mit Druck gearbeitet«, nickte Herold. »Natürlich darf man nicht verhehlen, dass das hin und wieder an der einen oder anderen Stelle auch sein muss. Aber wie gesagt, das ist ganz entschieden nicht die Führungspolitik von DISCO.«

»Nun, was hat er denn so im Einzelnen gemacht? Nur ein paar Beispiele«, ermutigte ihn Woodstock.

»Er hat die Mitarbeiter mit Abmahnungen überzogen.« Herold sah auf seine Papiere. »Am Schluss hatte wohl jeder im Bezirk 19, von der Aushilfe bis zu den Marktleitern, mindestens drei Abmahnungen und stand gewissermaßen kurz vor der ordentlichen Kündigung. Er hat kurzfristig und überzogen viele Überstunden angeordnet, bewusst keine neuen Aushilfen eingestellt, Taschenkontrollen angeordnet und auch selbst durchgeführt …« Herold rutschte nun verlegen auf seinem Chefsessel herum. »Ich weiß, was Sie jetzt denken, aber das alles gehört nicht zu den Leitungsmethoden unseres Unternehmens.«

»Na ja, irgendwie muss er ja auf die ganzen Schikanen gekommen sein.« Alfred zog eine Augenbraue hoch. »Aber gut, hier geht es jetzt nicht um die Führungsethik von DISCO, sondern um Angermanns Motiv.«

»Ja, genau.« Herold atmete einmal tief durch. »Was dann auf jeden Fall zu weit ging, war, dass er krankgemeldete Mitarbeiter zu Hause aufsuchte und kontrollierte, und dass er in nicht wenigen Fällen auch Löhne kürzte. Jedenfalls konnten wir nach zwei Jahren eine gewisse Personalfluktuation feststellen. Einige Mitarbeiter hatten gekündigt, andere waren wohl so weit, dass sie sich in stationäre Behandlung begeben mussten und dauerhaft arbeitsunfähig wurden.«

»Stationäre Behandlung?«, fragte Woodstock.

»Ja, psychisch, psychiatrisch, verstehen Sie.« Herold machte eine wolkige Geste mit der Hand neben seinem Kopf.

»Ah so«, nickte Alfred. »Das ist aber schon ganz schön verbrannte Erde. Und da hat die Leitungsebene zwei Jahre lang zugeschaut?«

»Nun, bis solche Missstände die Geschäftsführung erreichen, dauert es etwas. Und dann hatten wir es hier eben auch mit dem Problembezirk zu tun. Womöglich konnte Herr Angermann da seine Methoden in einem für ihn günstigeren Licht darstellen.«

»Ja gut, aber irgendwann muss sich doch eine Geschäftsführung ihrer Verantwortung stellen.« Woodstock wurde etwas lauter. »Da kann man doch nicht tatenlos zuschauen, wenn die Leute therapiereif gemobbt werden.«

»Haben wir auch nicht.« Herold räusperte sich. »Der lebende Beweis bin ich, denn ich sitze auf dem Posten, auf den sich Herr Angermann nach zwei Jahren beworben hatte. Er war wohl davon ausgegangen, dass er vom Bezirksleiter gleich zum Regionalgeschäftsführer aufsteigen könnte. Üblicherweise hätte er vorher erst einmal Verkaufsleiter werden müssen. Er hat sich aber sofort auf die Stelle beworben, als sie frei wurde. Natürlich waren seine Aktionen keinerlei Referenzen für eine so hohe Führungsposition. Ich nehme an, dass man ihn danach sowieso aus dem Bezirk 19 wegversetzen wollte, aber er hat dann von sich aus gekündigt.«

»Weil er den Job nicht bekommen hat«, folgerte Alfred.

»Richtig.« Herold setzte ein zuckendes Lächeln auf.

»Aber dann muss er doch extrem enttäuscht gewesen sein«, hakte Alfred nach. »Wenn einer so reagiert, hat er sich aus seiner Sicht sehr berechtigte Hoffnungen gemacht.«

»Wahrscheinlich.« Herolds Mundwinkel zuckten immer noch.

»Und wie kam er darauf?«

»Das kann ich Ihnen nicht sagen.« Der Geschäftsführer sammelte seine Papiere zusammen. »Er war wohl der Meinung, dass sein Einsatz im Bezirk 19 ihn für die Stelle empfehlen würde. Aber wie gesagt, genau das war nicht der Fall.«

»Vielleicht war es aber auch so, dass man ihm den Posten versprochen hat, wenn er diesen Bezirk 19 aufräumt und zwar so, dass nichts Negatives nach außen dringt. Und als er dann geliefert hatte, hat man ihn fallen lassen wie eine heiße Kartoffel …« Woodstock blickte Herold an, der sich bemühte, unbeteiligt auf seine Fingernägel zu schauen.

»Nur eine Vermutung«, setzte Woodstock nach.

»Das wird sich ja alles noch herausstellen, wenn wir ihn haben.« Alfred fand, dass es an der Zeit war, sich dem akuten Problem zu widmen. »Jetzt sollten wir erst einmal zusehen, dass er hier heute Nacht nicht noch einmal zuschlägt.«

»Sehr gute Idee.« Herold sprang auf. Ich lasse unseren Sicherheitsdienst kommen.

»Wo ist denn eigentlich Herr Dr. Lauschner heute«, fragte Woodstock.

»Der ist seit zwei Tagen krank – leider.« Herold griff sichtlich erleichtert, dass diese Befragung zum Ende kam, zum Telefon.

»Tja, dann gehe ich jetzt mal«, sagte der verhaute Dolmetscher.

»Tun Sie das«, seufzte Renan.

»War eh unwahrscheinlich, dass die zwei rumänisch reden, oder?«

»Vielen Dank für Ihre Bemühungen.« Renan winkte einen der uniformierten Kollegen heran, um den Übersetzer zum Ausgang zu begleiten. Den Kerl wollte sie nicht alleine durchs Präsidium laufen lassen.

»Das ist schon Französisch«, sagte Karina, die sich krampfhaft bemühte, der Unterhaltung zu folgen.

Doch leider beschränkten sich ihre Kenntnisse auch nur auf drei Schuljahre.

»Gibt es denn keinen hier, der besser Französisch kann?«

»Die meisten hier können nicht einmal Hochdeutsch«, erwiderte Renan, ohne sich selbst dabei ganz auszuschließen. »Aber wir zeichnen das doch sowieso auf, dann brauchen wir halt wieder einen Dolmetscher.«

»Ja, aber wenn wir es jetzt verstehen würden, wäre es schon besser.«

»Kollege«, wandte sich Renan an den zweiten Uniformierten. »Würden Sie bitte kurz ins Vorzimmer vom Kriminaldirektor gehen, da müsste eine Reihe von Wörterbüchern rumstehen. Wir brauchen Französisch-Deutsch.«

Die beiden hatten tatsächlich sofort das Reden begonnen, als Laura Stauder hereingeführt worden war. Sie bemühten sich um eine gemäßigte Lautstärke, aber die Mikrofone im Verhörraum waren empfindlich genug, noch einen guten Ton zu liefern. Letztlich schien es ihnen egal zu sein, dass sie belauscht wurden. Sie saßen sich am Tisch gegenüber, schön auf den Plätzen, die ihnen von den Polizisten zugewiesen worden waren. Anfangs hatten sie sich an den Händen gehalten und die Frau hatte dem Mann mehrmals über das Gesicht und durch die Haare gestrichelt. Doch dann hatte sie sich zurückgelehnt und ihr Ton war leicht vorwurfsvoll geworden, vielleicht sogar wütend. Karina meinte verstanden zu haben, dass sie ihn gefragt hatte, warum er einfach abgehauen war, ohne ihr etwas zu sagen.

Nun kam der Redeschwall der Bäuerin etwas ins Stocken. Sie wiederholte sich ein paarmal und wurde lauter.

»Das habe ich verstanden«, triumphierte Karina. »Sag mir, dass ich keinen Mörder liebe!«

»Und was sagt er?«, fragte Renan.

»Er brummelt so.« Karina kniff die Augen zusammen. »Aber er sagt, nein. Er war es nicht.«

»Dann soll sie ihn fragen, wie seine DNS und Fingerabdrücke auf den Pfahl kommen und er selbst in die Nähe des Tatorts«, brummte Renan.

»Ich glaube, das hat sie gerade getan.« Karina versuchte verzweifelt, einige ihr unbekannte Wörter mitzuschreiben.

»Wissen wir eigentlich genau, womit der Bauer erschlagen wurde?«, fragte Karina, als der Kollege das Wörterbuch gebracht hatte. Die beiden im Verhörraum machten gerade eine Gesprächspause.

»Nicht der berühmte stumpfe Gegenstand.« Renan blätterte in der Akte. »Sondern ein runder. Knüppel, Metallrohr oder so. Genauer haben wir es nicht. – Warum?«

»Er hat irgendwas von einer Axt erzählt – ›Hache‹ – und auch etwas von einem ›Marteau‹, das ist ein Hammer …«

»Du willst mir jetzt aber nicht erzählen, dass er ihr doch gerade den Mord gestanden hat«, rief Renan.

»Was passt dir denn daran nicht?«

»Es widerspricht meiner Intuition!« Renan ging auf den Spiegel zu und musterte Cuprinsu düster. »Außerdem ist weder eine Axt noch ein Hammer rund!«

»Dann fiel aber auch noch mehrfach das Wort für Stiel oder Stab.« Karina blätterte weiter eilig in dem Wörterbuch.

»Warum erschlägt er ihn mit dem Stiel, wenn er eine Axt hat?«, fragte Renan.

»Vielleicht war sie kaputt«, bot Karina an.

»Moment …« Renan drehte sich wieder zum Tisch um und wühlte in den Ermittlungsunterlagen.

»Später hat er noch ziemlich viel von der Seele gesprochen – ›âme‹ … und von einem … Moment … ›bösen Geist‹ oder so.« Karina schrieb fleißig Vokabeln heraus.

»Ha, da habe ich's«, triumphierte Renan.

»Was?« Karina sah von ihrem Vokabelheft auf.

»Hammerstiele, Axtstiele, Schaufelstiele et cetera sind bei uns traditionell aus Eschenholz.«

»Woher weißt du das?«

»Weil ich in einem Handwerkerhaushalt aufgewachsen bin!«

»Ja, und?«

»Und der Pfahl im Herzen des Bauern war auch aus Eschenholz.«

»Also hat er ihn doch ermordet!«

»Nein, er hat ihn tot aufgefunden, ist dann zurück zum Hof, hat eilig den Pfahl aus einem Werkzeugstiel geschnitzt, ist zurück zur Leiche, und zack.« Renan deutete einen Hammerschlag an. »So wird ein Schuh draus!«

»Ach du meinst, wegen der bösen Seele …« Nun weiten sich auch Karinas Augen.

»Wir müssen davon ausgehen, dass er bewaffnet ist«, sagte Karla Neumann.

»Womit?«, fragte Kobernek, der Chef der Security, die für die Bewachung des DISCO-Zentrallagers zuständig war. Seit dem Salmonellenangriff war die Präsenz im Lager massiv verstärkt worden. Wo normalerweise nur zwei Leute Nachtwache hielten, tummelten sich jetzt Tag und Nacht deutlich mehr Securitys. Auch dies war ein Zeichen dafür, dass man bei dem Discounter sehr wohl davon ausging, dass der Anschlag der Firma gegolten hatte.

»Eine Schusswaffe, vielleicht sogar ein Gewehr«, erwiderte Karla.

»Sind Sie sicher?«

Es war Samstag, aber in dem Zentrallager herrschte emsiges Treiben. Lkws lieferten an und fuhren ab, wie jeden Tag. Normalerweise wurde in zwei Schichten gearbeitet. Die ersten Lkws fuhren bereits zwischen zwei und drei Uhr ab, während die Lagerarbeit bis nachts um zehn weiterging. Nur samstags war die Pause etwas größer, da wurde zwischen 18 und 4 Uhr nicht gearbeitet. Ein weiterer Hinweis darauf, dass Angermann gute Gründe hatte, in dieser Nacht aktiv zu werden.

»Angermann hat vor einem Jahr drei Jagdwaffen im Auftrag seiner Großtante beim Ordnungsamt in Forchheim abgeliefert. Sie stammten aus dem besagten Jagdhaus, der schon länger verstorbene Großonkel war bis Anfang der Neunzigerjahre Jagdpächter in Bärengesees gewesen.«

»Verstehe.« Kobernek wurde etwas kleinlaut. Sie saßen nun im Besprechungsraum des Zentrallagers. Es war später Nachmittag und passend zu dem Bedrohungsszenario begann auch der Himmel, sich zu verdunkeln. Ein Gewitter schien im Anmarsch, wenn auch ganz langsam. Die Anspannung war nun mit Händen greifbar. Alfred fühlte ein permanentes Kitzeln auf dem Rücken. Er vermutete, dass der Sicherheitsdienst und vielleicht auch Herold auf ihren Zuständigkeiten bestehen wollten. Wahrscheinlich würden sie nicht völlig widerstandslos das Feld räumen und die Polizei machen lassen. Aber da gab es keine Chance, das musste ihnen nur noch jemand erklären.

»Üblicherweise haben Jäger neben den Jagdgewehren auch noch mindestens eine Faustfeuerwaffe«, dozierte Karla weiter. »Dafür spricht auch, dass wir alte, leere Munitionspackungen des Kalibers neun Millimeter gefunden haben. Das passt in kein Jagdgewehr. Wir können uns aber auch nicht sicher sein, dass er alle Flinten abgegeben hat. Sie werden daher verstehen, dass wir die Anwesenheit Ihres Personals im Lager keinesfalls erlauben können.«

»Ja, aber …« Kobernek sah Hilfe suchend zu Herold, der nur müde mit den Schultern zuckte. »Der kommt hier gar nicht rein, das ist ausgeschlossen.«

»Wir gehen sogar davon aus, dass er bereits drinnen ist.« Woodstock ließ deutlich erkennen, dass er den Securitymann für einen Laien hielt.

»Wie?«

»Hier kommen jeden Tag Dutzende von Lkws an und fahren wieder ab«, sagte Woodstock seufzend. »Alle mit Fahrern und vielleicht auch Beifahrern ...«

»Die überprüfen wir«, triumphierte Kobernek.

»Sehen Sie auch in den Laderäumen nach?« Woodstock tat gelangweilt. »Oder auf den Dächern?«

»Vermutlich hat Angermann das Gebäude in den letzten Tagen gründlich observiert«, übernahm Alfred das Wort. »Er ist ein Insider und kann sich denken, dass die Sicherheitsmaßnahmen hier verstärkt wurden. Also weiß er jetzt wahrscheinlich ganz genau, wann und wo Ihre Leute patrouillieren. Daher ist es auch von größter Wichtigkeit, dass hier alles genauso weiterläuft wie bisher ...«

»Wenn er hier drin ist, wohlgemerkt wenn, dann lasse ich ihn suchen und in höchstens einer Stunde haben wir ihn«, versuchte Kobernek eine letzte Ehrenrettung.

»Das werden Sie nicht tun, Herr Kobernek«, fuhr Karla resolut dazwischen. »Dann weiß er ganz genau, dass wir ihm auf den Fersen sind, und vor allem haben wir dann nicht den entscheidenden Beweis. Wir müssen ihn dabei ertappen, wie er hier drin zuschlägt.«

»Ich weiß nicht, wie Sie sich das vorstellen.« Kobernek griff sich eine der DISCO-Mineralwasserflaschen vom Tisch und fingerte daran herum.

»Die Vorstellungskraft können Sie getrost uns überlassen.« Karla griff sich eine Flasche Apfelschorle. »Ihre Leute werden heute draußen genauso Streife gehen wie gestern, ergänzt durch unsere Beamten. Wie viele Mitarbeiter haben Sie im Einsatz?«

»Acht«, antwortete Kobernek zögernd.

»Gut, dann hätten wir gerne acht Ihrer Uniformen. Nein, besser zwölf, in verschiedenen Größen.«

»Sie wollen ...«

»Genau das«, lächelte Karla. »Des Weiteren bitte ich Sie, uns eines Ihrer Fahrzeuge zur Verfügung zu stellen. Der Leiter unseres SEK wird in spätestens einer Stunde hier sein, dann erklären Sie ihm genau die Kontrollen innerhalb des Lagers und den Zeitplan.«

»In Ordnung«, seufzte Kobernek und lehnte sich mit hängenden Mundwinkeln zurück.

»Wenn Sie sich wirklich nützlich machen wollen, dann überwachen Sie alle Filialen im Bezirk 19«, setzte Woodstock nach. »Das können wir nämlich nicht leisten, und vielleicht versucht er ja auch erst einmal die kleine Lösung.«

»Und Sie, Herr Herold, sorgen bitte dafür, dass ein halb leerer DISCO-Lkw in einer Stunde in Nürnberg vor dem Polizeipräsidium steht«, wandte sich Karla an den Geschäftsführer.

»Ähm, ich verstehe nicht ganz.« Herold schien während des Schlagabtausches mit Kobernek fast in eine Art Meditation verfallen zu sein, aus der er nun wieder herausgerissen wurde.

»Wir können unser SEK ja schlecht in Polizeibussen vorfahren lassen, nicht wahr?«

»Ach so …«

»Auch andere Fahrzeuge, die hier normalerweise nicht auftauchen, erregen Verdacht.« Karla Neumann war nun gut in Fahrt, das musste ihr der Neid lassen. »Wir wissen nicht genau, wo dieser Angermann steckt, aber mit etwas Glück hat er keinen Gesamtüberblick und wir schaffen es, unsere Leute unbemerkt einzuschleusen. Als Nächstes brauchen wir bitte einen Grundrissplan des Lagers, Herr Herold.«

»Ich, äh …« Herold sah sich um und griff schließlich zu einem Telefon, das auf der Fensterbank hinter ihm stand. »Ich veranlasse das.«

»Wir müssen dann genau wissen, wo die Getränke gelagert werden. Es ist am wahrscheinlichsten, dass er kleinere Flaschen mit Limonade, Bier oder etwas Ähnlichem vergiften wird.«

»Ja, sicher. Das ist ja kein Problem.«

»Wir müssen dann gut überlegen, wo wir unsere Leute postieren können.« Karla ließ hier wirklich nichts anbrennen. »Ist das Lager videoüberwacht?«

»Nein, wo denken Sie hin.« Herold schien sich nun entschieden zu haben, wieder den Zupacker zu spielen, denn er zog sein Jackett aus und krempelte die Hemdsärmel hoch. »Die Eingänge und Laderampen werden überwacht, aber nicht das ganze Lager. Ist ja auch nicht notwendig, normalerweise. Außerdem ist es nachts dort fast dunkel.«

»Ich habe aber etliche Kameras unten im Lager gesehen.« Karla blickte den Geschäftsführer über den Rand ihrer Brille mahnend an.

»Das sind fast alles Attrappen«, gab Herold kleinlaut zu. »Damit die Mitarbeiter nicht auf dumme Gedanken kommen.«

»Gut, dann brauchen wir auch noch Nachtsichtgeräte und Infrarotkameras«, sagte Karla.

»So was gibt's bei uns?« Woodstock war erstaunt.

»Der kommt nicht mehr«, murrte Renan und ließ sich in einen Stuhl fallen.

»Das wäre aber schade.« Alfred blickte auf die Uhr. Drei viertel zwei. Sie befanden sich im Büro an einer Pforte, das nur von einer Schreibtischlampe beleuchtet wurde. Bei Alfred saß die Uniform des Sicherheitsdienstes Größe 52 perfekt, trotz der schusssicheren Weste, die er am liebsten ausgezogen hätte. Renan trug zwei Größen kleiner, machte aber entsprechend ihres gesunkenen Körpergewichtes eher eine traurige Gestalt. Da auch das SEK nicht in voller Einsatzstärke zur Verfügung stand, hatte Karla ihre Beamten für ungefährlichere Aufgaben eingeteilt. Alfred und Renan liefen alle zwei Stunden Streife im Lager, wobei ein Rundgang in dem riesigen Komplex schon eine Stunde dauerte. Maul und Woodstock observierten das Gebäude von außen, wahrscheinlich schliefen sie beide längst in dem Ford Fiesta der Security. Die Kollegen des SEK lagen zum

Teil auf den obersten Böden der Hochregale um den Standort der Wasser- und Limonadenflaschen oder waren in den Nachbarregalen in kleinen Palettenburgen verborgen. Oben im Besprechungsraum befand sich die Einsatzzentrale mit Karla Neumann, dem SEK-Leiter, Kobernek und wahrscheinlich auch Herold, sofern er nicht mittlerweile nach Hause gefahren war. Dort hatten sie auch alle Bilder der Infrarotkameras auf dem Monitor. Um nicht zu viel Aufsehen zu erregen, wurden fürs Erste nur die drei Gänge überwacht, die direkt an die Lagerplätze der Getränke angrenzten. Dann gab es noch die schon bestehenden Außenkameras, die alle Eingänge und die Laderampen der Lkws überwachten. Diese Bilder kamen bei Alfred und Renan im Büro an, waren aber zusätzlich auch an die Einsatzzentrale weitergeleitet worden. Alle waren miteinander durch Sprechfunk verbunden, wobei sich die Kommunikation auf halbstündige Statusmeldungen beschränkte, in denen alle bestätigten, dass sich absolut nichts bewegte.

»Was machen die armen Kerle auf den Regalen eigentlich, wenn sie mal pinkeln müssen?«, fragte Renan.

»Es sich verkneifen?«, mutmaßte Alfred und gähnte.

»Kannst dich ruhig aufs Ohr legen.« Renan schraubte eine Wasserflasche auf. »Ich bin es gewohnt, nachts nicht zu schlafen.«

»Wenn ich das versuche, klappt es doch nicht.« Er winkte ab. »Jetzt sind es ja nur noch zwei Stunden, dann war's das eh für heute beziehungsweise gestern.«

»Wahrscheinlich geht er doch in einzelne Filialen und schlägt da zu.« Renan blickte gelangweilt auf einen der Monitore. »Das ist doch viel einfacher.«

»Reinzukommen ist einfacher.« Alfred hob den Zeigefinger. »Aber wenn er drin ist und sich an Flaschen zu schaffen macht, dann fällt er doch sofort auf. Und im Lagerraum so einer Filiale kann er sich nicht unbemerkt verstecken. Nein, wenn er erst einmal drin ist, dann hat er hier viel leichteres Spiel und kann viel mehr anrichten.«

»Dann frage ich mich, wo er bleibt.«

»Entweder er ist doch noch nicht da oder er hat uns doch bemerkt.« Alfred gähnte noch einmal und griff zu seiner Kaffeetasse, deren Inhalt nur noch lauwarm war. »Das werden wir ja morgen sehen, oder übermorgen.«

»Wenn bis dahin nicht schon die ersten Vergifteten im Klinikum liegen«, seufzte Renan und drückte einmal das Kreuz durch.

»Ja.« Alfred streckte sich ebenfalls. »Auf jeden Fall werde ich jetzt unseren Vorteil hier unten mal ausspielen und aufs Klo gehen.«

»Tu das.«

»Kann ein paar Minuten dauern, weil …«

»Bitte keine überflüssigen Details, Alfred!«

»Okay, bis zum nächsten Rundgang bin ich locker wieder da.«

Als er weg war, schnappte sich Renan die Stablampe und ging in Richtung des rechten Hauptganges. Es war so eine Mischung aus Langeweile, Kühnheit und Nikotinsucht, die sie bewegte. Im gesamten Lager war das Rauchen streng verboten, und in dem kleinen Büro war auch noch ein Rauchmelder an der Decke. Daher wollte Renan das Rauchverbot lieber außerhalb des Büros ignorieren. Die Lampe hatte sie nicht eingeschaltet. An den Stirnseiten der riesigen Regalreihen befanden sich kleine Funzeln, die einen knappen Meter weit leuchteten. Ansonsten war die Szenerie dunkelgrau, und Renan musste sich eingestehen, dass ihre Augen auch schon mal schärfer waren. Aber ihr war wohler, wenn sie sich nicht durch den Lichtkegel einer Taschenlampe verriet. Vor ihr tat sich eine weitläufige Dunkelheit auf. Weiter hinten waren Kühlaggregate, die dumpf brummten, und dann prasselte seit zwei Stunden ein mittelschwerer Regen auf das Dach. Alle paar Minuten kam ein noch ferner Donner dazu. Somit war es wider Erwarten alles andere als still in dem Lager. Renan ging dicht an der Wand entlang, um möglichst dem

Licht der Funzeln zu entgehen. Das Gebäude war in etwa so groß wie sechs Fußballfelder, und man hatte alles großzügig geplant, sodass mehrere Gabelstapler nebeneinander fahren konnten. Renan war sich sicher, dass sie in ihrer dunkelblauen Uniform ab einer Entfernung von zehn Metern nicht mehr zu erkennen war. Und genauso verhielt es sich mit Angermann. Sie suchten eine Ameise in einer riesigen, dunklen Höhle. Zwar kamen einige Bereiche des Gebäudes nicht infrage. Der Ladebereich etwa, die Retourenabteilung oder die Werkstätten. Dennoch blieben noch gut drei Fußballfelder übrig. Renan war bereits an den Regalen mit Kaffee, Tee und Backwaren vorbei. Nun folgten Klopapier, Taschentücher, Windeln et cetera. Wenn sie es sich richtig gemerkt hatte, dennzu erkennen war das nicht eindeutig. Von außen sah man hauptsächlich Kartons. Die Getränke und somit die Kollegen waren im hinteren Drittel des Areals. Renan ging ein paar Schritte in den nächsten Regalgang hinein und drückte sich zwischen zwei Paletten mit Waschmittel. Gerade als sie das Feuerzeug betätigen wollte, war es ihr, als hätte sie aus dem Augenwinkel einen Lichtblitz am entfernten anderen Ende des Ganges gesehen. Sie steckte das Feuerzeug wieder ein und wollte zum Funkgerät greifen, doch es war nicht am Gürtel. Sie hatte es im Pförtnerbüro stehen lassen. Sie blickte weiter konzentriert den Gang hinunter und sah kurz darauf tatsächlich noch einmal ein kleines rundes Licht aufblinken. Nun hatte sie zwei Möglichkeiten. Zurück ins Büro und über Funk Bescheid sagen, dann bestand die Gefahr, dass Angermann verschwunden war, bis jemand wieder herkam – sofern er es überhaupt war. Oder sie versuchte, sich jetzt anzuschleichen und selbst nachzusehen, was entgegen der Vorschriften war, aber die Chance bot, den Kerl zu erwischen. Renan entschied sich für die verbotene Variante. Sie zog die Waffe aus dem Halfter und entsicherte sie, im Notfall sollte ein Schuss genügen und die Kollegen wären in wenigen Sekunden hier. Sie wechselte auf die andere Seite des Ganges, sodass sie sich der Lichtquelle von der Rückseite nähern konnte. Als sie dem Ende des Regals näher kam, erkannte sie, dass dort die H-Milch gelagert wurde. Natürlich, wie hatte der ganze versammelte Sachverstand das nur übersehen können. Angermann spritzte das Rattengift gar nicht in Limonade oder Bier, sondern in Milch. Die Tetrapaks waren noch weicher als Plastikflaschen, und wenn man geschickt vorging, konnte man den Einstich so unter eine der Laschen setzen, dass er nicht zu sehen war. Großartig! Renan ärgerte sich kurz über das leichte Quietschen, das ihre Gummisohlen auf dem glatten Boden verursachten und blieb kurz stehen, um nachzudenken. Immerhin wusste sie jetzt, worin sich das Gift befand, da konnte man es vielleicht riskieren, zurückzugehen und das SEK auf ihn zu hetzen. Falls er dann doch verschwunden war, würde wenigstens niemand vergiftet werden. Während sie noch grübelte, hörte sie nach einem Donnerhall plötzlich ein Summen vor sich. Als sie hochsah, erkannte sie die Umrisse eines unbeleuchteten Gabelstaplers, der gerade noch zwei Meter von ihr entfernt war und fast lautlos auf sie zu fuhr. Sie warf sich gegen eine Palette auf der rechten Seite, wurde aber noch von der linken Gabel am Kopf gestreift, sodass ihr für einen Moment schwarz vor Augen wurde. Sie sank nach unten und hörte gleichzeitig, dass der Gabelstapler anhielt und jemand heruntersprang. Renan wollte schreien, brachte aber nur ein feuchtes Husten zustande. Gleichzeitig spürte sie einen stechenden Schmerz im Mund. Sie schmeckte Blut und es kam ihr so vor, als hätte sie sich beim Aufprall ein Stück Zunge abgebissen. Im Bruchteil einer Sekunde stürzte sich eine Gestalt auf sie und warf sie bäuchlings zu Boden. Nun bemerkte Renan, dass sie auch die Waffe bei dem Sturz verloren hatte und verspürte ein Gefühl, das sie beinahe schon vergessen hatte: Panik.

Diesen Moment hatte der Angreifer ausgenutzt und drückte ihr nun seinerseits die Mündung einer Pistole in den Nacken.

»Ein Mucks und ich drücke ab«, zischte er, schaltete kurz eine Stirnlampe ein und musterte ihr Gesicht.

»Ah, Frau Kommissarin Müller, wie ich annehme«, sagte er.

»Mhm«, gurgelte Renan und spuckte einen Mund voll Blut aus.

»Wir sind uns ja schon einmal begegnet, nicht wahr?«

»Brrb.« Renan musste wieder husten, sodass Angermann ihr sofort grob den Mund zuhielt. Renan fiel auf, dass er nach einem süßlichen Rasierwasser roch. Merkwürdig, irgendwie war sie davon ausgegangen, dass er nach Schweiß stinken würde.

»Muss ein scheiß Gefühl sein.« Er fingerte mit einer Hand in seiner Jacke oder einer Tasche herum. Kurz darauf hörte Renan, wie ein Klebeband abgezogen wurde. »Wenn man erkennt, dass man den, den man sucht, schon mal auf Schlagdistanz vor sich hatte.« Er wickelte das Band um ihre Handgelenke.

»Fühle schon lange nichts mehr«, flüsterte Renan zurück.

»Ja, wenn man Sie bei Licht sieht, könnte man das fast glauben.« Angermann hob ihren Oberkörper an und lehnte ihn gegen eine Palette.

»Ich werde Sie vorerst nicht knebeln.« Angermann tastete Renans Oberkörper und ihren Gürtel ab. »Nicht dass Sie mir noch ersticken. Dafür könnten Sie mir vielleicht Ihr Funkgerät freiwillig übergeben?«

»Nicht dabei«, krächzte Renan.

»Gibt's das?« Er schaltete abermals kurz die Stirnlampe ein und drückte den Lauf der Waffe gegen ihr Kinn. Er leuchtete an die Ohren und zupfte in ihren Haaren, wohl um sicherzugehen, dass sie nicht irgendwo ein Headset trug, das verrutscht war.

»War kein geplanter Kontrollgang, wollte rauchen.«

»Richtig, Sie haben es ja so mit den Bulgarischen Zigaretten.« Er knipste die Lampe wieder aus und schien zu überlegen.

»Geben Sie auf«, würgte Renan hervor. »Sie kommen hier nicht mehr raus!«

»Ja, ich denke mir schon, dass nicht nur Sie und Ihr Kollege hier sind. Und ich muss gestehen, dass ich auch nicht weiß, wo sich Ihre Killerkommandos befinden, aber noch habe ich keinen von denen gesehen, und die mich wohl auch nicht.« Er sah sich in der Dunkelheit um.

»Ich brauche hier nicht mehr lange«, sagte er schließlich. »Aber was mache ich mit Ihnen?«

»Sie könnten mich ja erschlagen, so wie den Bauern Stauder.« Renan spuckte wieder Blut aus.

»Ja, ja«, seufzte Angermann. »Schon klar, dass ich die Bestie bin, die anderen sind alle so unschuldig wie Babys. Aber ob Sie es mir jetzt glauben oder nicht, ich habe nur in Notwehr gehandelt. Ich töte keine Wehrlosen …«

»Und was war mit Unger?« Renan glaubte ihm nicht, aber da er gerade so auskunftsfreudig war, versuchte sie, Zeit zu gewinnen. Zumindest Alfred würde ja wohl bald nach ihr suchen.

»Das war auch Notwehr … in gewissem Sinne.«

»Wieso?«

»Was soll das werden?«, zischte er plötzlich. »Ein Kreuzverhör?«

»Bin neugierig.« Renan musste wieder husten.

»Leise, habe ich gesagt.« Er drückte ihr die Pistole noch stärker gegen den Hals. »Gut, ich werde Sie erst einmal hier zwischen den Paletten parken. Später schaffe ich Sie auf die oberste Ebene und baue Sie dort ein. Da wird frühestens übermorgen was runtergeholt, und bis dahin ist die Ware umgeschlagen. Nur, dann werde ich Sie doch knebeln müssen, fürchte ich.«

»Geht schon wieder.« Renan versuchte, sich ganz aufrecht hinzusetzen.

»Zäh sind Sie, das habe ich schon gemerkt, als der Stauder um sich geschossen hat. Aber genug. Sie kommen jetzt hoch und dann fessle ich Sie in der nächsten Lücke an eine Strebe. Wenn ich dann fertig bin, sehen wir weiter.«

Er zog sie hoch und schob sie vor sich in die Richtung, aus der Renan ursprünglich gekommen war. Etwa fünf Meter weiter klaffte zwischen zwei Paletten Konservendosen ein Loch von etwa einem Meter. Nach einem Schritt spürte Renan, wie sie mit dem linken Fuß einen metallischen Gegenstand streifte – ihre Dienstwaffe. Sie blieb abrupt stehen, sodass Angermann von hinten auf sie auflief.

»Hey, weiter!«, knurrte er.

»Moment.« Renan hustete und beugte den Oberkörper nach vorne.

»Was?!«

»Mein Knie, ich kann nicht auftreten.« Renan versuchte, Angermanns Größe abzuschätzen, er war etwa genauso groß wie sie. Wenn er ihr nur nicht die Hände auf den Rücken gebunden hätte, aber das musste jetzt irgendwie klappen.

»Die drei Meter schaffen Sie schon noch, los!«

»Sofort.« Renan ging noch ein paar Zentimeter tiefer, schnellte dann mit dem Oberkörper hoch und warf ihren Hinterkopf gegen Angermanns Nase. Man hörte ein Knacken, gefolgt von einem wütenden Aufschrei. Renan ließ sich augenblicklich auf den Boden fallen, um Angermanns Schuss zu entgehen. Doch der hatte nicht abgedrückt, stattdessen war er durch die Wucht des Schlages nach hinten umgekippt. Renan tastete hektisch hinter ihrem Rücken an der Stelle, wo sich bis vor Kurzem noch ihr linker Fuß befunden hatte, und bekam tatsächlich die Waffe zu fassen. Sie warf sich auf die Seite, zielte so gut es ging und drückte ab, zweimal, dreimal, viermal. Sie bemerkte noch, dass Lichtkegel aufzuckten und näher kamen, sie hörte eilige Schritte und lautes Rufen des SEK, dann wurde ihr wieder schwarz vor Augen.

Als sie wieder zu sich kam, lag sie immer noch in dem Gang, etwa zehn Meter von dem Gabelstapler entfernt und eingewickelt in eine silber schillernde Schockdecke. Über ihr zwei Gesichter, das von Alfred und ein fremdes, das zu einem Sanitäter gehörte. Alfred strich ihr durchs Haar und sah sehr besorgt aus. Der Sanitäter wirkte dagegen genervt.

»Gott sei Dank, sie macht die Augen auf«, sagte Alfred. »Renan, Renan. Alles klar?«

»Wenn Sie nur mal eine Minute die Hände da wegnehmen könnten, würden Sie mir die Arbeit echt erleichtern.« Der Sanitäter zielte mit einer Kompresse auf Renans Stirn.

»Ich weiche nicht von ihrer Seite, bis ich weiß, dass ihr nichts Ernstes fehlt!« Alfreds Ton duldete keinen Widerspruch.

»Wie es aussieht, hat sie eine leichte Gehirnerschütterung, Prellungen, Platz- und Schnittwunden, aber, zefix noch einmal …« Der Sanitäter unterbrach seine Diagnose, weil er sich bei dem Versuch, eine Mullbinde um ihren Kopf zu wickeln, ein kleines Handgemenge mit Alfred liefern musste.

Renan hustete und versuchte, sich aufzusetzen. Auf der anderen Seite des Gabelstaplers sah sie Woodstock, Karla Neumann und einige SEK-Männer stehen.

»Renan kommt wieder zu sich«, rief Alfred und lächelte erleichtert.

»Langsam, langsam«, der Sanitäter drückte sie sanft zu Boden. »Wir wissen noch nicht, ob Sie innere Verletzungen haben oder doch ein Schädeltrauma.«

»Wo ist er?« Renan wehrte sich gegen den Sani und sah sich in alle Richtungen um.

»Wer? Angermann?«, fragte Alfred, während Woodstock und die Neumann näher kamen.

»Mhm.«

»Du hast ihn nicht getroffen, er hat aber einen Querschläger in den Arm gekriegt.«

Renan wusste nicht, ob sie deswegen erleichtert oder betroffen sein sollte. Ihre Zunge tat schrecklich weh, aber sie hatte kein Blut mehr im Mund. Sie versuchte, sich aufzurappeln.

»Wenn ich wenigstens noch die Platzwunde versorgen dürfte«, grollte der Sanitäter, aber da hatte Renan ihn schon abgewehrt und war mit Alfreds und Woodstocks Hilfe wieder auf den Beinen.

»Hunger«, flüsterte sie heiser und schwankte zu der nächstgelegenen Palette. Ihre Sicht war aber noch etwas unscharf.

»Was ist da drin?«, fragte sie Alfred, der sie immer noch stützte.

»Ähm, ich glaube … Toastbrot«, antwortete Alfred verwundert.

»Bio?«, fragte Renan, während sie bereits den ersten Karton aufriss.

»Ich … ähm, nein, sieht nicht so aus.«

»Gut«, sagte sie, barg die erste Packung aus dem Karton, riss sie auf und verschlang gierig drei Scheiben auf einmal.

15. Marinierte Lendchen

»Ja, meine sehr verehrten Damen und Herren.« Herbert räusperte sich und wartete ein paar Sekunden, bis die angeregten Gespräche im Saal verstummt waren. Er saß auf dem Podium im zweitgrößten Schulungsraum des Präsidiums. Der große Saal war noch immer von der Soko Kopfsalat belegt. Zu Herberts Rechter saßen der Oberstaatsanwalt und Dr. Achenleitner vom Landesamt für Gesundheit, zu seiner Linken hatte Hofmann gesessen, der Polizeipressesprecher.

Dieser hatte jedoch einen Platz weiter rutschen müssen, da Karla Neumann kurz vor Beginn der PK – wohl zu Herberts Überraschung – auch auf dem Podium erschienen war, forsch ein Namensschild auf den Tisch gestellt und Hofmann mit einer zackigen Handbewegung verscheucht hatte. Offensichtlich war sie nicht gewillt, den Ermittlungserfolg allein Herbert zu überlassen, nachdem sich dieser vor allem in den letzten Tagen vornehm zurückgehalten und keinerlei Beitrag zur Aufklärung des Falles geleistet hatte.

»Ich begrüße Sie herzlich zu unserer Pressekonferenz und freue mich, dass wir heute schon die Aufklärung eines bisher beispiellosen Anschlages auf die Bevölkerung unseres Großraumes verkünden können. Noch wichtiger ist aber, dass wir den Täter gestern in den frühen Morgenstunden bei einem neuerlichen Anschlag stellen und festnehmen konnten. Somit geht nun auch keine Gefahr mehr von ihm aus.

Alfreds Gedanken schweiften ab, während Herbert die wichtigsten Ereignisse der letzten Tage und das Motiv des Täters zusammenfasste. Als die Sprache auf Marian Cuprinsu kam und Hofmann auch ein Foto des Rumänen an die Wand gezaubert hatte, war es Karla gelungen, Herbert das Wort zu entreißen. Offensichtlich war gerade eine kritische Nachfrage gekommen, weil Herbert noch vor wenigen Tagen erklärt hatte, man ginge davon aus, dass der flüchtige »Bulgare« der Täter sei.

»Es stimmt, dass Teile unserer Soko diese Spur für die richtige hielten.« Karla schielte kurz aber deutlich nach rechts, zu Herbert. »Aber es ist ja auch klar, dass wir in alle Richtungen ermitteln müssen, und Herr Cuprinsu hatte sich durch seine Flucht in der Tat äußerst verdächtig gemacht. Als wir ihn dann hatten, kamen sogar noch weitere belastende Indizien hinzu, wie zum Beispiel die Liebesaffäre mit der Frau des Ermordeten oder seine Fingerabdrücke auf dem besagten Pfahl …«

»Wie können Sie sich dann so sicher sein, dass er es nicht war?«, fragte Thormann vom *Morgenblatt* dazwischen.

»Der Pfahl war nicht die Todesursache.« Karla hatte wieder zu reden begonnen, während Herbert noch Luft holte. »Der Bauer wurde in einem Kampf erschlagen. Wir wissen nun, dass die Tatwaffe eine schwere Stablampe war, die wir im Gepäck von Eberhard Angermann gefunden haben. An dieser Lampe ließen sich noch DNS-Spuren des Opfers nachweisen. Mittlerweile hat Angermann die Tat auch gestanden. Herr Cuprinsu hat die Leiche auf einem nächtlichen Spaziergang entdeckt. Aufgrund eines alten rumänischen Aberglaubens hat er dann einen Pfahl angefertigt und ihn dem Toten ins Herz gerammt. Damit soll verhindert werden, dass die ruhelosen Seelen von Toten später ihre Hinterbliebenen heimsuchen. Es war also eine Maßnahme zum Schutz seiner Geliebten, wenn Sie so wollen.«

»Gleichwohl ist es eine Straftat, die wir auch entsprechend verfolgen werden«, meldete sich der Oberstaatsanwalt. »Dazu kommt, dass Herr Cuprinsu durch seine Flucht die Ermittlungen der Polizei äußerst erschwert hat.«

»Muss die Nürnberger JVA jetzt eine Abteilung für Vampire eröffnen?«, fragte Thormann dreist.

»Bitte verschonen Sie uns mit neuen Vampirschlagzeilen, Herr Thormann«, sagte Karla. »Vampire pfählen nicht, sie werden durch einen Pfahl getötet, das ist der tatsächliche Bezug zu diesem Aberglauben von Untoten. Das können Sie ja bei Ihrer nächsten Richtigstellung noch ergänzen.«

Im Saal breitete sich Heiterkeit aus.

»Gibt es weitere Fragen?« Herberts Ton war süß-säuerlich geworden, weil Karla ihm die Show stahl.

»Können wir nun wirklich wieder unbesorgt Salat essen und Milch trinken?«, fragte eine Journalistin des *BR*.

»Das können Sie«, erwiderte Achenleitner. »Die im Lager befindlichen Paletten mit Milch werden vernichtet. Wir haben auch den neu gelieferten Salat eingehend untersucht und keinerlei Spuren von Salmonellen mehr gefunden ... Natürlich entbindet das niemanden von grundlegenden Hygieneregeln. Salmonellen wird es weiterhin geben, wenn auch nicht auf Gemüse.«

»Können Sie ausschließen, dass der Täter noch einmal Lebensmittel mit Salmonellen infiziert hat?«

»Wir gehen davon aus, dass er bei einem neuerlichen Versuch mit Salmonellen beim Nachbarbetrieb vom Bauern Stauder überrascht wurde. Dies hat zu dem besagten Kampf geführt, in dem Angermann den Bauern erschlagen hat.« Karla war schon wieder schneller gewesen, weil Herbert die Antwort nicht gleich parat hatte.

»Wir haben schon kurz darauf entsprechende Spuren an einem Treibhaus des Nachbarbetriebes gefunden. Die Ernte ist dann gewissenhaft untersucht worden ...« Karla blickte zu Achenleitner.

»So ist es, Frau Neumann«, lächelte dieser. »Es wurden keine Spuren von Salmonellen gefunden. Auch nicht von anderen Erregern, selbstverständlich testen wir nicht nur auf Salmonellen.«

»Nachdem er den Bauern erschlagen hatte, war Angermann klar geworden, dass er untertauchen musste. Somit fehlten ihm wahrscheinlich die Zeit und die Mittel, neue Salmonellen zu züchten«, fügte Karla noch an. »Deswegen wollte er beim zweiten Anschlag dann Rattengift verwenden.«

»In welchem Zusammenhang steht nun der Tote aus Bamberg mit dem Fall?«, fragte eine Mitarbeiterin der *Nürnberger Zeitung*.

»Bei dem Toten handelt es sich um den Einkäufer, der den Salat für den DISCO beschafft hat.« Diesmal war Herbert schnell genug. »Martin Unger war kurz nach Auftreten der Salmonellen gekündigt worden, und es sah lange Zeit so aus, als ob er deswegen Selbstmord begangen hätte. Oder einen Unfall vortäuschen wollte, der seiner Familie die Prämie einer Lebensversicherung eingebracht hätte. Nun gehen wir aber davon aus, dass auch Unger von Angermann ermordet wurde.«

»Wie kommen Sie zu der Annahme?«, fragte die Journalistin nach.

»Das Problem war, dass im Nachhinein nicht mehr festgestellt werden kann, ob Unger sich freiwillig betrunken und dann mit dem Boot unweit der gefährlichen Stelle ins Wasser begeben hat oder ob er dazu genötigt wurde.« Diesen Triumph sicherte sich Karla aufgrund besserer Faktenkenntnis. »Daher konnte bislang zu der Frage, ob ein Selbstmord, ein Unfall oder ein Mord vorliegt, keine klare Aussage getroffen werden. Da wir aber die Personalakten von Angermann nicht beim DISCO, sondern bei Unger gefunden haben und außerdem von mehreren Telefonaten wissen, die Unger kurz vor und nach seiner Kündigung mit Angermann geführt hat, gab es einen begründeten Anfangsverdacht. Seit heute wissen wir auch, dass sich DNS-Spuren von Angermann in Ungers Fahrzeug befinden, mit dem er zum Paddeln gefahren ist. Unterm Strich haben wir eine erdrückende Last von Indizien.«

»Aber gestanden hat er diesen Mord noch nicht«, stellte Thormann fest.

»Er hat bei seiner Festnahme einer Beamtin gegenüber entsprechende Andeutungen gemacht«, sagte Karla. »Seitdem schweigt er aber, wohl auf Anraten seines Anwalts.«

»Wo lag das Motiv?«, fragte nun wieder die Journalistin.

»Das können wir noch nicht mit Sicherheit sagen«, lächelte Karla, offenbar hatte Herbert inzwischen aufgegeben. Er hatte das Kinn in die rechte Hand gestützt und blickte ausdruckslos ins Leere.

»Wir vermuten, dass Unger Angermann erpresst hat. Er war lange genug dabei und kannte seine Vorgeschichte. Daher liegt der Verdacht nahe, dass er sich sein nunmehr entgehendes Gehalt von Angermann wiederholen wollte, denn der war ja schuld an seiner Kündigung.«

Alfred hatte genug gehört und schaute auf die Uhr. Halb eins, höchste Zeit fürs Mittagessen.

»Wie lange dauert das denn noch?«, maulte Renan.

»Das ist ein Duft, was?« Maul schien sie nicht gehört zu haben. »So was habt ihr in eurem ganzen Leben noch nicht gegessen.« Auf den Kochplatten der Teeküche dampfte ein großer Kochtopf und eine große Bratpfanne brutzelte vor sich hin. Die Mikrowelle summte ebenfalls.

»Die Rösti musste ich natürlich gestern vorbacken. Kann sein, dass die jetzt nicht mehr ganz so knusprig sind. Aber besser als in der Kantine schmecken sie allemal!«

»Ist da irgendwas vom DISCO?«, fragte Woodstock.

»Klar!« Maul sah von seiner Arbeit an den Kochplatten nicht auf. »Die Rösti, die Sahne und die Bohnen.«

»Jetzt sag bloß nicht, dass du die vorgestern aus dem Lager …« Woodstock riss die Augen auf.

»Ja freilich.« Maul schüttelte den Kopf. »Ich habe dem Chef erklärt, dass wir noch ein paar Stichproben machen müssen.«

»Bei der Tiefkühlkost?«

»Natürlich, überall …« PLING, die Mikrowelle schaltete sich aus. »Das senkt übrigens auch euren Unkostenbeitrag.«

»Bravo«, grinste Ondracek und musterte eine der Bierflaschen, die Alfred auf den Tisch gestellt hatte.

»Und wenn da auch was drin ist?« Man merkte, dass die Verhaftungsaktion auch an Woodstock nicht spurlos vorbeigegangen war.

»Keine Angst«, lachte Karina. »Ich habe alles mit dem Diagnose-Set von BestTest überprüft.«

»Voilà!« Maul begann, die Teller zu bestücken. »Marinierte Lendchen auf einem Speck-Zwiebel-Pfifferling-Bett, dazu geschmolzene Kirschtomaten, Prinzessbohnen und Rösti.«

»Das Bier kommt aus Bamberg«, sagte Alfred. »Ein kleines Dankeschön vom Kollegen Dotterweich.«

»Wie's aussieht, hast du dein … Tief, mittlerweile überwunden«, sagte Woodstock, als Renan bereits nach zwei Minuten ihren Teller leergefuttert hatte.

»So sieht's aus«, sagte Renan und schielte zur Küchenzeile. »Ist noch was da?«

»Wie lange hast du jetzt nichts gegessen?«, fragte Karina, während Renan die Reste aus dem Topf und der Pfanne kratzte.

»Ein paar Wochen.«

»Zweieinhalb Monate, nach meiner Rechnung«, sagte Alfred. »Übrigens: à la bonne heure, Kollege Maul.«

»Danke«, lächelte Maul mit leuchtenden Augen, nachdem alle Kollegen Alfreds Urteil heftig zugestimmt hatten.

»Warst du jetzt beim psychologischen Dienst?«, fragte Woodstock. Karla Neumann hatte Renan nach der nicht ganz vorschriftsmäßig verlaufenen Festnahme dort höchstpersönlich einen eiligen Termin gemacht.

»Ja, gestern Abend noch.« Renan roch prüfend an der Bierflasche.

»Und …« Nun konnte auch Karina ihre Neugier nicht mehr verbergen. »Bist du jetzt dienstunfähig?«

»Nein!«

»Musst du noch öfter hin?«, fragte Woodstock.

»Nein!«

»Ja, und?« Nun konnte sich auch Alfred nicht mehr zurückhalten. »Die kann doch nicht nichts tun, so wie du … äh, aussiehst.«

»Sie meinte, dass eine traumainduzierte reaktive Depression sich in Ausnahmefällen auch durch eine neuerliche traumatische Erfahrung lösen kann«, erklärte Renan ohne Spickzettel.

»Immerhin hat dich der Kerl um ein Haar mit dem Gabelstapler überfahren«, rief Woodstock. »Und dann gefesselt und mit einer scharfen Waffe bedroht. Das hat dir alles nichts ausgemacht?«

»Das hat mir nur Hunger gemacht, nachdem es vorbei war.« Renan nahm einen großen Schluck aus der Flasche. »Ist das ein Fastenbier?«

»Nein«, sagte Alfred. »Aber es ist sicher sehr nahrhaft, wenn man wieder zu Kräften kommen will.«

»Auf jeden Fall hat die Seelenklempnerin gemeint, es liegt daran, dass ich ihn selbst überwältigt habe. Dadurch habe ich meine Autonomie wieder hergestellt und bin aus der Opferrolle ausgebrochen. Ich soll mich jetzt erst mal satt essen und schauen, dass ich wieder mein altes Gewicht kriege. Danach darf ich noch mal kommen, dann lässt sich absehen, ob ich noch verrückt bin oder nicht.« Renan hatte die bulgarischen Soldatenzigaretten in ihrer Tasche gefunden und musterte das Päckchen. »Die war gar nicht so verkehrt, diese Psychotante.«

»Gute Idee.« Alfred blickte erfreut auf Renans Fundstück. »Ich habe jetzt wieder richtig Lust, eine zu rauchen.« Er sprang auf und öffnete das Fenster.

»Dito«, sagte Woodstock und griff zum Tabak.

»Lass dir's schmecken«, sagte Renan und warf Alfred die Packung zu.

»Wie, du nicht?«

»Ich glaube, ich brauche das jetzt nicht mehr«, sagte sie nach kurzer Bedenkzeit.

»Ist auch gar nicht gesund«, lächelte Alfred und zündete sich eine an.

Nachwort und Dank

Wie es sich für einen Kriminalroman gehört, bewegt sich dieser sowie etliche seiner Details am äußersten Rand des Wahrscheinlichen. Und auch wenn es mir keiner glaubt, aber ich habe mit der Arbeit an dem Buch im Frühjahr 2010 noch VOR der Ehec-Epidemie 2011 begonnen. Diese Epidemie hat aber eindrucksvoll bewiesen, was bestimmte Erreger auf Rohkost in kurzer Zeit anrichten können. Ein Grund, dass ich dann so lange brauchte, um das Buch zu beenden, ist meine intuitive, um nicht zu sagen unstrukturierte Arbeitsweise. Ein weiterer Grund war 52 Zentimeter groß, wog rund 3,5 Kilo, heißt Ella und machte sich ab November 2010 daran, mir äußerst erfolgreich meine Zeitressourcen zu verknappen. Und weil gut Ding eben oft Weile haben will, bitte ich meine Leser um Nachsicht, dass es sich diesmal etwas länger hingezogen hat mit dem neuen Fall.

Die im Buch genannten Personen und Unternehmen sind selbstredend fiktiv. Vor allem bei dem Discounter DISCO hatte ich keine bestimmte der real existierenden Ketten im Auge, was auch nicht nötig war, da sich die Strukturen und Arbeitswesen ähneln. Illegale oder halblegale Machenschaften gibt es dort natürlich nicht.

Wie immer haben mir auch dieses Mal viele Leute dabei geholfen, dass die Story den äußersten Rand des Wahrscheinlichen nicht überschreitet. Mein besonderer Dank gilt daher Manfred Wages von der Gewerkschaft ver.di, Herrn Dr. Bernlochner vom Gesundheitsamt in Fürth sowie Hauptkommissar Holger Laaß. Die genannten Personen sind dabei für verbliebene Unstimmigkeiten und Abweichungen von der Realität in keinster Weise verantwortlich.

Auch danke ich meinem Onkel, Dr. Wolfgang Frank, für das Röntgenbild der SIM-Karte, den Kollegen Helmuth Vorndran und Dirk Kruse für ergänzende Informationen sowie meinen Eltern, Schwiegereltern und meiner Frau, die mir viele freie Stunden zum ungestörten Arbeiten ermöglichten.

Last but not least auch ein herzlicher Dank an Hanna, die gewissenhafte Lektorin, und das restliche Team bei ars vivendi.

Veit Bronnenmeyer im Januar 2012